ATALA

*suivi de*

RENÉ

CHATEAUBRIAND

# *Atala*

suivi de

# *René*

ÉDITION PRÉSENTÉE ET ANNOTÉE PAR JEAN-CLAUDE BERCHET

LE LIVRE DE POCHE
*Classiques*

Ancien élève de l'École normale supérieure, Jean-Claude Berchet est maître de conférences émérite à l'Université Paris III-Sorbonne nouvelle. Spécialiste de Chateaubriand, il a en particulier procuré au Livre de Poche classique une édition des *Mémoires d'outre-tombe* également disponible dans « La Pochothèque ».

© Librairie Générale Française, 1989 et 2007, pour la présente édition.
ISBN : 978-2-253-16091-5 - 1$^{re}$ publication LGF

# INTRODUCTION[1]

La scène se passe au château de Prague, en mai 1833. Chateaubriand aura bientôt soixante-cinq ans. Il a été chargé par la duchesse de Berry de se rendre, pour une mission délicate, auprès du roi Charles X, exilé en Bohême. C'est une occasion, pour le vieil ambassadeur, de rencontrer les enfants de son « auguste cliente » : Louise, future duchesse de Parme, a quatorze ans ; son frère Henri, futur comte de Chambord, considéré par les royalistes comme le légitime héritier du trône, va en avoir treize. Voilà comment se déroula cette entrevue, si nous en croyons les *Mémoires* du grand écrivain :

> Les enfants sont entrés, le duc de Bordeaux conduit par son gouverneur, Mademoiselle par sa gouvernante. Ils ont couru embrasser leur grand-père, puis ils se sont précipités vers moi ; nous nous sommes nichés dans l'embrasure d'une fenêtre donnant sur la ville et ayant une vue superbe. [...] Tout d'un coup Henri me dit : « Vous avez vu des serpents devins ? – Monseigneur veut parler des boas ; il n'y en a ni en

---

**1.** Nous remercions Jean-Claude Berchet de nous avoir permis de reprendre, pour cette édition d'*Atala* et de *René*, une partie du travail de présentation et d'annotation qu'il avait réalisé en 1989 pour un volume qui comprenait également une large part des *Natchez*. (Note de l'Éditeur.)

Égypte, ni à Tunis, seuls points de l'Afrique où j'aie abordé ; mais j'ai vu beaucoup de serpents en Amérique. – Oh ! oui, dit la princesse Louise, le serpent à sonnette, dans le *Génie du christianisme.* »

Je m'inclinai pour remercier Mademoiselle. « Mais vous avez vu bien d'autres serpents ? a repris Henri. Sont-ils bien méchants ? – Quelques-uns, Monseigneur, sont fort dangereux, d'autres n'ont point de venin et on les fait danser. »

Les deux enfants se sont rapprochés de moi avec joie, tenant leurs quatre beaux yeux brillants fixés sur les miens.

« Et puis il y a le serpent de verre, ai-je dit, il est superbe et point malfaisant ; il a la transparence et la fragilité du verre ; on le brise dès qu'on le touche. – Les morceaux ne peuvent pas se rejoindre ? a dit le prince. – Mais non, mon frère, a répondu pour moi Mademoiselle. – Vous êtes allé à la cataracte de Niagara ? a repris Henri. Ça fait un terrible ronflement ? peut-on la descendre en bateau ? – Monseigneur, un Américain s'est amusé à y précipiter une grande barque ; un autre Américain, dit-on, s'est jeté lui-même dans la cataracte ; il n'a pas péri la première fois ; il a recommencé et s'est tué à la seconde expérience. » Les deux enfants ont levé les mains et ont crié : « Oh ! »

(Mémoires d'outre-tombe, XXXVII, 5).

Trente ans après *Atala,* le public enfantin serait-il le seul à être encore fasciné par les histoires de « serpents verts » ou de « hérons bleus » qui ont rendu Chateaubriand célèbre ? Ce qui représente alors la majeure partie de son œuvre littéraire ne fait-il en somme de lui qu'un précurseur un peu guindé de Fenimore Cooper ? Sur quelle postérité peut-il donc compter ? En réalité, son exotisme américain (que le Breton du premier *Manifeste* qualifiera de « surréaliste ») enchante encore certains lecteurs ; mais, à mesure que l'on avance dans le siècle, c'est pour leur procurer un plaisir de plus en plus pervers. On songe à Baudelaire écrivant, après une relecture des *Natchez*, le 29 avril 1859 à Poulet-Malassis : « Je deviens tellement ennemi de mon siècle que *tout*, sans en excepter une ligne, m'a paru sublime. » C'est Pierre Loti (né en 1850) reconnaissant : « *Les Natchez* ont laissé sur moi une forte impression vers ma dix-huitième année. » C'est Isidore Ducasse qui, vers la même époque, pastiche avec une joyeuse férocité, dans *Les Chants de Maldoror*, celui qu'il appelle dans ses *Poésies* le « Mohican-mélancolique », alors élevé par Théophile Gautier au rang de « Sachem du romantisme ». C'est enfin Gustave Doré qui, en 1863, consacre à *Atala* une série de lithographies « inspirées ».

En revanche, aujourd'hui, les flots du Meschacebé ne font plus rêver personne, et cette voix si originale ne rencontre plus aucun écho. Même notre goût du kitsch ne suffit plus à sauver cette éclatante rhétorique que paraît de surcroît vouer à une inéluctable désuétude notre cuistre révérence pour la « modernité » des *Mémoires* ou de *Rancé*. Il en résulte une vision schizoïde de Chateaubriand (on ne vante la seconde partie de son œuvre que pour déclarer morte la première) aujourd'hui si accréditée qu'on y soupçonne un piège : au moins est-on tenté de rouvrir le dossier.

*Les Natchez*, *Atala*, *René* ont commencé par appartenir à un même ensemble, à peu près achevé au début de 1799. Mais une fois rentré en France, un an plus tard, Chateaubriand ne publia pas la totalité de son manuscrit. Pour des raisons conjoncturelles, il préféra développer séparément certains épisodes qu'il fit ensuite paraître dans le cadre assez lâche du *Génie du christianisme* : ce fut *Atala*, en 1801 ; puis *René*, en 1802. Lorsque le reste des *Natchez* fut enfin publié dans les *Œuvres complètes* de 1826, il les corrigea, mais ne chercha pas à leur restituer les épisodes anciens : ils eurent un médiocre succès. Tandis qu'*Atala* et *René* avaient poursuivi une brillante carrière indépendante, *Les Natchez*, mal accueillis, furent condamnés à végéter obscurément dans les rééditions successives des *Œuvres complètes*. On y trouve pourtant des beautés que Chateaubriand lui-même juge uniques dans son œuvre. Il avouera même, plus tard, une secrète prédilection pour ce témoignage de son orageuse jeunesse :

> Un jeune homme qui entasse pêle-mêle ses idées, ses inventions, ses études, ses lectures, doit produire le chaos ; mais aussi dans ce chaos il y a une certaine fécondité qui tient à la puissance de l'âge.
>
> Il m'est arrivé ce qui n'est peut-être jamais arrivé à un auteur : c'est de relire après trente années un manuscrit que j'avais totalement oublié.
>
> J'avais un danger à craindre. En repassant le pinceau sur le tableau, je pouvais éteindre les couleurs ; une main plus sûre, mais moins rapide, courait risque de faire disparaître les traits moins corrects, mais aussi les touches les plus vives de la jeunesse ; il fallait conserver à la composition son indépendance, et pour ainsi dire sa fougue ; il fallait laisser l'écume au frein du jeune coursier. S'il y a dans *Les Natchez* des choses que je ne hasarderais qu'en tremblant aujourd'hui, il y a aussi des choses que je ne voudrais plus écrire, notamment la lettre de René dans le second volume. Elle est de ma première manière, et reproduit tout *René* : je ne sais ce que les *René* qui m'ont suivi ont pu dire pour mieux approcher de la folie. [...]
>
> Mes deux natures sont confondues dans ce bizarre ouvrage, particulièrement dans l'original primitif. On y trouve des incidents politiques et des intrigues de roman ; mais à travers la narration on entend partout

une voix qui chante, et qui semble venir d'une région inconnue.

(Mémoires d'outre-tombe, XVIII, 9).

On ne saurait méconnaître la sourde énergie de ce démon intérieur.

Si *Les Natchez* ont été trop souvent considérés comme un monstre littéraire, c'est dans une large mesure en raison des incertitudes de leur enjeu. Le projet initial se rattache à ce qu'on pourrait appeler la crise, ou le crépuscule, des Lumières. Qu'est-ce que la nature ? qu'est-ce que la liberté ? qu'est-ce que le désir ? qu'est-ce qui légitime la société civile ? Telles sont les questions que se pose le jeune Breton qui arrive dans le Paris de 1787, un peu comme Chactas dans la France de Louis XIV, en provenance de ses lointaines forêts natales. Au cours des années suivantes, les événements ne se sont pas chargés de les éclaircir mais plutôt de les embrouiller, jusqu'à ce que se fasse jour une réponse provisoire, sous forme de citoyenneté acceptable dans la République consulaire. Les vicissitudes de ce parcours qui couvre toute la durée de la Première République ont reflété trop de contradictions idéologiques pour ne pas avoir laissé des traces dans la longue genèse des *Natchez*.

Conçus par un émigré autodidacte, ébloui comme à vingt-cinq ans par tous les « bons » modèles de sa génération, mais aussi contemporains du roman noir, de Sade ou de Füssli, *Les Natchez*, au sein desquels, dans un espace éphémère de lecture, *Atala* et *René* vont retrouver leur place, nous apparaissent comme un sombre rêve juvénile, constellé de visions assez fulgurantes pour illuminer toute une vie.

*Le chevalier et le sauvage*

À la veille de la Révolution, c'est-à-dire à vingt ans, Chateaubriand offre le type même du *chevalier*, tel qu'on le rencontre dans les romans du temps : cadet de famille, ordre de Malte, aimable oisiveté, aventures de garnison. Il a passé à ne rien faire une adolescence agitée auprès de sa sœur Lucile, à Combourg, et reculé le plus possible le moment de « prendre un état ». Il a enfin quitté le vieux château, qu'il ne reverra pour ainsi dire plus, pour se lancer sans conviction dans une carrière militaire qui lui laisse beaucoup de loisirs. Le jeune officier les allonge au besoin par des congés qu'il passe à Fougères ou à Paris, dans la société de ses sœurs mariées, mais ravies de « materner » leur petit François, loin du carriérisme sans fantaisie de leur aîné Jean-Baptiste, héritier du titre comtal « acheté » par leur père. Il ne faut pas perdre de vue cette joyeuse intimité, cette insouciance de parties de campagne dans un cercle familial de femmes aimables, cette inconscience légère du désir (« Je me sentis protégé en étant serré dans ses bras, ses rubans, son bouquet de roses et ses dentelles », écrit-il à propos de Julie), pour comprendre ce que sera le désarroi de René, ses obsessions incestueuses, la nostalgie de son enfance perdue, son angoisse au seuil de la vie adulte. À mesure que le temps passe, la mélancolie du jeune homme augmente. Une petite cousine racontera plus tard : « Il ne rêvait plus que déserts, solitudes et méditations. [...] Il nous quittait pour aller rêver sur les rochers et au bord des ruisseaux. » Lui-même avoue dans ses *Mémoires* : « Je sentais dans mon existence un malaise. »

Car pour Chateaubriand, alors aussi grand lecteur de romans qu'élaborateur de systèmes, c'est une période de doutes plus que de certitudes. Fervent disciple de Rousseau, il ne croit plus guère en Dieu ; c'est en fils de son père qu'il se méfie du despotisme versaillais. Il est sensible. Il applaudit à la naissance de la démocratie américaine, sous les auspices des braves officiers de la marine royale. Néanmoins, lorsqu'il est forcé de choisir son camp comme c'est le cas au début de 1789 lors des échauffourées du parlement de Rennes, il se range instinctivement sous la bannière de la Bretagne féodale, contre les robins de moindre extraction, pour défendre les privilèges de la « Province », c'est-à-dire de la noblesse. En réalité ses idées ne sont arrêtées sur rien. Il ne désire vraiment qu'une chose : écrire. Cette fascination « bourgeoise » pour la littérature représente déjà une ambition de déclassé, qu'il partage avec certaines de ses sœurs. Mme de Farcy (Julie) est une espèce de Bargeton fougéroise, qui a des prétentions au bel esprit. Elle ne tarde pas à gagner Paris, en compagnie de la « comtesse Lucile ». C'est dans leur sillage que le frère cadet va se frotter au milieu littéraire de la capitale : Ginguené, Flins, Lebrun, Fontanes, Delille de Sales, Chamfort même, dans les grandes occasions. Sans doute est-ce la génération des épigones. Mais dans ce monde où la gloire littéraire règne sans partage, cela suffit à éblouir Monsieur le chevalier : il va même rendre visite à Parny.

C'est alors, nous dit Chateaubriand (*Atala*, préface de la première édition), qu'il conçut « l'idée de faire l'*épopée de l'homme de la nature*, ou de peindre les mœurs des Sauvages en les liant à quelque événement connu ». À un objectif proprement littéraire, on voit que se trouve associée dès le départ une démarche qui relève plutôt des sciences humaines : à la fois anthropologique, ethnographique et historique. Pour réaliser une œuvre aussi ambitieuse, les références ne manquaient pas : Rousseau (pour la théorie), Bernardin (pour la description) ou même Marmontel (pour la dernière en date des épopées en prose à sujet colonial : *Les Incas*). Dès les années 1789-1790, Chateaubriand élabore un scénario que les minutieuses analyses de Jean Pommier ont permis de reconstituer avec une forte probabilité. Ce premier noyau des *Sauvages* (ce fut son titre initial) devait être constitué par les aventures de Chactas (en gros les livres V à VIII des *Natchez*, y compris *Atala* dans sa version la plus ancienne). Se fondant sur une histoire rapportée par Charlevoix (la déportation frauduleuse, en 1687, de chefs indiens par le gouverneur du Canada), Chateaubriand promenait son héros, comme Voltaire son Ingénu, dans la France de Louis XIV, puis le ramenait dans sa patrie après lui avoir fait parcourir, comme Candide, de lointaines contrées. Ces voyages du jeune Chactas auraient donc été à la fois des « voyages pittoresques » et des « voyages philosophiques » : sortes de « navigations d'Ulysse » revues par l'abbé Barthélemy. Ils se seraient terminés par un retour au pays natal, c'est-à-dire au Canada : dans le scénario primitif, en effet, Chactas aurait été un Huron, ou un Iroquois.

Ladite ébauche se bornait en somme à copier les écrivains à la mode. Ayant vite compris que lui manquaient les ingrédients requis pour faire œuvre originale, Chateaubriand aurait alors décidé de se rendre lui-même en Amérique. Les motivations de ce voyage furent sans doute moins simples. Mais le souci de rattacher un projet littéraire à un voyage réel correspondait bien à un certain « air du temps ». Le triomphe de *Paul et Virginie* (1788) venait de souligner avec éclat combien la littérature de voyage pouvait enrichir la littérature de fiction. La couleur exotique du roman provenait en effet des observations faites vingt ans plus tôt par Bernardin dans les îles de France et de

Bourbon. À son tour, Chateaubriand découvrirait un cadre neuf pour une histoire exemplaire. Volney, de son côté, était allé méditer, en Syrie, sur les ruines des sociétés corrompues ; il irait, lui, contempler une démocratie à son berceau, puis se mêler à des enfants de la nature, au milieu de paysages demeurés tels qu'au premier jour du monde.

Néanmoins, un voyage aussi lointain ne pouvait guère se concevoir sans un objectif « scientifique » que Chateaubriand trouva sans peine. Le principal problème qui occupe alors les géographes, dans cette région du monde, est en effet celui du « passage du Nord-Ouest ». On ignore toujours s'il existe dans le Canada occidental une voie maritime qui permettrait de relier la baie d'Hudson au Pacifique, à la hauteur approximative du 50$^e$ parallèle. Malgré les explorations récentes, la question ne sera pas vraiment tranchée (par la négative) avant les expéditions de Mackenzie au cours des dernières années du siècle. C'est pourquoi le jeune Malouin, sans bien se rendre compte des difficultés à vaincre, inscrivit aussi son voyage dans la perspective de cette exploration : il se passionnera du reste longtemps pour le monde polaire. Au moment de se lancer dans les études préparatoires, il rencontra un complice inattendu en la personne de Malesherbes, dont le comte de Chateaubriand (son frère aîné) avait épousé la petite-fille, au mois de novembre 1787. Le célèbre magistrat fit bon accueil au modeste nobliau, devenu plus ou moins son parent : il lui ouvrit sa bibliothèque, il encouragea même son entreprise insensée. Le vieillard illustre (ancien ministre, protecteur de Rousseau˙, etc.) est le dernier survivant de la grande génération des Lumières. Jouant dans la vie de Chateaubriand le rôle du père spirituel, il lui a transmis le meilleur de leur héritage.

Arrivé à Baltimore le 10 juillet 1791, après des

escales à Graciosa (des Açores) et à Saint-Pierre (de Terre-Neuve), le voyageur visita les villes de la côte Est, puis gagna la région des lacs, où il séjourna trois semaines en août. Au mois de septembre, il obliqua vers le sud-ouest, sans néanmoins descendre, dans la meilleure des hypothèses, au-delà du Tennessee (où il placera, dans *Atala*, la mission du père Aubry). Puis il regagna Philadelphie, où il se rembarqua sans doute début décembre. Quoi qu'il en soit de ce retour précipité, qu'on explique mal, ou de son itinéraire exact, sur lequel on pourra toujours discuter, une chose est sûre : ce voyage métamorphosa Chateaubriand. En 1797, il se présentera, non sans orgueil, comme un homme « qui, dévoré de la soif de connaître, s'est arraché aux jouissances de la fortune pour aller au-delà des mers contempler le plus grand spectacle qui puisse s'offrir à l'œil du philosophe, méditer sur l'homme libre de la nature et sur l'homme libre de la société, placés l'un près de l'autre sur le même sol » (*Essai historique*, p. 43 [1]). Ce voyage coïncida aussi avec sa naissance définitive à la littérature, puisqu'il lui fit découvrir cette « muse inconnue » dont il dira : « Je recueillis quelques-uns de ses accents ; je les marquai sur mon livre, à la clarté des étoiles, comme un musicien vulgaire écrirait les notes que lui dicterait quelque grand maître des harmonies » (*Mémoires*, VII, 7).

Il serait donc vain de lui demander un compte exact de ce qu'il a réellement vu : à la fois beaucoup plus et beaucoup moins que les voyageurs professionnels qu'il a pillés sans vergogne. Certainement pas la Louisiane, pas plus que « les Florides », comme il le laissera toujours supposer, sans jamais le dire vraiment : ces pays du sud, il les a découverts en réalité à travers

---

**1.** Le lecteur trouvera les références complètes des œuvres citées, p. 247 à 251.

le *Voyage* de Bartram. Du reste, lorsqu'il se réclame du modèle homérique (« Il fallait, dit-il, visiter les peuples que je voulais peindre »), c'est bien à une géographie imaginaire qu'il se réfère : étranges voyages, en effet, qui sont censés conduire un poète *aveugle* de la grotte du Cyclope au palais de Circé ! La réalité de son voyage ne saurait pas davantage être mesurée au cordeau des sciences de la nature. Chateaubriand se chargera plus tard de trouver des noms propres à rendre encore plus exotiques (sur la page) les oiseaux ou les arbres, aussi variés qu'inconnus, rencontrés sur son chemin. En revanche, ce que ne pouvait lui apporter aucun livre, c'est la confrontation physique du sujet avec un espace sans bornes visibles, c'est le sommeil au bord des cataractes, le réveil sous le ciel étoilé, des relations humaines réduites à leur simplicité primitive : repas partagé, échange de sourires, solidarité presque animale, autour du feu nocturne, tandis que bruit la forêt. Cette incontestable expérience de terrain prélude chez lui à la révélation de la littérature. C'est grâce à elle que Chateaubriand pourra rejoindre les « incroyables Florides » de son imagination. Elles ne sont du reste pas accessibles ailleurs que dans un espace littéraire ; lui seul permettra au jeune homme de recevoir la fabuleuse offrande de la nature vierge, dans le vertige éphémère des espaces démesurés.

## Le séjour en Angleterre

Selon son propre témoignage, Chateaubriand avait noirci force papier au cours de ces quelques mois. Il évoquera, un peu plus tard, ces « divers morceaux écrits sur mes genoux, parmi les Sauvages mêmes, dans les forêts et au bord des lacs de l'Amérique »

(*Essai historique*, p. 443). Il augmentera peut-être leur nombre après son retour, que ce soit en Bretagne, ou à Paris, à la fin du printemps 1792. C'est alors qu'il lut à Malesherbes des fragments de la future *Atala*, et qu'il communiqua ses premières descriptions à des gens de lettres de la capitale (*Essai*, p. 443, variante *f*, p. 1578). Mais les circonstances ne devaient pas tarder à contrecarrer ses projets littéraires. À peine débarqué, on lui avait arrangé un mariage provincial, avec une amie de sa sœur Lucile : Céleste Buisson de la Vigne. Cette blonde enfant de dix-huit ans avait des « espérances » qui se révélèrent bien vite trompeuses. La réalité, c'est qu'il y aura jusqu'en 1847 une Mme de Chateaubriand dont le sort ne sera guère plus enviable que celui de la pauvre Céluta auprès de René, puisque, après une brève lune de miel, son mari devait la quitter pour une « absence » de onze ans. Presque aussitôt, en effet, des pressions de plus en plus fortes de son milieu le persuadèrent de rejoindre à son tour la petite armée réunie par les princes en Rhénanie afin de seconder les Prussiens dans leur avance sur Paris. C'est sans conviction que Chateaubriand accepta de voler ainsi au secours de la victoire (ainsi voyait-on les choses du côté des émigrés). Au moins ne voulut-il pas, lorsqu'il quitta la capitale incognito, le 15 juillet 1792, avec son frère, se séparer du « manuscrit de [son] voyage ». Il racontera dans ses *Mémoires* (IX, 9 et 15) comment ces « précieuses paperasses », entassées dans son havresac, lui sauvèrent la vie au siège de Thionville, en détournant des balles, tout en lui faisant « cracher le sang », à cause de leur poids.

Le soldat de fortune fut emporté dans la débâcle qui suivit Valmy. Blessé, malade, ayant presque perdu conscience à cause de la fièvre, il se traîna sur les route de Belgique jusqu'à Ostende ; on le jeta dans un bateau en partance pour Jersey, où il retrouva son oncle Bedée, arrivé de Bretagne avec toute sa famille quelques mois plus tôt. La vie reprit alors le dessus. Après une longue convalescence, il arriva enfin à Londres, le 21 mai 1793. Il devait passer en Angleterre un exil de presque sept ans. Avait-il réussi, au cours de cette odyssée cauchemardesque, à conserver avec lui ses manuscrits ? C'est peu probable. Dans une note de son *Essai historique* (1797), il déplora leur perte à peu près totale, reconnaissant toutefois qu'il lui est resté « quelques feuilles détachées ». En réalité, il précisera plus tard (1826) qu'il recomposa de mémoire, à Londres, ce qui avait disparu, en particulier « les premières ébauches des *Natchez* », sur leur « souvenir récent ».

Le passage en question (*Essai*, p. 443) nous renseigne sur le contenu de ces ébauches, ce qui donne de précieuses indications sur la manière de travailler du voyageur. Il distingue en effet lui-même trois groupes :

– Une section « voyages », comprenant sans doute un itinéraire, mais aussi des observations ou des notes de lecture sur la partie encore sauvage de l'« Amérique septentrionale ». Choses vues, choses... rapportées, car la tradition du récit de voyage demeure encyclopédique : on se soucie moins de raconter son aventure individuelle que de composer un tableau crédible, le plus étendu possible.

À côté de ces documents de pure information, Chateaubriand distingue lui-même les « ouvrages commencés » qu'il range en deux catégories :

– « L'histoire d'une nation sauvage du Canada, sorte de roman, dont le cadre totalement neuf, et les peintures naturelles étrangères à notre climat [...] ».

– Des « Tableaux de la nature ». Sans doute inspiré par les *Études de la nature* (1784) de Bernardin, ce titre désigne alors un ensemble varié de textes en prose, plus ou moins autobiographiques. Ce sont des descriptions, comme cette « Nuit chez les Sauvages » ou cette « romance sur la rivière Hudson » publiées dès 1797 (*Essai*, p. 445-447 et 351-352). Ou bien des séquences plus lyriques, sortes de poèmes en prose, comme ce « petit épisode à la manière d'Ossian » composé à Saint-Pierre au printemps 1791, mais jamais retrouvé, ou encore telle de ces chansons indiennes qui prendront place ensuite dans *Atala* ou dans *Les Natchez*.

Entre les notes de voyage, le recueil de « morceaux » plus ou moins élaborés et la fiction, les frontières vont demeurer longtemps assez floues. À preuve cette note manuscrite de 1797, à propos de la romance du major André (*Essai*, p. 351 ; variante *a*, p. 1549) : « J'altérerai ce morceau dans mes tableaux de la nature, je trans- porterai la description de la cataracte dans l'histoire de mes sauvages. » On la retrouve en effet dès 1801 dans l'épilogue d'*Atala*. En définitive, les *Tableaux de la nature* ne deviendront jamais un ouvrage autonome, mais serviront de « réserve » pour *Les Natchez*, avant de réapparaître dans le *Génie du christianisme*. On aura néanmoins observé qu'avant de brouiller ainsi les car- tes, Chateaubriand avait organisé son œuvre à venir selon un mode de répartition strictement calqué sur celui des œuvres de Bernardin de Saint-Pierre : un *voyage* ; des *études* ; un roman.

Le début du séjour à Londres fut assez pénible, une fois le viatique maternel épuisé. Puis des secours furent distribués ; la solidarité des exilés joua. Chateaubriand trouva ainsi un emploi de professeur de français, à la fin de 1793, dans une école paroissiale du Suffolk. Il demeura près de trente mois dans ce comté rustique, chahuté par ses élèves, mais bien accueilli par la *gentry* locale. Il fréquenta régulièrement de la sorte une petite société cultivée, utilisa pour travailler les bibliothèques de ses hôtes. Certains avaient voyagé comme le pasteur Ives, ancien missionnaire en Amérique. C'est par sa fille Charlotte (comme dans *Werther*) que le cœur de Chateaubriand fut pour la première fois sérieusement touché. La blonde Charlotte avait seize ans lorsque leur idylle se noua. Elle ne fut sans doute pas sans influencer certains personnages des *Sauvages*. Mais nous ignorons si le roman avança beaucoup au cours de ce séjour campagnard. Une note du livre IV des *Natchez* se borne à indiquer : « J'écrivais (ceci) un an après la mort du Roi-Martyr », donc en 1794.

Mais un autre projet avait pris le pas sur les rêveries exotiques. Chateaubriand avait entrepris, sans doute après la chute de Robespierre, un *Essai sur les révolutions*. Par ses nombreuses digressions autobiographiques, empruntées au souvenir de ses voyages, comme par ses considérations sur la plus brûlante actualité, ce travail historique offrait le miroir de son existence actuelle. Revenu à Londres au mois de juin 1796, soutenu par son éditeur, Chateaubriand termina la première partie de son ouvrage (sur les révolutions grecques) qui parut le 18 mars 1797. Mais il ne rédigera jamais la suite. Au printemps de la même année, les royalistes modérés reprennent espoir, et regardent du côté de la France, où la situation politique leur est en apparence favorable. François de Chateaubriand ne rêve alors que de retour à une vie normale. Une note manuscrite de cette époque trace le programme de la paisible existence littéraire qu'il ambitionne : « Si la paix se fait, j'obtiendrai aisément ma radiation, et je m'en retournerai à Paris, où je prendrai un logement au Jardin des Plantes ; je publierai mes *Sauvages*, et je reverrai toute ma société » (*Essai*, p. 317 ; variante *a*, p. 1531).

C'est dans cette perspective qu'il reprit alors son manuscrit américain ; mais en avançant dans son travail, il modifia son orientation première, comme en témoigne une lettre capitale, adressée le 6 janvier 1798 au libraire parisien Buisson, pour vanter les mérites de son ouvrage :

> *René et Céluta* est un roman à grands traits et à grands caractères. On y voit des pères étouffant leurs propres enfants, par amour de la liberté ; des rendez-vous d'amour dans des cavernes pleines d'ossements ; des prisonniers brûlés avec des tourments affreux ; des assemblées de conjurés sur des roches escarpées, au haut des montagnes, au milieu des tempêtes et des fantômes ; mais aussi on y trouve, par opposition, les scènes les plus douces, et les plus voluptueuses ; des moissons recueillies aux chants d'un peuple heureux ; des hymnes, des fêtes, des chasses ; des peintures de mœurs dans le goût antique ; des conversations, tour à tour philosophiques, tendres, animées, selon les caractères mis en action ; des tableaux continuels d'une nature étrangère à nos climats, et décorée de toute sa pompe virginale, etc. La catastrophe épouvantable qui termine l'ouvrage est partie historique, partie imaginée.
>
> Tout ceci est dans le goût des temps, où l'on ne veut que des scènes qui remuent et ébranlent fortement les âmes. Cependant l'ouvrage est bien loin de manquer de vraisemblance, et de simplicité, puisqu'il est le résultat de longs voyages de l'auteur et en partie le récit de choses qu'il a vues et connues. L'histoire naturelle y est traitée d'une manière entièrement neuve.

Il est aisé de reconnaître, dans ce résumé publicitaire, les épisodes les plus remarquables de la seconde partie des *Natchez*, déjà bien plus qu'ébauchés. Certes, rien ne précise encore le cadre de cette histoire mouvementée, mais il est probable que Chateaubriand a déjà transporté la scène du Canada en Louisiane, et que la « catastrophe épouvantable » qu'il mentionne pour terminer désigne bien la révolte des Natchez comme nouvel argument de son ouvrage. En revanche, le nouveau titre ne fait aucune allusion à Chactas ; il place pour la première fois en pleine lumière le personnage de René, accouplé à Céluta. Il est difficile de savoir si, dans la pensée de Chateaubriand, leur histoire devait alors former une unité narrative indépendante, ou si elle pouvait se rattacher à un ensemble plus vaste, qui aurait aussi compris la précédente histoire de Chactas. Qu'il nous suffise de faire observer que dès le début de la rédaction des *Natchez* se pose le problème du *montage* de récits divers.

Chateaubriand élimine de surcroît, dans ce document, presque toute référence à une narration épique pour insister au contraire sur le caractère romanesque de *René et Céluta*, où il accumule tous les ingrédients du récit de terreur si prisé par le public de cette fin du siècle. On dirait que, sur le bonheur de l'homme de la nature, pèse désormais une insidieuse menace, et que se profile pour ainsi dire le spectre de la mort universelle. Il y a là un changement de cap certain, qui correspond sans doute à une mode littéraire, mais qui reflète aussi le découragement des émigrés en cette fin de 1797. Ce pessimisme de crise paraît en effet la conséquence directe de la radicalisation du Directoire après le coup de force militaire provoqué par Barras contre la droite parlementaire le 18 fructidor (4 septembre 1797). C'est la fin des illusions du printemps : la Révolution continue, plus intraitable que jamais. Pour ce qui est de Chateaubriand, il approche de la trentaine sans voir se concrétiser ses espérances de réintégration sociale.

C'est dans ce contexte de « réaction jacobine » qu'à la fin du mois de janvier 1798, Fontanes, proscrit, arriva en Angleterre, après un séjour de quelques semaines à Hambourg où avait trouvé refuge une importante colonie française. Chateaubriand avait déjà rencontré ce littérateur connu (il le cite même avec faveur dans son *Essai historique*), de onze ans son aîné. Mais c'est en 1798 que naquit entre les deux hommes une amitié indéfectible qui orienta de façon décisive la carrière littéraire du plus jeune. Fontanes avait, depuis les années 1780, une grande réputation de poète. Dans « La Chartreuse de Paris », ou « Le Jour des Morts dans une campagne », il avait su transposer avec élégance la religiosité mélancolique de la poésie anglaise contemporaine. Puis il avait entrepris une ambitieuse épopée en vers sur les guerres Médiques intitulée *La Grèce sauvée*. Il en montra des fragments à son nouvel ami et c'est lui qui, sans aucun doute, pressa Chateaubriand de revenir à la forme épique, avant de repartir pour Hambourg, au mois de juillet, chargé entre autres missions de trouver un éditeur pour *Les Natchez* (le titre définitif est attesté pour la première fois dans une lettre du 2 mai 1798) ; leur auteur avait promis de les transformer, pour en faire une épopée en prose dans les règles. La correspondance qu'ils échangèrent dans les mois qui suivirent nous permet de suivre les étapes de ce travail.

*Les Natchez* avaient donc, au printemps de 1798, incorporé *René et Céluta*. Remplacé par la Louisiane, le Canada ne disparaissait pas complètement du récit, où Chateaubriand avait maintenu, comme un discret rappel de ses origines, une double polarité géographique, déplaçant au moindre prétexte ses personnages du nord au sud et du sud au nord, sans trop tenir compte des distances réelles. Néanmoins, la révolte des Natchez devait constituer désormais le tronc sur lequel viendraient se greffer plus ou moins librement des épisodes secondaires. Ce rééquilibrage du sujet centré sur le choc de deux cultures ne pouvait manquer de renforcer les potentialités épiques du récit. Sous leur forme la plus englobante, *Les Natchez* parvenaient en effet à opérer la conjonction entre une *Iliade* (les péripéties de la guerre coloniale autour de Fort Rosalie) et une *Odyssée* (les aventures antérieures de Chactas, peut-être de René). On y trouvait des combats, des jeux, des fêtes, des assemblées de guerriers, des rivalités amoureuses, une amitié exemplaire, dans la meilleure tradition du répertoire. C'était vrai aussi des techniques narratives, que le roman baroque avait reprises à Homère ou à Virgile : début *in medias res*, pratique du retour en arrière, du récit enchâssé, descriptions, etc. Mais lorsque, à partir du mois de juin ou juillet 1798, Chateaubriand commença, sur le conseil de Fontanes, à « mettre au net » son ouvrage, ce ne fut pas seulement pour accentuer, au niveau du récit, la présence du modèle épique, mais pour reconstituer une sorte de « narration épique », selon les recettes les plus scolaires de la poétique néoclassique : division en livres ou chants (si possible douze ou vingt-quatre), invocation à la muse ; intervention des puissances surnaturelles (infernales ou célestes), songes ou apparitions, dénombrement des troupes ; noblesse emphatique du ton, substitution de périphrases au mot propre, longues comparaisons « homériques », etc. Par son artificialité, pareille métamorphose allait de surcroît dans un sens opposé à la conception primitive, qui visait à une « épopée de l'homme de la nature ». Chateaubriand ne progressa pas très vite dans cette nouvelle direction : le 15 août 1798, il indique à Fontanes qu'il en est au livre III ; le 7 novembre, il déclare ne posséder que « 7 livres sur 24 de mis au net ». Or, huit mois plus tard, dans une pétition adressée au Literary Fund, on en reste au même chiffre :

« 7 ou 8 chants achevés ». On est donc amené à conclure que le travail ne fut pas poursuivi au-delà de 1798.

Il ne serait sans doute pas exact de mettre ce « blocage » sur le compte du dégoût que pouvait inspirer une tâche aussi ingrate. Chateaubriand saura mettre plus tard, au service de *Moïse* par exemple, une obstination inlassable à ce genre de cause perdue. En réalité, les raisons de cette interruption sont, au début de 1799, beaucoup plus simples : il fallait *manger*. Déjà, le 2 mai 1798, il avait souligné la précarité de sa situation dans une demande de secours adressée au « trésorier » des princes à Londres : « Les Natchez sont de vilains enfants, de vrais sauvages, paresseux et mal élevés [...] qui comptent absolument sur M. Dutheil, car leur père ne saurait suffire à leur dépense. » Le 7 novembre de la même année, il envoie à Baudus (rédacteur, à Hambourg, du *Spectateur du Nord*) une lettre analogue : « Si le hasard faisait, Monsieur, que vous entendissiez parler de quelque place littéraire, qui ne demandât que peu de travail et laissât beaucoup de loisir [...], pensez au Solitaire anglais. » Mais cette sinécure, qui lui aurait permis de terminer, dans de bonnes conditions, la révision des *Natchez*, ne la trouva pas. Il fallut donc parer au plus pressé, quitte à reprendre, un jour meilleur, cette entreprise de longue haleine. C'est dans cette intention que le 5 avril 1799, Chateaubriand écrit de nouveau à ce même Baudus. Il lui offre cette fois ses services de traducteur, mais lui propose aussi, pour 15 guinées, « un petit manuscrit sur *La Religion chrétienne par rapport à la morale et à la poésie* ». Ce pamphlet, rédigé sans doute en hâte, au mois de mars précédent, se présente alors comme un simple travail alimentaire de circonstance. C'est pourtant lui qui, prenant au fil des mois des proportions de plus en plus considérables, allait devenir, au bout de trois ans, le *Génie du christianisme*.

## Pour la plus grande gloire de Dieu

La croissance rapide du nouveau livre fut obtenue au détriment des *Natchez*. À mesure que se poursuivait la rédaction du *Génie*, le manuscrit antérieur passa peu à peu au second plan, pour ne plus servir, à la fin, que de « réservoir » de textes. La correspondance ne laisse aucun doute sur cette inversion progressive de la perspective. Le 6 mai 1799, Chateaubriand écrit à Baudus : « La troisième partie de ce pamphlet contient plusieurs fragments des *Natchez*. » Le 19 août, à Fontanes : « Un grand nombre des meilleurs morceaux des *Natchez* se trouvent cités dans cet ouvrage », mais c'est, il est vrai, « afin de donner un avant-goût au public de cette épopée des sauvages ». Au début, il ne renonce donc pas à la publication de ce qu'il appelle encore « notre grand ouvrage sur les sauvages ». Il envisage simplement de la retarder, afin de pouvoir en extraire quelques bonnes feuilles pour grossir son opuscule. Les choses changèrent après la mort de sa sœur Julie, la brillante mondaine de ses années parisiennes, survenue le 26 juillet 1799. Cet événement, qui paraissait réitérer un obscur avertissement (sa mère avait déjà disparu un an plus tôt), bouleversa Chateaubriand ; il provoqua une remise en cause profonde de son existence ; il accéléra son retour sincère à la foi de son enfance. Désormais il ne songerait plus qu'au livre expiatoire destiné à porter témoignage de cette conversion, et à racheter une âme trop longtemps égarée.

Pour lui donner sans tarder les dimensions requises

par un aussi grave enjeu, Chateaubriand va dès lors puiser à pleines mains dans *Les Natchez*, détournant ainsi des pages entières de leur première destination. Son ouvrage, écrit-il le 25 octobre à Baudus, « renferme aussi plusieurs longs morceaux de mes *Sauvages*, surtout dans la partie qui a rapport au *culte des tombeaux parmi les hommes* ». Le 19 février 1800, il confie à Fontanes : « Vous serez peut-être un peu surpris de la nouveauté du cadre, et de la manière toute singulière dont le sujet est envisagé. Vous y trouverez, en citation, les morceaux qui vous ont plu davantage dans *Les Natchez*. »

Dans les premières épreuves qu'il fait alors imprimer à Londres, on retrouve un certain nombre de ces passages, qui ne seront du reste pas tous utilisés dans la version de 1802. En enrôlant de la sorte Natchez ou Siminoles, baleines ou carcajous, et les « crocodiles couchés sous les tamarins des fleuves », et les bisons du Meschacebé, pour leur faire célébrer la gloire du Seigneur, Chateaubriand ne pouvait qu'offusquer les puristes de la morale ou de la théologie (en particulier toute la tradition janséniste), non sans courir le risque inverse de censurer ou affadir la *sauvagerie* primitive de son chant.

On assiste donc, au cours de 1799, à une marginalisation, puis à un « dépeçage » des *Natchez* au profit du *Génie du christianisme*. Les circonstances politiques vont accélérer le mouvement de manière inattendue. Pour les émigrés modérés, c'était la République qui les avait exclus, non pas le contraire. Ils étaient disposés à accepter le nouveau gouvernement de la France, à condition que leur fût reconnu un « droit au retour » dans des conditions acceptables. Nous avons vu qu'en 1797, Chateaubriand avait été bien près de se rallier à un régime auquel il ne demandait que des garanties réelles de citoyenneté. Or, le 18 brumaire, le

général Bonaparte avait pris le pouvoir avec un programme de réconciliation nationale qu'il paraissait
enfin capable de réaliser. Rentré en France, Fontanes
avait, entre-temps, su gagner la faveur du Premier
Consul ; il pressa donc son ami de venir le rejoindre
à Paris, en lui faisant espérer une prompte radiation
de la liste des émigrés (c'est-à-dire une amnistie pour
son passé contre-révolutionnaire). Chateaubriand se
laissa convaincre : le 6 mai 1800, il débarquait à Calais ;
pour la première fois depuis sept ans, il foulait le sol
de sa patrie.

Il avait tout de même fallu prendre des précautions.
Chateaubriand voyageait sous une fausse identité.
Pour ne pas alerter la police, il avait été obligé de
laisser, chez sa logeuse anglaise, une partie de ses
manuscrits : une malle entière de papiers, parmi lesquels figuraient *Les Natchez* sous leur double forme
(version intégrale romanesque de 1797-1798 ; version
partielle épique de 1798). Sans doute espérait-il les
récupérer bientôt. Personne ne pouvait alors prévoir
qu'après la brève accalmie de 1802, la guerre recom-
mencerait pour treize ans. Il avait du moins prélevé,
dans la première partie, puis dans la seconde, deux
récits « détachables » qui allaient connaître une gloire
prématurée.

Présenté explicitement comme un « épisode des
*Natchez* », le premier fut publié le 2 avril 1801 sous
le titre : *Atala, ou les Amours de deux sauvages dans
le désert*. C'est, écrit Chateaubriand dans la lettre qui
accompagne la préface de cette première édition, « une
anecdote extraite de mes voyages en Amérique, et
écrite sous les huttes mêmes des Sauvages ». Il expose
ensuite brièvement la genèse des *Natchez*, ainsi que
les raisons, purement circonstancielles, de cette parution anticipée. Cette « petite histoire » tirée des aventures de Chactas est encadrée par un prologue et un

épilogue destinés à suppléer le manque du « récit premier ». Chateaubriand profite de cette occasion pour présenter au public un autre personnage, ce « Français nommé René » qui ne joue dans *Atala* aucun autre rôle que celui de destinataire du récit de Chactas. Lorsque, un an plus tard (avril 1802), fut enfin publié le *Génie du christianisme*, Chateaubriand ne se contenta pas de réutiliser *Atala* pour en faire un exemple des « Harmonies de la Religion chrétienne avec les scènes de la nature et les passions du cœur humain » (c'est-à-dire le livre VI de la troisième partie), mais il introduisit dans la seconde partie, à la suite du livre sur les « Passions », une autre « nouvelle » intitulée précisément *René*[1]. C'est, écrivait-il alors, « un épisode extrait, comme *Atala*, de nos anciens *Natchez*. C'est la vie de ce jeune René, à qui Chactas a raconté son histoire, etc. ». Ce mode de présentation souligne la symétrie de textes obtenus en quelque sorte par permutation des interlocuteurs : dans *Atala*, Chactas raconte son histoire à René ; dans *René*, c'est René qui raconte la sienne au vieil Indien. Transférés ainsi des *Natchez* dans le *Génie* où ils demeurèrent jusqu'à la 5ᵉ édition (1809), ces textes ne sont pas davantage autonomes, mais ils ont sans doute changé de sens. Chateaubriand les a du reste adaptés à cette nouvelle perspective ; il ne cessa de les corriger au cours des rééditions successives. En 1805, il se décide enfin à donner « une édition séparée » *ne varietur* de ce qu'il appelle désormais les « deux épisodes » de son Apologie ; il ne prononce même plus, dans la nouvelle préface qu'il rédige alors, le nom de ses anciens *Natchez*. Par son accueil triomphal, le public avait tranché : *Atala* et *René* avaient conquis le droit de poursuivre en toute liberté la brillante carrière qu'on connaît,

---

**1.** Sur René, voir le Dossier, p. 226.

tandis que leur auteur allait chercher sur les rives de la Méditerranée matière à une nouvelle épopée. Mais le médiocre succès des *Martyrs* le découragea des grandes entreprises littéraires [1].

Jean-Claude BERCHET.

---

**1.** Le texte d'*Atala* et de *René* qu'on lira ci-après est tiré de l'édition de 1805. L'orthographe a été modernisée (par exemple les imparfaits en -oi), même si elle laisse subsister d'étranges disparates (transcription des noms propres ou des noms exotiques, emplois des majuscules ou des minuscules, des tirets)... La graphie « Mississipi », de règle au XIXe siècle, a été conservée, de même que la ponctuation, plus rythmique que syntaxique, particulière à Chateaubriand.

# PRÉFACES DE CHATEAUBRIAND

*Lettre*[1] *publiée dans* Le Journal des Débats
*et dans* Le Publiciste

Citoyen, dans mon ouvrage sur le *Génie du christianisme, ou Les Beautés poétiques et morales de la religion chrétienne*, il se trouve une section entière consacrée à la *poétique du christianisme*. Cette section se divise en trois parties : poésie, beaux-arts, littérature. Ces trois parties sont terminées par une quatrième, sous le titre d'*Harmonies de la religion, avec les scènes de la nature et les passions du cœur humain*. Dans cette partie j'examine plusieurs sujets qui n'ont pu entrer dans les précédentes, tels que les effets des ruines gothiques, comparées aux autres sortes de ruines, les sites des monastères dans les solitudes, le côté poétique de cette religion populaire, qui plaçait des croix aux carrefours des chemins dans les forêts, qui mettait des images de vierges et de saints à la garde des fontaines et des vieux ormeaux ; qui croyait aux pressentiments et aux fantômes, etc., etc. Cette partie est terminée par une anecdote extraite de mes voyages

---

**1.** Cette lettre, signée « L'Auteur du *Génie du christianisme* », fut reproduite dans *Le Journal des Débats* du 31 mars et dans *Le Publiciste* du 1ᵉʳ avril 1801 (10 et 11 germinal an IX). Le volume fut mis en vente le lendemain, 2 avril 1801.

en Amérique, et écrite sous les huttes mêmes des Sauvages. Elle est intitulée : *Atala, etc.* Quelques épreuves de cette petite histoire s'étant trouvées égarées, pour prévenir un accident qui me causerait un tort infini, je me vois obligé de la publier à part, avant mon grand ouvrage[1].

Si vous vouliez, citoyen, me faire le plaisir de publier ma lettre, vous me rendriez un important service.

J'ai l'honneur d'être, etc.

*Préface de la première édition (1801)*

On voit par la lettre précédente ce qui a donné lieu à la publication d'*Atala* avant mon ouvrage sur le *Génie du christianisme, ou Les Beautés poétiques et morales de la religion chrétienne*, dont elle fait partie. Il ne me reste plus qu'à rendre compte de la manière dont cette petite histoire a été composée[2].

J'étais encore très jeune, lorsque je conçus l'idée de faire l'*épopée de l'homme de la nature*, ou de peindre les mœurs des Sauvages, en les liant à quelque événement connu. Après la découverte de l'Amérique, je ne vis pas de sujet plus intéressant, surtout pour des Français, que le massacre de la colonie des Natchez à

---

**1.** Rentré en France au mois de mai 1800, Chateaubriand se trouve alors à Paris avec un permis de séjour temporaire. Par la publication anticipée de son roman, il ne cherche pas seulement à gagner quelque argent, mais aussi à se faire connaître, pour hâter sa radiation de la liste des émigrés, qu'il obtiendra enfin le 21 juillet 1801. **2.** Lorsque Chateaubriand publia cette préface au t. XV de ses *Œuvres complètes* (1827), il fit disparaître certains passages de circonstance. Nous rétablissons ici le texte original de 1801 (en modernisant son orthographe).

la Louisiane, en 1727[1]. Toutes les tribus indiennes conspirant, après deux siècles d'oppression, pour rendre la liberté au Nouveau-Monde, me parurent offrir au pinceau un sujet presque aussi heureux que la conquête du Mexique. Je jetai quelques fragments de cet ouvrage sur le papier ; mais je m'aperçus bientôt que je manquais des vraies couleurs, et que si je voulais faire une image semblable, il fallait, à l'exemple d'Homère, visiter les peuples que je voulais peindre.

En 1789, je fis part à M. de Malesherbes du dessein que j'avais de passer en Amérique. Mais désirant en même temps donner un but utile à mon voyage, je formai le dessein de découvrir par terre le *passage* tant cherché, et sur lequel Cook même avait laissé des doutes. Je partis, je vis les solitudes américaines, et je revins avec des plans pour un autre voyage, qui devait durer neuf ans. Je me proposais de traverser tout le continent de l'Amérique septentrionale, de remonter ensuite le long des côtes, au nord de la Californie, et de revenir par la baie d'Hudson, en tournant sous le pôle. Si je n'eusse pas péri dans ce second voyage, j'aurais pu faire des découvertes importantes pour les sciences, et utiles à mon pays. M. de Malesherbes se chargea de présenter mes plans au Gouvernement ; et ce fut alors[2] qu'il entendit les premiers fragments du petit ouvrage, que je donne aujourd'hui au Public. On sait ce qu'est devenue la France, jusqu'au moment où la Providence a fait paraître un de ces hommes qu'elle

---

**1.** Est-ce à dessein, ou par inadvertance, que Chateaubriand date de 1727 une révolte qui se produisit en 1729, comme il pouvait le vérifier dans toutes ses sources (en particulier Raynal) ? En faisant arriver René en Amérique deux ans plus tôt (1725), il recule un peu toute la chronologie de son histoire : René grandit sous la Régence, Chactas a pu connaître la cour de Louis XIV à son apogée. Pour la matérialité des événements, voir p. 204-207.
**2.** C'est-à-dire au printemps 1792.

envoie en signe de réconciliation, lorsqu'elle est lassée de punir. Couvert du sang de mon frère unique, de ma belle-sœur, de celui de l'illustre vieillard leur père ; ayant vu ma mère et une autre sœur pleine de talents, mourir des suites du traitement qu'elles avaient éprouvé dans les cachots, j'ai erré sur les terres étrangères, où le seul ami que j'eusse conservé, s'est poignardé dans mes bras [a][*].

---

[*] Les notes signalées par des lettres sont de Chateaubriand.

---

**a.** Nous avions été tous deux cinq jours sans nourriture, et les principes de la perfectibilité humaine nous avaient démontré qu'un peu d'eau, puisée dans le creux de la main à la fontaine publique, suffit pour soutenir la vie d'un homme aussi longtemps. Je désire fort que cette expérience soit favorable au progrès des lumières ; mais j'avoue que je l'ai trouvée dure[1].

Tandis que toute ma famille était ainsi massacrée, emprisonnée et bannie, une de mes sœurs[2], qui devait sa liberté à la mort de son mari, se trouvait à Fougères, petite ville de Bretagne. L'armée royaliste arrive ; huit cents hommes de l'armée républicaine sont pris et condamnés à être fusillés. Ma sœur se jette aux pieds de la Roche-Jacquelin et obtient la grâce des prisonniers. Aussitôt elle vole à Rennes ; elle se présente au tribunal révolutionnaire avec les certificats qui prouvent qu'elle a sauvé la vie à huit cents hommes. Elle demande pour seule récompense qu'on mette ses sœurs en liberté. Le président du tribunal lui répond : *Il faut que tu sois une coquine de royaliste que je ferai guillotiner, puisque les brigands ont tant de déférence à tes prières. D'ailleurs, la république ne te sait aucun gré de ce que tu as fait : elle n'a que trop de défenseurs, et elle manque de pain.* Et voilà les hommes dont Bonaparte a délivré la France.

---

**1.** Cf. *Mémoires d'outre-tombe*, X, 6.   **2.** Marie-Anne de Chateaubriand, comtesse de Marigny, veuve depuis 1787. Les Vendéens avaient occupé Fougères en octobre-novembre 1793, au moment de leur marche sur Granville. Mme de Marigny paraît alors avoir joué double jeu. Royaliste fervente (son château, sur la paroisse de Saint-Germain-en-Coglès, sera sous le Directoire un centre actif de chouannerie), elle se ménagea aussi, par son action humanitaire, des sympathies auprès des républicains modérés.

De tous mes manuscrits sur l'Amérique, je n'ai sauvé que quelques fragments, en particulier *Atala*, qui n'était qu'un épisode des *Natchez*. *Atala* a été écrite dans le désert, et sous les huttes des Sauvages. Je ne sais si le public goûtera cette histoire qui sort de toutes les routes connues, et qui présente une nature et des mœurs tout à fait étrangères à l'Europe. Il n'y a point d'aventures dans *Atala*. C'est une sorte de poème[a], moitié descriptif, moitié dramatique : tout consiste dans la peinture de deux amants qui marchent et causent dans la solitude ; tout gît dans le tableau des troubles de l'amour, au milieu du calme des déserts, et du calme de la religion. J'ai donné à ce petit ouvrage les formes les plus antiques ; il est divisé en *prologue*, *récit* et *épilogue*. Les principales parties du récit prennent une dénomination, comme les *chasseurs*, les *laboureurs*, etc. ; et c'était ainsi que dans les premiers siècles de la Grèce, les Rhapsodes chantaient, sous divers titres, les fragments de l'*Iliade* et de l'*Odyssée*. Je ne dissimule point que j'ai cherché l'extrême simplicité de fond et de style, la partie descriptive exceptée ; encore est-il vrai que dans la description même, il est une manière d'être à la fois pompeux et simple. Dire ce que j'ai tenté, n'est pas dire ce que j'ai fait. Depuis longtemps je ne lis plus qu'Homère et la Bible ; heureux si l'on s'en aperçoit, et si j'ai fondu dans les teintes du désert, et dans les sentiments particuliers à mon cœur, les couleurs de

---

**a.** Dans un temps où tout est perverti en littérature, je suis obligé d'avertir que si je me sers ici du mot de poème, c'est faute de savoir comment me faire entendre autrement. Je ne suis point un de ces barbares qui confondent la prose et les vers. Le poète, quoi qu'on en dise, est toujours l'homme par excellence ; et des volumes entiers de prose descriptive, ne valent pas cinquante beaux vers d'Homère, de Virgile ou de Racine.

ces deux grands et éternels modèles du beau et du
vrai.

Je dirai encore que mon but n'a pas été d'arracher
beaucoup de larmes ; il me semble que c'est une dangereuse erreur, avancée, comme tant d'autres, par
M. de Voltaire, *que les bons ouvrages sont ceux qui
font le plus pleurer*[1]. Il y a tel drame dont personne
ne voudrait être l'auteur, et qui déchire le cœur bien
autrement que l'*Énéide*. On n'est point un grand écrivain, parce qu'on met l'âme à la torture. Les vraies
larmes sont celles que fait couler une belle poésie ; il
faut qu'il s'y mêle autant d'admiration que de douleur[2].

C'est Priam disant à Achille :

Ἀνδρὸς παιδοφόνοιο ποτὶ στόμα χεῖρ' ὀρέγεσθαι
*Juge de l'excès de mon malheur*, puisque je baise la
main qui a tué mes fils.

C'est Joseph s'écriant :
*Ego sum Joseph, frater vester, quem vendidistis in
Ægyptum.*

---

**1.** C'est au nom de ce principe que Voltaire préfère Racine à
Corneille, comme son Huron : « Quand il lut [...] *Phèdre, Andro-
maque, Athalie*, il fut en extase, il soupira, il versa des larmes »
(*L'Ingénu*, chap. XII). Au livre VI des *Natchez*, Chactas (que Ninon
de Lenclos appelle aussi « mon cher Huron ») ne réagit pas autrement lorsqu'il voit représenter *Phèdre* : « Les larmes descendirent
en torrents de mes yeux. » Mais Chateaubriand a soin de préciser
(révision ultérieure ?) qu'il est « vaincu par la poésie des accents ».
**2.** Chateaubriand a développé cette idée dans un fragment du
*Génie* intitulé « Corruption du goût » (*Génie*, p. 1332-1333) et dans
son deuxième article sur Shakespeare publié par *Le Mercure de
France* du 25 prairial an X/14 juin 1802.

Je suis Joseph, votre frère, que vous avez vendu pour l'Égypte[1].

Voilà les seules larmes qui doivent mouiller les cordes de la lyre, et en attendrir les sons. Les muses sont des femmes célestes qui ne défigurent point leurs traits par des grimaces ; quand elles pleurent, c'est avec un secret dessein de s'embellir.

Au reste, je ne suis point comme M. Rousseau, un enthousiaste des Sauvages ; et quoique j'aie peut-être autant à me plaindre de la société, que ce philosophe avait à s'en louer, je ne crois point que la *pure nature* soit la plus belle chose du monde. Je l'ai toujours trouvée fort laide, partout où j'ai eu l'occasion de la voir. Bien loin d'être d'opinion que l'homme qui pense soit un *animal dépravé*, je crois que c'est la pensée qui fait l'homme. Avec ce mot de *nature*, on a tout perdu. De là les détails fastidieux de mille romans où l'on décrit jusqu'au bonnet de nuit, et à la robe de chambre ; de là ces drames infâmes, qui ont succédé aux chefs-d'œuvre des Racine[2]. Peignons la nature, mais la belle nature : l'art ne doit pas s'occuper de l'imitation des monstres.

Les moralités que j'ai voulu faire dans *Atala*, étant faciles à découvrir, et se trouvant résumées dans l'épi-

---

**1.** Respectivement : *Iliade*, chant XXIV, vers 506 ; Genèse, XLV, verset 4. **2.** Malgré la référence explicite au philosophe genevois, Chateaubriand vise moins, dans ce passage, sa théorie de la nature que la doctrine esthétique du nouveau réalisme « bourgeois », en particulier au théâtre (les « drames infâmes »). Ses promoteurs sont en effet clairement désignés par une double allusion : Diderot, auteur de *Regrets sur ma vieille robe de chambre*, et Mercier, auteur de *Mon bonnet de nuit*. Ainsi Chateaubriand arrive à réunir dans la même page, non sans artifice, trois noms emblématiques des Lumières, pour les vouer à un égal opprobre. Démarche révélatrice de cet « esprit de parti » qui joue un rôle central dans le débat littéraire sous le Consulat.

logue, je n'en parlerai point ici ; je dirai seulement un mot de mes personnages.

*Atala*, comme le *Philoctète*, n'a que trois personnages. On trouvera peut-être dans la femme que j'ai cherché à peindre, un caractère assez nouveau. C'est une chose qu'on n'a pas assez développée, que les contrariétés du cœur humain : elles mériteraient d'autant plus de l'être, qu'elles tiennent à l'antique tradition d'une dégradation originelle, et que conséquemment elles ouvrent des vues profondes sur tout ce qu'il y a de grand et de mystérieux dans l'homme et son histoire [1].

*Chactas*, l'amant d'*Atala*, est un Sauvage, qu'on suppose né avec du génie, et qui est plus qu'à moitié civilisé, puisque non seulement il sait les langues vivantes, mais encore les langues mortes de l'Europe [2]. Il doit donc s'exprimer dans un style mêlé, convenable à la ligne sur laquelle il marche, entre la société et la nature. Cela m'a donné de grands avantages, en le faisant parler en Sauvage dans la peinture des mœurs, et en Européen dans le drame et la narration. Sans cela il eût fallu renoncer à l'ouvrage : si je m'étais toujours servi du style indien, *Atala* eût été de l'hébreu pour le lecteur.

Quant au missionnaire, j'ai cru remarquer que ceux qui jusqu'à présent ont mis le prêtre en action, en ont fait ou un scélérat fanatique, ou une espèce de philosophe. Le *père Aubry* n'est rien de tout cela. C'est un simple chrétien qui parle sans rougir *de la croix, du*

---

1. À la suite de Pascal, Chateaubriand fonde sur le dogme du péché originel son analyse de la dualité humaine *(homo duplex)*. Il développera cette thèse dans le *Génie du christianisme* : en donnant une nouvelle dimension à la psychologie, le principe de la chute a eu des conséquences esthétiques.    2. Ce qu'on apprendra dans *Les Natchez*. Dans *Atala*, le narrateur du récit est défini par un hors-texte, brièvement résumé dans le prologue.

*sang de son divin maître, de la chair corrompue*, etc.,
en un mot, c'est le prêtre tel qu'il est[1]. Je sais qu'il
est difficile de peindre un pareil caractère aux yeux
de certaines gens, sans toucher au ridicule. Si je n'attendris pas, je ferai rire : on en jugera.

Après tout, si l'on examine ce que j'ai fait entrer
dans un si petit cadre, si l'on considère qu'il n'y a pas
une circonstance intéressante des mœurs des Sauvages, que je n'aie touchée, pas un bel effet de la nature,
pas un beau site de la Nouvelle-France[2] que je n'aie
décrit ; si l'on observe que j'ai placé auprès du peuple
chasseur un tableau complet du peuple agricole, pour
montrer les avantages de la vie sociale, sur la vie
sauvage ; si l'on fait attention aux difficultés que j'ai
dû trouver à soutenir l'intérêt dramatique entre deux
seuls personnages, pendant toute une longue peinture
de mœurs, et de nombreuses descriptions de paysages ;
si l'on remarque enfin que dans la catastrophe même,
je me suis privé de tout secours, et n'ai tâché de me
soutenir, comme les anciens, que par la force du dia-
logue : ces considérations me mériteront peut-être
quelque indulgence de la part du lecteur. Encore une
fois, je ne me flatte point d'avoir réussi ; mais on doit
toujours savoir gré à un écrivain qui s'efforce de rappeler la littérature à ce goût antique, trop oublié de
nos jours.

Il me reste une chose à dire ; je ne sais par quel
hasard une lettre de moi, adressée au citoyen Fontanes[3], a excité l'attention du public beaucoup plus que

---

**1.** Chateaubriand a donné en effet une impulsion décisive au
personnage du prêtre dans le roman français (y compris ses variantes en vers, comme *Jocelyn*). **2.** Voir la note 2 p. 61.
**3.** C'est la « Lettre au citoyen Fontanes sur la seconde édition de
l'ouvrage de Mme de Staël », parue dans *Le Mercure de France*
du 1er nivôse an IX/22 décembre 1800. Dans ce texte polémique,
le premier qu'il publiait depuis son retour en France, Chateau-

je ne m'y attendais. Je croyais que quelques lignes d'un auteur inconnu passeraient sans être aperçues ; je me suis trompé. Les papiers publics ont bien voulu parler de cette lettre, et on m'a fait l'honneur de m'écrire, à moi personnellement, et à mes amis, des pages de compliments et d'injures. Quoique j'aie été moins étonné des dernières que des premiers, je pensais n'avoir mérité ni les unes, ni les autres. En réfléchissant sur ce caprice du public, qui a fait attention à une chose de si peu de valeur, j'ai pensé que cela pouvait venir du titre de mon grand ouvrage : *Génie du christianisme*, etc. On s'est peut-être figuré qu'il s'agissait d'une affaire de parti, et que je dirais dans ce livre beaucoup de mal à la révolution et aux philosophes.

Il est sans doute permis à présent, sous un gouvernement qui ne proscrit aucune opinion paisible, de prendre la défense du christianisme, comme sujet de morale et de littérature. Il a été un temps où les adversaires de cette religion, avaient seuls le droit de parler. Maintenant la lice est ouverte, et ceux qui pensent que le christianisme est poétique et moral, peuvent le dire tout haut, comme les philosophes peuvent soutenir le contraire. J'ose croire que si le grand ouvrage que j'ai entrepris, et qui ne tardera pas à paraître, était traité par une main plus habile que la mienne, la question serait décidée sans retour.

Quoi qu'il en soit, je suis obligé de déclarer qu'il n'est pas question de la révolution dans le *Génie du christianisme* ; et que je n'y parle le plus souvent que d'auteurs morts ; quant aux auteurs vivants qui s'y

---

briand faisait, à propos de *De la littérature*, la critique du concept de perfectibilité appliqué de façon trop rigoureuse à une histoire littéraire universelle, et se posait en rival potentiel de la fille de Necker.

trouvent nommés, ils n'auront pas lieu d'être mécontents : en général, j'ai gardé une mesure, que, selon toutes les apparences, on ne gardera pas envers moi.

On m'a dit que la femme célèbre, dont l'ouvrage formait le sujet de ma lettre, s'est plaint [1] d'un passage de cette lettre. Je prendrai la liberté d'observer, que ce n'est pas moi qui ai employé le premier l'arme que l'on me reproche, et qui m'est odieuse. Je n'ai fait que repousser le coup qu'on portait à un homme dont je fais profession d'admirer les talents, et d'aimer tendrement la personne [2]. Mais dès lors que j'ai offensé, j'ai été trop loin ; qu'il soit donc tenu pour effacé ce passage. Au reste, quand on a l'existence brillante et les beaux talents de Mme de Staël, on doit oublier facilement les petites blessures que peut nous faire un solitaire, et un homme aussi ignoré que je le suis.

Pour dire un dernier mot sur *Atala* : si, par un dessein de la plus haute politique, le gouvernement français songeait un jour à redemander le Canada à l'Angleterre, ma description de la Nouvelle-France prendrait un nouvel intérêt. Enfin, le sujet d'Atala n'est pas tout de mon invention ; il est certain qu'il y a eu un Sauvage aux galères et à la cour de Louis XIV [3] ; il est certain qu'un missionnaire français a fait les choses que j'ai rapportées ; il est certain que j'ai trouvé des Sauvages emportant les os de leurs aïeux, et une jeune mère exposant le corps de son enfant sur les branches d'un arbre ; quelques autres circonstances aussi sont véritables : mais comme elles ne sont pas d'un intérêt général, je suis dispensé d'en parler.

---

**1.** *Sic.* **2.** Fontanes. **3.** Cette indication concerne plutôt *Les Natchez* (livres V et VI) qu'*Atala* ; preuve qu'en 1801, Chateaubriand ne désespère pas de publier dans un avenir proche la totalité de son manuscrit.

*Avis sur la troisième édition (1801)*

J'ai profité de toutes les critiques, pour rendre ce petit ouvrage plus digne des succès qu'il a obtenus. J'ai eu le bonheur de voir que la vraie philosophie et la vraie religion sont une et même chose ; car des personnes fort distinguées, qui ne pensent pas comme moi sur le christianisme, ont été les premières à faire la fortune d'*Atala*. Ce seul fait répond à ceux qui voudraient faire croire que la *vogue* de cette anecdote indienne, est une affaire de parti. Cependant j'ai été amèrement, pour ne pas dire grossièrement censuré ; on[1] a été jusqu'à tourner en ridicule cette apostrophe aux Indiens[a] :

« Indiens infortunés, que j'ai vus errer dans les déserts du Nouveau-Monde avec les cendres de vos aïeux ; vous qui m'aviez donné l'hospitalité, malgré votre misère ! Je ne pourrais vous l'offrir aujourd'hui, car j'erre, ainsi que vous, à la merci des hommes, et moins heureux dans mon exil, je n'ai point emporté les os de mes pères. »

C'est sur la dernière phrase de cette apostrophe, que tombe la remarque du critique. Les cendres de ma famille, confondues avec celles de M. de Malesherbes ; six ans d'exil et d'infortunes, ne lui ont offert qu'un sujet de plaisanterie. Puisse-t-il n'avoir jamais à regretter les tombeaux de ses pères !

Au reste, il est facile de concilier les divers jugements qu'on a portés d'*Atala* : ceux qui m'ont blâmé, n'ont songé qu'à mes talents ; ceux qui m'ont loué, n'ont pensé qu'à mes malheurs.

P.-S. J'apprends dans le moment qu'on vient de découvrir à Paris une contrefaçon des deux premières éditions d'*Atala*, et qu'il s'en fait plusieurs autres à Nancy et à Strasbourg. J'espère que le public voudra

---

a. *Décade philosophique*, n° 22, dans une note.

1. Ginguené, dans *La Décade* du 10 floréal an IX/30 avril 1801.

bien n'acheter ce petit ouvrage que chez *Migneret* et
à l'ancienne Librairie de *Dupont*.

## Avis sur la quatrième édition (1801)

Depuis quelque temps, il a paru de nouvelles critiques d'*Atala*. Je n'ai pas pu en profiter dans cette quatrième édition. Les avis qu'on m'a fait l'honneur de
m'adresser, exigeaient trop de changements, et le Public
semble maintenant accoutumé à ce petit ouvrage, avec
tous ses défauts. Cette quatrième édition est donc parfaitement semblable à la troisième. J'ai seulement réta-
bli dans quelques endroits le texte des deux premières.

## Préface de 1805

L'indulgence, avec laquelle on a bien voulu accueil-
lir mes ouvrages, m'a imposé la loi d'obéir au goût
du public, et de céder au conseil de la critique.

Quant au premier, j'ai mis tous mes soins à le satisfaire. Des personnes, chargées de l'instruction de la
jeunesse, ont désiré avoir une édition du *Génie du
christianisme*, qui fût dépouillée de cette partie de
l'Apologie, uniquement destinée aux gens du monde :
malgré la répugnance naturelle que j'avais à mutiler
mon ouvrage, et ne considérant que l'utilité publique,
j'ai publié l'abrégé que l'on attendait de moi.

Une autre classe de lecteurs demandait une édition
séparée des deux épisodes de l'ouvrage : je donne
aujourd'hui cette édition[1].

Je dirai maintenant ce que j'ai fait relativement à
la critique.

---

1. *Atala-René*, par Fr. Aug. de Chateaubriand. À Paris, chez Le

Je me suis arrêté, pour le *Génie du christianisme*, à des idées différentes de celles que j'ai adoptées pour ces épisodes.

Il m'a semblé d'abord que, par égard pour les personnes qui ont acheté les premières éditions, je ne devais faire, du moins à présent, aucun changement notable à un livre qui se vend aussi cher que le *Génie du christianisme*. L'amour-propre et l'intérêt ne m'ont pas paru des raisons assez bonnes, même dans ce siècle, pour manquer à la délicatesse.

En second lieu, il ne s'est pas écoulé assez de temps depuis la publication du *Génie du christianisme*, pour que je sois parfaitement éclairé sur les défauts d'un ouvrage de cette étendue. Où trouverais-je la vérité parmi une foule d'opinions contradictoires ? L'un vante mon sujet aux dépens de mon style ; l'autre approuve mon style et désapprouve mon sujet. Si l'on m'assure, d'une part, que le *Génie du christianisme* est un monument à jamais mémorable pour la main qui l'éleva, et pour le commencement du XIXe siècle [a] ; de l'autre, on a pris soin de m'avertir, un mois ou deux après la publication de l'ouvrage, que les critiques venaient trop tard, puisque cet ouvrage était déjà oublié [b 1].

Je sais qu'un amour-propre plus affermi que le mien

---

**a.** M. de Fontanes.   **b.** M. Ginguené. *(Décad. Philosoph.)*

---

Normant [...] MDCCCV. Cette petite édition in-12 regroupe pour la première fois les deux épisodes des *Natchez*, qui, de 1802 à 1804, avaient été incorporés dans le *Génie du christianisme*. Elle comporte six figures de Garnier (quatre pour *Atala*, deux pour *René*).

**1.** Le compte rendu de Fontanes a paru dans *Le Mercure de France* du 25 germinal an X/15 avril 1802, le lendemain de la publication du livre. Les trois articles hostiles de Ginguené, parus dans *La Décade* des 30 prairial, 10 et 20 messidor an X/19 et 29 juin, 10 juillet 1802, furent repris en brochure sous le titre de *Coup d'œil rapide sur le « Génie du christianisme »*.

trouverait peut-être quelques motifs d'espérance pour se rassurer contre cette dernière assertion. Les éditions du *Génie du christianisme* se multiplient, malgré les circonstances qui ont ôté à la cause que j'ai défendue le puissant intérêt du malheur. L'ouvrage, si je ne m'abuse, paraît même augmenter d'estime dans l'opinion publique à mesure qu'il vieillit, et il semble que l'on commence à y voir autre chose qu'un ouvrage de *pure imagination*. Mais à Dieu ne plaise que je prétende persuader de mon faible mérite ceux qui ont sans doute de bonnes raisons pour ne pas y croire. Hors la religion et l'honneur, j'estime trop peu de choses dans le monde, pour ne pas souscrire aux arrêts de la critique la plus rigoureuse. Je suis si peu aveuglé par quelques succès, et si loin de regarder quelques éloges comme un jugement définitif en ma faveur, que je n'ai pas cru devoir mettre la dernière main à mon ouvrage. J'attendrai encore, afin de laisser le temps aux préjugés de se calmer, à l'esprit de parti de s'éteindre ; alors l'opinion qui se sera formée sur mon livre, sera sans doute la véritable opinion ; je saurai ce qu'il faudra changer au *Génie du christianisme*, pour le rendre tel que je désire le laisser après moi, s'il me survit[1].

Mais si j'ai résisté à la censure dirigée contre l'ouvrage entier par les raisons que je viens de déduire, j'ai suivi pour *Atala*, prise séparément, un système absolument opposé. Je n'ai pu être arrêté dans les corrections ni par la considération du prix du livre, ni par celle de la longueur de l'ouvrage. Quelques années ont été plus que suffisantes pour me faire connaître les endroits faibles ou vicieux de cet épisode. Docile

---

**1.** En réalité, Chateaubriand ne procéda jamais à ces remaniements qu'il se borne à indiquer dans les *Mémoires d'outre-tombe* (XIII, 11).

sur ce point à la critique, jusqu'à me faire reprocher mon trop de facilité, j'ai prouvé à ceux qui m'attaquaient que je ne suis jamais volontairement dans l'erreur, et que, dans tous les temps et sur tous les sujets, je suis prêt à céder à des lumières supérieures aux miennes. *Atala* a été réimprimée onze fois : cinq fois séparément, et six fois dans le *Génie du christianisme* ; si l'on confrontait ces onze éditions, à peine en trouverait-on deux tout à fait semblables.

La douzième, que je publie aujourd'hui, a été revue avec le plus grand soin. J'ai consulté des *amis prompts à me censurer* ; j'ai pesé chaque phrase, examiné chaque mot. Le style, dégagé des épithètes qui l'embarrassaient, marche peut-être avec plus de naturel et de simplicité. J'ai mis plus d'ordre et de suite dans quelques idées ; j'ai fait disparaître jusqu'aux moindres incorrections de langage. M. de la Harpe[1] me disait au sujet d'*Atala* : « Si vous voulez vous enfermer avec moi seulement quelques heures, ce temps nous suffira pour effacer les taches qui font crier si haut vos censeurs. » J'ai passé quatre ans à revoir cet épisode, mais aussi il est tel qu'il doit rester. C'est la seule Atala que je reconnaîtrai à l'avenir.

Cependant il y a des points sur lesquels je n'ai pas cédé entièrement à la critique. On a prétendu que quelques sentiments exprimés par le père Aubry renfermaient une doctrine désolante. On a, par exemple, été révolté de ce passage (nous avons aujourd'hui tant de sensibilité !) :

« Que dis-je ! ô vanité des vanités ! Que parlé-je de la puissance des amitiés de la terre ! Voulez-vous, ma

---

**1.** La publication de son *Cours de littérature* donnait à ce disciple de Voltaire, converti dans les prisons de la Terreur, une grande réputation de critique. Il avait rencontré Chateaubriand chez Migneret, leur commun éditeur. Il mourra au début de 1803.

chère fille, en connaître l'étendue ? Si un homme revenait à la lumière quelques années après sa mort, je
doute qu'il fût revu avec joie par ceux-là même qui
ont donné le plus de larmes à sa mémoire : tant on
forme vite d'autres liaisons, tant on prend facilement
d'autres habitudes, tant l'inconstance est naturelle à
l'homme, tant notre vie est peu de chose, même dans
le cœur de nos amis ! »

Il ne s'agit pas de savoir si ce sentiment est pénible
à avouer, mais s'il est vrai et fondé sur la commune
expérience. Il serait difficile de ne pas en convenir.
Ce n'est pas surtout chez les Français que l'on peut
avoir la prétention de ne rien oublier. Sans parler des
morts dont on ne se souvient guère, que de vivants
sont revenus dans leurs familles et n'y ont trouvé que
l'oubli, l'humeur et le dégoût ! D'ailleurs quel est ici
le but du père Aubry ? N'est-ce pas d'ôter à Atala tout
regret d'une existence qu'elle vient de s'arracher
volontairement, et à laquelle elle voudrait en vain
revenir ? Dans cette intention, le missionnaire, en exa-
gérant même à cette infortunée les maux de la vie, ne
ferait encore qu'un acte d'humanité. Mais il n'est pas
nécessaire de recourir à cette explication. Le père
Aubry exprime une chose malheureusement trop vraie.
S'il ne faut pas calomnier la nature humaine, il est
aussi très inutile de la voir meilleure qu'elle ne l'est
en effet.

Le même critique, M. l'abbé Morellet [1], s'est encore

---

1. Le vieil académicien, qui avait été un fidèle du salon de
Mme Geoffrin, fit paraître au mois de mai 1801 des *Observations
critiques sur le roman intitulé « Atala »*. Le rationalisme un peu
borné de cette brochure de soixante-douze pages ne manque pas
toujours de pertinence. Chateaubriand fera du reste son profit des
critiques de son censeur (dans les rééditions de son roman) et lui
rendra hommage, au lendemain de sa mort (début de 1819, à
quatre-vingt-douze ans), dans *Le Conservateur* (t. 2, p. 124).

élevé contre cette autre pensée, comme fausse et paradoxale :

« Croyez-moi, mon fils, les douleurs ne sont point
éternelles ; il faut tôt ou tard qu'elles finissent, parce
que le cœur de l'homme est fini. C'est une de nos
grandes misères : nous ne sommes pas même capables
d'être longtemps malheureux. »

Le critique prétend que cette sorte d'incapacité de
l'homme pour la douleur est au contraire un des grands
biens de la vie. Je ne lui répondrai pas que, si cette
réflexion est vraie, elle détruit l'observation qu'il a
faite sur le premier passage du discours du père Aubry.
En effet, ce serait soutenir, d'un côté, que l'on n'oublie jamais ses amis ; et de l'autre, qu'on est très
heureux de n'y plus penser. Je remarquerai seulement
que l'habile grammairien me semble ici confondre les
mots. Je n'ai pas dit : « C'est une de nos grandes
*infortunes* » ; ce qui serait faux, sans doute ; mais
« C'est une de nos grandes *misères*[1] », ce qui est très
vrai. Eh ! qui ne sent que cette impuissance où est le
cœur de l'homme de nourrir longtemps un sentiment,
même celui de la douleur, est la preuve la plus
complète de sa stérilité, de son indigence, de sa
*misère* ? M. l'abbé Morellet paraît faire, avec beaucoup de raison, un cas infini du bon sens, du jugement,
du naturel. Mais suit-il toujours dans la pratique la
théorie qu'il professe ? Il serait assez singulier que ses
idées riantes sur l'homme et sur la vie, me donnassent
le droit de le soupçonner, à mon tour, de porter dans
ses sentiments l'exaltation et les illusions de la jeunesse.

La nouvelle nature et les mœurs nouvelles que j'ai
peintes, m'ont attiré encore un autre reproche peu

---

1. Chateaubriand distingue à juste titre *misère* (au sens pasca-
lien : infirmité de notre nature) de *malheur*. Cf. p. 140.

réfléchi. On m'a cru l'inventeur de quelques détails extraordinaires, lorsque je rappelais seulement des choses connues de tous les voyageurs. Des notes ajoutées à cette édition d'*Atala* m'auraient aisément justifié, mais s'il en avait fallu mettre dans tous les endroits où chaque lecteur pouvait en avoir besoin, elles auraient bientôt surpassé la longueur de l'ouvrage. J'ai donc renoncé à faire des notes. Je me contenterai de transcrire ici un passage de la *Défense du Génie du christianisme*. Il s'agit des ours enivrés de raisin, que les doctes censeurs avaient pris pour une gaieté de mon imagination. Après avoir cité des autorités respectables et le témoignage de Carver, Bartram, Imley, Charlevoix, j'ajoute : « Quand on trouve dans un auteur une circonstance qui ne fait pas beauté en elle-même, et qui ne sert qu'à donner de la ressemblance au tableau ; si cet auteur a d'ailleurs montré quelque sens commun, il serait assez naturel de supposer qu'il n'a pas inventé cette circonstance, et qu'il n'a fait que rapporter une chose réelle, bien qu'elle ne soit pas très connue. Rien n'empêche qu'on ne trouve *Atala* une méchante production ; mais j'ose dire que la nature américaine y est peinte avec la plus scrupuleuse exactitude. C'est une justice que lui rendent tous les voyageurs qui ont visité la Louisiane et les Florides. Les deux traductions anglaises d'*Atala* sont parvenues en Amérique ; les papiers publics ont annoncé, en outre, une troisième traduction publiée à Philadelphie avec succès ; si les tableaux de cette histoire eussent manqué de vérité, auraient-ils réussi chez un peuple qui pouvait dire à chaque pas : "Ce ne sont pas là nos fleuves, nos montagnes, nos forêts" ? Atala est retournée au désert, et il semble que sa patrie l'ait reconnue pour véritable enfant de la solitude[a]. »

*René*, qui accompagne *Atala* dans la présente édi-

---

**a.** *Défense du Génie du christianisme.*

tion, n'avait point encore été imprimé à part. Je ne sais s'il continuera d'obtenir la préférence que plusieurs personnes lui donnent sur *Atala*. Il fait suite naturelle à cet épisode[1], dont il diffère néanmoins par le style et par le ton. Ce sont à la vérité les mêmes lieux et les mêmes personnages. Mais ce sont d'autres mœurs et un autre ordre de sentiments et d'idées. Pour toute préface, je citerai encore les passages du *Génie du christianisme* et de la *Défense* qui se rapportent à René.

*Extrait du* Génie du Christianisme, *II[e] partie, liv. III, chap. IX, intitulé :* « Du Vague des passions ».

« Il reste à parler d'un état de l'âme, qui, ce nous semble, n'a pas encore été bien observé : c'est celui qui précède le développement des grandes passions, lorsque toutes les facultés, jeunes, actives, entières, mais renfermées, ne se sont exercées que sur elles-mêmes, sans but et sans objet. Plus les peuples avancent en civilisation, plus cet état du vague des passions augmente ; car il arrive alors une chose fort triste : le grand nombre d'exemples qu'on a sous les yeux, la multitude de livres qui traitent de l'homme et de ses sentiments, rendent habile sans expérience. On est détrompé sans avoir joui ; il reste encore des désirs, et l'on n'a plus d'illusions. L'imagination est riche, abondante et merveilleuse, l'existence pauvre, sèche et désenchantée. On habite, avec un cœur plein, un

---

1. Dans la chronologie des *Natchez*, où il avait sa place « naturelle ». Mais dans le *Génie du christianisme*, *René* précédait *Atala*, puisqu'il formait le quatrième livre de la seconde partie *(Suite des passions)* tandis qu'*Atala* formait le livre VI de la troisième partie *(Suite des harmonies)*.

monde vide ; et sans avoir usé de rien, on est désabusé de tout.

« L'amertume que cet état de l'âme répand sur la vie, est incroyable ; le cœur se retourne et se replie en cent manières, pour employer des forces qu'il sent lui être inutiles. Les anciens ont peu connu cette inquiétude secrète, cette aigreur des passions étouffées qui fermentent toutes ensemble : une grande existence politique, les jeux du gymnase et du champ de Mars, les affaires du forum et de la place publique, remplissaient tous leurs moments, et ne laissaient aucune place aux ennuis du cœur.

« D'une autre part, ils n'étaient pas enclins aux exagérations, aux espérances, aux craintes sans objet, à la mobilité des idées et des sentiments, à la perpétuelle inconstance, qui n'est qu'un dégoût constant : dispositions que nous acquérons dans la société intime des femmes. Les femmes, chez les peuples modernes, indépendamment de la passion qu'elles inspirent, influent encore sur tous les autres sentiments. Elles ont dans leur existence un certain abandon qu'elles font passer dans la nôtre ; elles rendent notre caractère d'homme moins décidé ; et nos passions, amollies par le mélange des leurs, prennent à la fois quelque chose d'incertain et de tendre [1]. »

. . . . . . . . . . . . . . . . . . . . . . . . . . . . . . .

« Il suffirait de joindre quelques infortunes à cet état indéterminé des passions, pour qu'il pût servir de fond à un drame admirable. Il est étonnant que les écrivains modernes n'aient pas encore songé à peindre cette singulière position de l'âme. Puisque nous manquons d'exemples, nous serait-il permis de donner aux

---

[1]. Le chapitre cité comporte ici, dans le *Génie du christianisme* (éd. de 1804), deux paragraphes supplémentaires.

lecteurs un épisode extrait, comme *Atala*, de nos anciens Natchez ? C'est la vie de ce jeune René, à qui Chactas a raconté son histoire, etc. »

*Extrait de la* Défense du Génie du christianisme[1]

« On a déjà fait remarquer la tendre sollicitude des critiques[a] pour la pureté de la Religion ; on devait donc s'attendre qu'ils se formaliseraient des deux épisodes que l'auteur a introduits dans son livre. Cette objection particulière rentre dans la grande objection qu'ils ont opposée à tout l'ouvrage, et elle se détruit par la réponse générale qu'on y a faite plus haut. Encore une fois, l'auteur a dû combattre des poèmes et des romans impies, avec des poèmes et des romans pieux ; il s'est couvert des mêmes armes dont il voyait l'ennemi revêtu : c'était une conséquence naturelle et nécessaire du genre d'apologie qu'il avait choisi. Il a cherché à donner l'exemple avec le précepte. Dans la partie théorique de son ouvrage, il avait dit que la Religion embellit notre existence, corrige les passions sans les éteindre, jette un intérêt singulier sur tous les sujets où elle est employée ; il avait dit que sa doctrine et son culte se mêlent merveilleusement aux émotions du cœur et aux scènes de la nature ; qu'elle est enfin la seule ressource dans les grands malheurs de la vie : il ne suffisait pas d'avancer tout cela, il fallait encore le prouver. C'est ce que l'auteur a essayé de faire dans les deux épisodes de son livre. Ces épisodes étaient en outre une amorce préparée à l'espèce de lecteurs

---

**a.** Il s'agit ici des philosophes uniquement.

---

**1.** Brochure que Chateaubriand publia en avril 1803 et qu'il annexa ensuite à toutes les éditions du *Génie du christianisme*.

pour qui l'ouvrage est spécialement écrit. L'auteur avait-il donc si mal connu le cœur humain, lorsqu'il a tendu ce piège innocent aux incrédules ? Et n'est-il pas probable que tel lecteur n'eût jamais ouvert le *Génie du christianisme*, s'il n'y avait cherché *René* et *Atala* ?

> *Sai che là corre il mondo, ove più versi*
> *Di sue dolcezze il lusinger parnasso,*
> *E che'l vero, condito in molli versi,*
> *I piu schivi alletando, ha persuaso* [1].

« Tout ce qu'un critique impartial qui veut entrer dans l'esprit de l'ouvrage, était en droit d'exiger de l'auteur, c'est que les épisodes de cet ouvrage eussent une tendance visible à faire aimer la Religion et à en démontrer l'utilité. Or, la nécessité des cloîtres pour certains malheurs de la vie, et pour ceux-là même qui sont les plus grands, la puissance d'une religion qui peut seule fermer des plaies que tous les baumes de la terre ne sauraient guérir, ne sont-elles pas invinciblement prouvées dans l'histoire de René ? L'auteur y combat en outre le travers particulier des jeunes gens du siècle, le travers qui mène directement au suicide. C'est J.-J. Rousseau qui introduisit le premier parmi nous ces rêveries si désastreuses et si coupables. En s'isolant des hommes, en s'abandonnant à ses songes, il a fait croire à une foule de jeunes gens, qu'il est beau de se jeter ainsi dans le vague de la vie. Le roman de *Werther* a développé depuis ce germe de poison. L'auteur du *Génie du christianisme*, obligé de faire entrer dans le cadre de son apologie quelques tableaux pour l'imagination, a voulu dénoncer cette espèce de

---

**1.** Citation du Tasse (*Jérusalem délivrée*, I, str. 3) : « (Ô Muse !) Tu sais que le monde accourt là où le Parnasse déverse ses plus flatteuses douceurs, et que le vrai exprimé dans des vers caressants a le pouvoir de séduire les plus réservés, et de les persuader. »

vice nouveau, et peindre les funestes conséquences de l'amour outré de la solitude. Les couvents offraient autrefois des retraites à ces âmes contemplatives, que la nature appelle impérieusement aux méditations. Elles y trouvaient auprès de Dieu de quoi remplir le vide qu'elles sentent en elles-mêmes, et souvent l'occasion d'exercer de rares et sublimes vertus. Mais, depuis la destruction des monastères et les progrès de l'incrédulité, on doit s'attendre à voir se multiplier au milieu de la société (comme il est arrivé en Angleterre), des espèces de solitaires tout à la fois passionnés et philosophes, qui ne pouvant ni renoncer aux vices du siècle, ni aimer ce siècle, prendront la haine des hommes pour l'élévation du génie, renonceront à tout devoir divin et humain, se nourriront à l'écart des plus vaines chimères, et se plongeront de plus en plus dans une misanthropie orgueilleuse qui les conduira à la folie, ou à la mort.

« Afin d'inspirer plus d'éloignement pour ces rêveries criminelles, l'auteur a pensé qu'il devait prendre la punition de René dans le cercle de ces malheurs épouvantables, qui appartiennent moins à l'individu qu'à la famille de l'homme, et que les anciens attribuaient à la fatalité. L'auteur eût choisi le sujet de Phèdre s'il n'eût été traité par Racine. Il ne restait que celui d'Érope et de Thyeste [a] chez les Grecs, ou d'Amnon et de Thamar chez les Hébreux [b] ; et bien qu'il ait été aussi transporté sur notre scène [c], il est toutefois moins connu que celui de Phèdre. Peut-être aussi s'applique-t-il mieux aux caractères que l'auteur a

---

a. Sen. *in Atr. et Th.* Voyez aussi Canacé et Macareus, et Caune et Byblis dans les *Métamorphoses* et dans les *Héroïdes* d'Ovide. J'ai rejeté comme trop abominable le sujet de Myrra, qu'on retrouve encore dans celui de Loth et de ses filles.  b. Reg., 13, 14.  c. Dans l'*Abufar* de M. Ducis.

voulu peindre[1]. En effet, les folles rêveries de René commencent le mal, et ses extravagances l'achèvent : par les premières, il égare l'imagination d'une faible femme ; par les dernières, en voulant attenter à ses jours, il oblige cette infortunée à se réunir à lui ; ainsi le malheur naît du sujet, et la punition sort de la faute.

« Il ne restait qu'à sanctifier, par le Christianisme, cette catastrophe empruntée à la fois de l'antiquité païenne et de l'antiquité sacrée. L'auteur, même alors, n'eut pas tout à faire ; car il trouve cette histoire presque naturalisée chrétienne dans une vieille ballade de Pèlerin[2], que les paysans chantent encore dans plusieurs provinces[a]. Ce n'est pas par les maximes répan-

---

**a.** *C'est le chevalier des Landes,*
   *Malheureux chevalier,* etc.

---

**1.** Chateaubriand évite soigneusement de prononcer le mot *inceste* dans cette brève énumération de ses manifestations littéraires. Érope fut séduite par Thyeste, frère de son mari Atrée, qui tira de ce crime une vengeance exemplaire : voir *Atrée et Thyeste* de Sénèque, mais aussi Crébillon, etc. Dans la Bible, c'est le chap. XIII du deuxième livre de Samuel (classé par la Vulgate parmi les Rois, ce qui explique la référence de Chateaubriand) qui raconte le viol de Thamar par son demi-frère Amnon, sous le règne de David leur père. À ces évocations aussi brutales que sommaires, Ovide a substitué des analyses psychologiques beaucoup plus séduisantes : c'est Canacé qui raconte, dans une lettre à son frère Macarée, comment elle est devenue sa maîtresse (*Héroïdes*, XI) ; c'est Byblis qui, pour combattre sa coupable passion envers son frère Caunus (« *Dulcia fraterno sub nomine furta tegemus* »), se réfugie dans le désert, où elle est transformée en source (*Métamorphoses*, IX, vers 456-471). Le poète latin mentionne aussi le désir de Myrrha pour son père Cinyras (*Métamorphoses*, X, vers 321-334), auquel correspond en quelque sorte, dans la Bible, le célèbre épisode des filles de Loth (Genèse, XIX, 30-38). Enfin, dans *Abufar, ou la Famille arabe* (1795), Ducis avait mis en scène le personnage de Farhan épris de ce qu'il croit être sa propre sœur Saléma, et cherchant à la fuir par des voyages lointains.     **2.** Tous les efforts ont été vains pour identifier dans le folklore (sans doute breton) cette ballade qu'on retrouve citée dans les *Mémoires d'outre-tombe* (XXXVIII, 6).

dues dans un ouvrage, mais par l'impression que cet ouvrage laisse au fond de l'âme, que l'on doit juger de sa moralité. Or, la sorte d'épouvante et de mystère qui règne dans l'épisode de René, serre et contriste le cœur sans y exciter d'émotion criminelle. Il ne faut pas perdre de vue qu'Amélie meurt heureuse et guérie, et que René finit misérablement. Ainsi, le vrai coupable est puni, tandis que sa trop faible victime, remettant son âme blessée entre les mains de *celui qui retourne le malade sur sa couche*, sent renaître une joie ineffable du fond même des tristesses de son cœur. Au reste, le discours du père Souël ne laisse aucun doute sur le but et les moralités religieuses de l'histoire de René. »

On voit, par le chapitre cité du *Génie du christianisme*, quelle espèce de passion nouvelle j'ai essayé de peindre ; et, par l'extrait de la *Défense*, quel vice non encore attaqué j'ai voulu combattre. J'ajouterai que quant au style, *René* a été revu avec autant de soin qu'*Atala*, et qu'il a reçu le degré de perfection que je suis capable de lui donner.

# Atala

*Prologue*[1]

La France possédait autrefois, dans l'Amérique septentrionale, un vaste empire qui s'étendait depuis le
Labrador jusqu'aux Florides, et depuis les rivages de
l'Atlantique jusqu'aux lacs les plus reculés du haut
Canada[2].

---

**1.** Ce prologue se compose de deux parties fort différentes : une
description du Mississippi, ou Meschacebé ; une brève histoire de
Chactas le Natchez, qui résume en désordre les huit premiers livres
des *Natchez*. Si la seconde partie se justifie à la rigueur par la mise
en place du récit qui va suivre, la première ne concerne en rien
*Atala*, qui ne se situe à aucun moment dans le voisinage du fleuve.
Il faut donc supposer que ce prélude descriptif a commencé par
constituer une introduction à la totalité des *Natchez*, avant de servir
de prologue à *Atala* (voir le Dossier, p. 216). **2.** Pour apprécier
la géographie américaine de Chateaubriand, il faut se rappeler la
topographie en vigueur jusqu'au traité de Paris (1763). Le nom de
Louisiane désigne alors toute la rive gauche du Mississippi, tandis
que *les* Florides vont de la péninsule de ce nom, ou du golfe du
Mexique, jusqu'au Tennessee. Plus au nord commence le Canada (qui
déborde largement, vers le sud, la région des Grands Lacs).
Ainsi se constitue, sous le nom de Nouvelle-France, un ensemble
continental continu, qui, de Québec à La Nouvelle-Orléans,
entoure les provinces anglaises de la côte atlantique. Au moins sur
le papier, car dans la réalité, entre le Saint-Laurent et le bas Mississippi, la zone intermédiaire demeure un pays sauvage, à peine
pourvu de quelques postes ou fortins, dispersés le long des riviè-

Quatre grands fleuves [1], ayant leurs sources dans les mêmes montagnes, divisaient ces régions immenses : le fleuve Saint-Laurent qui se perd à l'est dans le golfe de son nom, la rivière de l'Ouest qui porte ses eaux à des mers inconnues, le fleuve Bourbon qui se précipite du midi au nord dans la baie d'Hudson, et le Meschacebé [a], qui tombe du nord au midi dans le golfe du Mexique.

Ce dernier fleuve, dans un cours de plus de mille lieues, arrose une délicieuse contrée que les habitants des États-Unis appellent le nouvel Éden, et à laquelle les Français ont laissé le doux nom de Louisiane. Mille autres fleuves, tributaires du Meschacebé, le Missouri, l'Illinois, l'Akanza, l'Ohio, le Wabache, le Tenase, l'engraissent de leur limon et la fertilisent de leurs

---

**a.** Vrai nom du Mississipi ou Meschassipi.

---

res : ainsi Fort Duquesne, devenu Pittsburgh (voir le Dossier, p. 203-204). Au cours de son voyage de 1791, trente-deux ans après la prise de Québec, Chateaubriand a pu constater la survivance de cette présence française en Amérique du Nord. En 1801, elle alimente encore ses rêves de Malouin, comme elle intéresse la politique du Premier Consul.

**1.** Ce chiffre symbolique évoque bien entendu le mythe édénique (voir Genèse, II, 10). Mais il correspond aussi à la géographie du XVIIIe siècle. Le fleuve Bourbon, depuis anglicisé en *Nelson River*, sort du lac Winnipeg pour se diriger vers le nord. Du côté ouest, ce ne sont qu'hypothèses ; mais à une époque où la barrière des Rocheuses est encore inconnue, on imagine, sur la foi des Indiens, un quatrième fleuve, symétrique du Saint-Laurent, qui rejoindrait la côte du Pacifique (qu'on juge alors beaucoup plus proche du Middle West). C'est seulement à la fin du siècle que la rivière Columbia sera identifiée par Mackenzie et que sera réglée la question du passage du Nord-Ouest. Bien informé de ces problèmes (il va rendre compte, dans *Le Mercure de France* des 14 août et 14 septembre 1802/26 thermidor et 24 fructidor an X, des *Voyages* de Mackenzie, publiés en 1801), Chateaubriand conserve néanmoins, dans le prologue de cette histoire censée se dérouler vers 1670, la topographie ancienne des missionnaires.

eaux. Quand tous ces fleuves se sont gonflés des déluges de l'hiver ; quand les tempêtes ont abattu des pans entiers de forêts, les arbres déracinés s'assemblent sur les sources. Bientôt les vases les cimentent, les lianes les enchaînent, et des plantes y prenant racine de toutes parts, achèvent de consolider ces débris. Charriés par les vagues écumantes, ils descendent au Meschacebé. Le fleuve s'en empare, les pousse au golfe Mexicain, les échoue sur des bancs de sable et accroît ainsi le nombre de ses embouchures. Par intervalles, il élève sa voix, en passant sous les monts, et répand ses eaux débordées autour des colonnades des forêts et des pyramides des tombeaux indiens ; c'est le Nil des déserts. Mais la grâce est toujours unie à la magnificence dans les scènes de la nature : tandis que le courant du milieu entraîne vers la mer les cadavres des pins et des chênes, on voit sur les deux courants latéraux remonter le long des rivages, des îles flottantes de pistia et de nénuphar, dont les roses jaunes s'élèvent comme de petits pavillons. Des serpents verts, des hérons bleus, des flamants roses, de jeunes crocodiles s'embarquent passagers sur ces vaisseaux de fleurs, et la colonie, déployant au vent ses voiles d'or, va aborder endormie dans quelque anse retirée du fleuve [1].

Les deux rives du Meschacebé présentent le tableau le plus extraordinaire. Sur le bord occidental, des savanes se déroulent à perte de vue ; leurs flots de verdure, en s'éloignant, semblent monter dans l'azur du ciel où ils s'évanouissent. On voit dans ces prairies sans bor-

---

1. Ce paragraphe, dont on trouve une première rédaction dans un fragment du *Génie* combine au moins deux sources. Chateaubriand emprunte sa première partie à Imlay. La seconde partie du paragraphe, en revanche, transpose la description faite par Bartram des îles flottantes de la rivière Saint-Jean, en Floride (t. 1, p. 167-168). Sur les sources, voir le Dossier, p. 209-215.

nes errer à l'aventure des troupeaux de trois ou quatre mille buffles sauvages. Quelquefois un bison chargé d'années, fendant les flots à la nage, se vient coucher parmi de hautes herbes, dans une île du Meschacebé. À son front orné de deux croissants, à sa barbe antique et limoneuse, vous le prendriez pour le dieu du fleuve, qui jette un œil satisfait sur la grandeur de ses ondes, et la sauvage abondance de ses rives.

Telle est la scène sur le bord occidental ; mais elle change sur le bord opposé, et forme avec la première un admirable contraste[1]. Suspendus sur les cours des eaux, groupés sur les rochers et sur les montagnes, dispersés dans les vallées, des arbres de toutes les formes, de toutes les couleurs, de tous les parfums, se mêlent, croissent ensemble, montent dans les airs à des hauteurs qui fatiguent les regards. Les vignes sauvages, les bignonias, les coloquintes, s'entrelacent au pied de ces arbres, escaladent leurs rameaux, grimpent à l'extrémité des branches, s'élancent de l'érable au tulipier, du tulipier à l'alcée, en formant mille grottes, mille voûtes, mille portiques. Souvent égarées d'arbre en arbre, ces lianes traversent des bras de rivières, sur lesquels elles jettent des ponts de fleurs. Du sein de ces massifs, le magnolia élève son cône immobile ; surmonté de ses larges roses blanches, il domine toute la forêt[2], et n'a d'autre rival que le palmier, qui balance légèrement auprès de lui ses éventails de verdure.

Une multitude d'animaux placés dans ces retraites par la main du Créateur, y répandent l'enchantement et la vie. De l'extrémité des avenues, on aperçoit des

---

**1.** Cette opposition se rencontre chez Carver, qui a inspiré *Odérahi*.   **2.** Sur les superbes magnolias de Louisiane, de plus de trente mètres de hauteur, voir Bartram, en particulier t. 1, p. 161-163.

ours enivrés de raisins, qui chancellent sur les branches des ormeaux ; des caribous se baignent dans un lac ; des écureuils noirs se jouent dans l'épaisseur des feuillages ; des oiseaux-moqueurs, des colombes de Virginie de la grosseur d'un passereau, descendent sur les gazons rougis par les fraises ; des perroquets verts à tête jaune, des piverts empourprés, des cardinaux de feu, grimpent en circulant au haut des cyprès ; des colibris étincellent sur le jasmin des Florides, et des serpents-oiseleurs sifflent suspendus aux dômes des bois, en s'y balançant comme des lianes [1].

Si tout est silence et repos dans les savanes de l'autre côté du fleuve, tout ici, au contraire, est mouvement et murmure : des coups de bec contre le tronc des chênes, des froissements d'animaux qui marchent, broutent ou broient entre leurs dents les noyaux des fruits, des bruissements d'ondes, de faibles gémissements, de sourds meuglements, de doux roucoulements, remplissent ces déserts d'une tendre et sauvage harmonie. Mais quand une brise vient à animer ces solitudes, à balancer ces corps flottants, à confondre ces masses de blanc, d'azur, de vert, de rose, à mêler toutes les couleurs, à réunir tous les murmures ; alors il sort de tels bruits du fond des forêts, il se passe de telles choses aux yeux, que j'essaierais en vain de les décrire à ceux qui n'ont point parcouru ces champs primitifs de la nature [2].

Après la découverte du Meschacebé par le père Marquette et l'infortuné La Salle, les premiers Français qui s'établirent au Biloxi et à la Nouvelle-Orléans,

---

**1.** Chateaubriand rassemble dans ce paragraphe une faune pittoresque, sans trop se soucier de sa cohérence. Le paysage est symbolique (nature paradisiaque), et non réaliste. **2.** On retrouve dans le « Journal sans date » du *Voyage en Amérique* (p. 703-709) des impressions sonores analogues.

firent alliance avec les Natchez, nation Indienne [1], dont
la puissance était redoutable dans ces contrées. Des
querelles et des jalousies ensanglantèrent dans la suite
la terre de l'hospitalité. Il y avait parmi ces Sauvages
un vieillard nommé Chactas [a], qui, par son âge, sa
sagesse, et sa science dans les choses de la vie, était
le patriarche et l'amour des déserts. Comme tous les
hommes, il avait acheté la vertu par l'infortune. Non
seulement les forêts du Nouveau-Monde furent rem-
plies de ses malheurs, mais il les porta jusque sur les
rivages de la France. Retenu aux galères à Marseille
par une cruelle injustice, rendu à la liberté, présenté à
Louis XIV, il avait conversé avec les grands hommes
de ce siècle, et assisté aux fêtes de Versailles, aux
tragédies de Racine, aux oraisons funèbres de Bos-
suet : en un mot, le Sauvage avait contemplé la société
à son plus haut point de splendeur [2].

Depuis plusieurs années, rentré dans le sein de sa
patrie, Chactas jouissait du repos. Toutefois le ciel lui
vendait encore cher cette faveur ; le vieillard était
devenu aveugle. Une jeune fille l'accompagnait sur
les coteaux du Meschacebé, comme Antigone guidait
les pas d'Œdipe sur le Cythéron, ou comme Malvina
conduisait Ossian sur les rochers de Morven.

Malgré les nombreuses injustices que Chactas avait
éprouvées de la part des Français, il les aimait. Il se
souvenait toujours de Fénelon, dont il avait été l'hôte [3],
et désirait pouvoir rendre quelque service aux compa-
triotes de cet homme vertueux. Il s'en présenta une
occasion favorable. En 1725, un Français, nommé

---

a. La voix harmonieuse.

---

1. Voir le Dossier, p. 204-207.    2. C'est ce que raconte
Chactas dans les livres V et VI des *Natchez* qui suivent le récit de
ses amours avec Atala.    3. Voir le livre VII des *Natchez*.

René, poussé par des passions et des malheurs, arriva
à la Louisiane. Il remonta le Meschacebé jusqu'aux
Natchez, et demanda à être reçu guerrier de cette
nation. Chactas l'ayant interrogé, et le trouvant iné-
branlable dans sa résolution, l'adopta pour fils, et lui
donna pour épouse une Indienne, appelée Céluta. Peu
de temps après ce mariage, les Sauvages se préparè-
rent à la chasse du castor[1].

Chactas, quoique aveugle, est désigné par le conseil
des Sachems[a] pour commander l'expédition, à cause
du respect que les tribus indiennes lui portaient. Les
prières et les jeûnes commencent : les jongleurs inter-
prètent les songes ; on consulte les Manitous ; on fait
des sacrifices de pétun ; on brûle des filets de langue
d'orignal ; on examine s'ils pétillent dans la flamme,
afin de découvrir la volonté des Génies ; on part enfin,
après avoir mangé le chien sacré. René est de la
troupe. À l'aide des contre-courants, les pirogues
remontent le Meschacebé, et entrent dans le lit de
l'Ohio[2]. C'est en automne. Les magnifiques déserts
du Kentucky se déploient aux yeux étonnés du jeune
Français[3]. Une nuit, à la clarté de la lune, tandis que
tous les Natchez dorment au fond de leurs pirogues,
et que la flotte indienne, élevant ses voiles de peaux
de bêtes, fuit devant une légère brise, René, demeuré
seul avec Chactas, lui demande le récit de ses aven-

---

**a.** Vieillards ou conseillers.

**1.** Résumé des livres I à V des *Natchez*. Dans le récit de 1826,
toutefois, c'est au retour de la chasse aux castors que René épouse
Céluta.  **2.** Il est bien entendu peu vraisemblable que les Natchez
aillent chasser si loin de leur village. Est-ce un hasard néanmoins si
Chateaubriand ramène Chactas, pour raconter son histoire, dans la
région même où Atala est morte ? (Sur les rites de la chasse, voir
le *Voyage en Amérique*, p. 807.)  **3.** Comme ce fut probablement
le cas lorsque Chateaubriand les traversa, en octobre 1791, dans la
splendeur de l'été indien.

tures. Le vieillard consent à le satisfaire, et assis avec lui sur la poupe de la pirogue, il commence en ces mots :

## *Le récit*

### LES CHASSEURS

« C'est une singulière destinée, mon cher fils, que celle qui nous réunit. Je vois en toi l'homme civilisé qui s'est fait sauvage ; tu vois en moi l'homme sauvage, que le Grand Esprit (j'ignore pour quel dessein) a voulu civiliser. Entrés l'un et l'autre dans la carrière de la vie par les deux bouts opposés, tu es venu te reposer à ma place, et j'ai été m'asseoir à la tienne : ainsi nous avons dû avoir des objets une vue totalement différente. Qui, de toi ou de moi, a le plus gagné ou le plus perdu[1] à ce changement de position ? C'est ce que savent les Génies, dont le moins savant a plus de sagesse que tous les hommes ensemble.

« À la prochaine lune des fleurs[a], il y aura sept fois dix neiges, et trois neiges de plus[b], que ma mère me mit au monde sur les bords du Meschacebé. Les Espagnols s'étaient depuis peu établis dans la baie de Pensacola, mais aucun blanc n'habitait encore la Louisiane[2]. Je comptais à peine dix-sept chutes de feuilles,

---

**a.** Mois de mai.    **b.** Neige pour année, 73 ans.

---

1. La question reste sans réponse parce que le parallèle est truqué. Si Chactas, après avoir vu la civilisation, est redevenu sauvage, conformément à la « bonne règle » des Philosophes, René est incapable de choisir.    2. Le voyage de Hernando de Soto sur le Mississippi (1539-1541) avait, en effet, été sans lendemain. Selon la chronologie interne du récit (voir p. 207), Chactas qui a soixante-treize ans vers 1726 (au moment où il raconte son histoire à René)

lorsque je marchai avec mon père, le guerrier Outalissi [1], contre les Muscogulges, nation puissante des Florides. Nous nous joignîmes aux Espagnols nos alliés, et le combat se donna sur une des branches de la Maubile [2]. Areskoui [a] et les Manitous ne nous furent pas favorables, Les ennemis triomphèrent ; mon père perdit la vie ; je fus blessé deux fois en le défendant. Oh ! que ne descendis-je alors dans le pays des âmes [b] ! j'aurais évité les malheurs qui m'attendaient sur la terre. Les Esprits en ordonnèrent autrement : je fus entraîné par les fuyards à Saint-Augustin [3].

« Dans cette ville, nouvellement bâtie par les Espagnols, je courais le risque d'être enlevé pour les mines de Mexico, lorsqu'un vieux Castillan, nommé Lopez, touché de ma jeunesse et de ma simplicité, m'offrit un asile, et me présenta à une sœur avec laquelle il vivait sans épouse [4].

« Tous les deux prirent pour moi les sentiments les plus tendres. On m'éleva avec beaucoup de soin, on me donna toutes sortes de maîtres. Mais après avoir passé trente lunes à Saint-Augustin, je fus saisi du

---

**a.** Dieu de la guerre.  **b.** Les enfers.

---

serait né vers 1653, à une époque antérieure à toute colonisation européenne dans la région, car la ville espagnole de Pensacola ne sera fondée, en réalité, qu'à la fin du siècle. Mais pour les besoins de son intrigue, Chateaubriand renforce la présence espagnole en Floride occidentale vers 1670. **1.** Ce nom apparaît dans un des « Fragments » du *Génie*. Il ne renvoie à rien de connu. Signalons toutefois, dans le lexique de Lahontan, un *oualatissti* qui signifie : libéral, plein de générosité. **2.** Les deux branches principales sont la rivière Alabama et le Tombekbé ; elles se réunissent pour former la Mobile, qui va se jeter dans le golfe du Mexique. Bartram consacre à cette région les chapitres VI, VII et VIII de la troisième partie de son *Voyage*. **3.** Port espagnol de la Floride orientale, sur la côte atlantique. **4.** La situation de Chactas ressemble à celle du Huron de Voltaire, recueilli à Saint-Malo par le prieur de Kerkabon et par sa sœur.

dégoût de la vie des cités. Je dépérissais à vue d'œil : tantôt je demeurais immobile pendant des heures, à contempler la cime des lointaines forêts ; tantôt on me trouvait assis au bord d'un fleuve, que je regardais tristement couler. Je me peignais les bois à travers lesquels cette onde avait passé, et mon âme était tout entière à la solitude.

« Ne pouvant plus résister à l'envie de retourner au désert, un matin je me présentai à Lopez, vêtu de mes habits de Sauvage, tenant d'une main mon arc et mes flèches, et de l'autre mes vêtements européens [1]. Je les remis à mon généreux protecteur, aux pieds duquel je tombai, en versant des torrents de larmes. Je me donnai des noms odieux, je m'accusai d'ingratitude : "Mais enfin, lui dis-je, ô mon père, tu le vois toi-même : je meurs, si je ne reprends la vie de l'Indien."

« Lopez, frappé d'étonnement, voulut me détourner de mon dessein. Il me représenta les dangers que j'allais courir, en m'exposant à tomber de nouveau entre les mains des Muscogulges. Mais voyant que j'étais résolu à tout entreprendre, fondant en pleurs, et me serrant dans ses bras : "Va, s'écria-t-il, enfant de la nature ! reprends cette indépendance de l'homme, que Lopez ne te veut point ravir. Si j'étais plus jeune moi-même, je t'accompagnerais au désert (où j'ai aussi de doux souvenirs !) et je te remettrais dans les bras de ta mère. Quand tu seras dans tes forêts, songe quelquefois à ce vieil Espagnol qui te donna l'hospitalité, et rappelle-toi, pour te porter à l'amour de tes semblables, que la première expérience que tu as faite du cœur humain, a été toute en sa faveur." Lopez finit

---

**1.** Toute la scène rappelle, jusque dans ce détail de costume, un épisode cité par Rousseau dans une note de son *Discours sur l'iné-galité* et reproduit par Eisen dans le frontispice du volume de 1755. Garnier retiendra lui aussi ce passage pour son illustration de 1805 (voir la note 1, p. 45).

par une prière au Dieu des chrétiens, dont j'avais refusé d'embrasser le culte, et nous nous quittâmes avec des sanglots [1].

« Je ne tardai pas à être puni de mon ingratitude. Mon inexpérience m'égara dans les bois, et je fus pris par un parti de Muscogulges et de Siminoles [2], comme Lopez me l'avait prédit. Je fus reconnu pour Natchez, à mon vêtement et aux plumes qui ornaient ma tête. On m'enchaîna, mais légèrement, à cause de ma jeunesse. Simaghan, le chef de la troupe, voulut savoir mon nom, je répondis : "Je m'appelle Chactas, fils d'Outalissi, fils de Miscou, qui ont enlevé plus de cent chevelures aux héros muscogulges." Simaghan me dit : "Chactas, fils d'Outalissi, fils de Miscou, réjouistoi ; tu seras brûlé au grand village." Je repartis : "Voilà qui va bien" ; et j'entonnai ma chanson de mort.

« Tout prisonnier que j'étais, je ne pouvais, durant les premiers jours, m'empêcher d'admirer mes ennemis. Le Muscogulge, et surtout son allié le Siminole, respire la gaieté, l'amour, le contentement. Sa démarche est légère, son abord ouvert et serein. Il parle beaucoup et avec volubilité ; son langage est harmonieux et facile [3]. L'âge même ne peut ravir aux

---

**1.** Le bon Lopez est une sorte de préfiguration du père Aubry ; il a du reste aussi un passé romanesque, comme on le découvrira dans la suite du récit. En revanche, à vingt ans, Chactas est encore rebelle à la sédentarisation, comme à la conversion. Mais il a déjà le don des larmes ! **2.** Tribus de la confédération des Creeks, répartis dans ce qu'on appelle alors les Florides intérieures. Leurs villages (voir la liste dans Bartram, t. 2, p. 333-335) se rencontraient de la rivière Alabama (Muscogulges) à la rivière Flint (Siminoles), au sud-ouest de la Géorgie actuelle ; voir Bartram, deuxième partie, VI et VII, et troisième partie, VIII ; et *Voyage en Amérique*, p. 838-845. **3.** Cf. *Voyage en Amérique*, p. 843. C'est à Bartram que Chateaubriand emprunte cette aimable vision du Siminole.

Sachems cette simplicité joyeuse : comme les vieux
oiseaux de nos bois, ils mêlent encore leurs vieilles
chansons aux airs nouveaux de leur jeune postérité.

« Les femmes qui accompagnaient la troupe, témoi-
gnaient pour ma jeunesse une pitié tendre et une curiosité aimable. Elles me questionnaient sur ma mère, sur
les premiers jours de ma vie ; elles voulaient savoir si
l'on suspendait mon berceau de mousse aux branches
fleuries des érables, si les brises m'y balançaient,
auprès du nid des petits oiseaux [1]. C'était ensuite mille
autres questions sur l'état de mon cœur : elles me
demandaient si j'avais vu une biche blanche dans mes
songes, et si les arbres de la vallée secrète m'avaient
conseillé d'aimer. Je répondais avec naïveté aux
mères, aux filles et aux épouses des hommes. Je leur
disais : "Vous êtes les grâces du jour, et la nuit vous
aime comme la rosée. L'homme sort de votre sein
pour se suspendre à votre mamelle et à votre bouche ;
vous savez des paroles magiques qui endorment toutes
les douleurs. Voilà ce que m'a dit celle qui m'a mis
au monde, et qui ne me reverra plus ! Elle m'a dit
encore que les vierges étaient des fleurs mystérieuses
qu'on trouve dans les lieux solitaires."

« Ces louanges faisaient beaucoup de plaisir aux
femmes ; elles me comblaient de toute sorte de dons ;
elles m'apportaient de la crème de noix, du sucre
d'érable, de la sagamité [a], des jambons d'ours, des
peaux de castors, des coquillages pour me parer, et
des mousses pour ma couche. Elles chantaient, elles
riaient avec moi, et puis elles se prenaient à verser des
larmes, en songeant que je serais brûlé.

« Une nuit que les Muscogulges avaient placé leur

---

a. Sorte de pâte de maïs.

---

1. Cf. seconde partie des *Natchez*.

camp sur le bord d'une forêt, j'étais assis auprès du *feu de la guerre*, avec le chasseur commis à ma garde. Tout à coup j'entendis le murmure d'un vêtement sur l'herbe, et une femme à demi voilée vint s'asseoir à mes côtés. Des pleurs roulaient sous sa paupière ; à la lueur du feu un petit crucifix d'or brillait sur son sein. Elle était régulièrement belle ; l'on remarquait sur son visage je ne sais quoi de vertueux et de passionné, dont l'attrait était irrésistible. Elle joignait à cela des grâces plus tendres ; une extrême sensibilité, unie à une mélancolie profonde, respirait dans ses regards ; son sourire était céleste [1].

« Je crus que c'était la *Vierge des dernières amours*, cette vierge qu'on envoie au prisonnier de guerre pour enchanter sa tombe [2]. Dans cette persuasion, je lui dis en balbutiant, et avec un trouble qui pourtant ne venait pas de la crainte du bûcher : "Vierge, vous êtes digne des premières amours, et vous n'êtes pas faite pour les dernières. Les mouvements d'un cœur qui va bientôt cesser de battre, répondraient mal aux mouvements du vôtre. Comment mêler la mort et la vie ? Vous me feriez trop regretter le jour. Qu'un autre soit plus heu-

---

1. Libre à chacun de supposer que ce portrait renvoie à une femme réelle, que Chateaubriand aurait connue en Angleterre, par exemple Charlotte Ives ou Mme de Belloy, belle créole émigrée à Londres, qui fut sa première maîtresse. Il indique toutefois dans ses *Mémoires* (VIII, 3) qu'Atala (comme Céluta, du reste) a eu un modèle indien. Rappelons enfin que cette association de la *sensibilité* et de la *mélancolie* caractérise déjà la Virginie de Bernardin de Saint-Pierre.     2. Cette coutume est rapportée par Charlevoix : « On abandonne quelquefois aux prisonniers des filles pour leur servir de femmes pendant tout le temps qu'il leur reste à vivre » (information reprise dans *Histoire générale des voyages*, t. XV, p. 58). Mais c'est Chateaubriand qui crée la poétique expression *Vierge des dernières amours*. On la retrouve au livre XI des *Natchez*, dans une scène analogue où René, prisonnier des Illinois, reçoit la visite de Nelida.

reux que moi, et que de longs embrassements unissent
la liane et le chêne !"

« La jeune fille me dit alors : "Je ne suis point la
*Vierge des dernières amours*. Es-tu chrétien ?" Je
répondis que je n'avais point trahi les Génies de ma
cabane. À ces mots, l'Indienne fit un mouvement involontaire. Elle me dit : "Je te plains de n'être qu'un
méchant idolâtre. Ma mère m'a faite chrétienne ; je me
nomme Atala, fille de Simaghan aux bracelets d'or, et
chef des guerriers de cette troupe. Nous nous rendons
à Apalachucla [1] où tu seras brûlé." En prononçant ces
mots, Atala se lève et s'éloigne. »

Ici Chactas fut contraint d'interrompre son récit.
Les souvenirs se pressèrent en foule dans son âme ;
ses yeux éteints inondèrent de larmes ses joues flé-
tries : telles deux sources, cachées dans la profonde
nuit de la terre, se décèlent par les eaux qu'elles lais-
sent filtrer entre les rochers,

« Ô mon fils, reprit-il enfin, tu vois que Chactas est
bien peu sage, malgré sa renommée de sagesse. Hélas,
mon cher enfant, les hommes ne peuvent déjà plus
voir, qu'ils peuvent encore pleurer ! Plusieurs jours
s'écoulèrent ; la fille du Sachem revenait chaque soir
me parler. Le sommeil avait fui de mes yeux, et Atala
était dans mon cœur, comme le souvenir de la couche
de mes pères.

« Le dix-septième jour de marche, vers le temps où
l'éphémère sort des eaux [2], nous entrâmes sur la

_____

1. La capitale de la confédération des Creeks, située au confluent
de la rivière Chattahoochee (ou Chata-Uche) et de la rivière Flint.
Bartram signale (t. 2, p. 204 ; repris dans *Voyage en Amérique*,
p. 842) que les exécutions y étaient proscrites. Mais le récit de Chactas se réfère à la ville ancienne, située dans un méandre de la rivière
à 2,5 km plus au sud ; elle avait été évacuée vers 1760 précisément
parce qu'on avait violé ce tabou.    2. Vers le milieu de mai. Voir
Bartram, t. 2, p. 57 : « À cette époque la grande éphémère jaune,

grande savane Alachua[1]. Elle est environnée de
coteaux, qui, fuyant les uns derrière les autres, portent,
en s'élevant jusqu'aux nues, des forêts étagées de
copalmes, de citronniers, de magnolias et de chênes
verts. Le chef poussa le cri d'arrivée, et la troupe
campa au pied des collines. On me relégua à quelque
distance, au bord d'un de ces *puits naturels*, si fameux
dans les Florides. J'étais attaché au pied d'un arbre ;
un guerrier veillait impatiemment auprès de moi.
J'avais à peine passé quelques instants dans ce lieu,
qu'Atala parut sous les liquidambars[2] de la fontaine.
"Chasseur, dit-elle au héros muscogulge, si tu veux
poursuivre le chevreuil, je garderai le prisonnier." Le
guerrier bondit de joie à cette parole de la fille du
chef ; il s'élance du sommet de la colline et allonge
ses pas dans la plaine.

   « Étrange contradiction du cœur de l'homme ! Moi
qui avais tant désiré de dire les choses du mystère à
celle que j'aimais déjà comme le soleil, maintenant
interdit et confus, je crois que j'eusse préféré d'être
jeté aux crocodiles de la fontaine, à me trouver seul
ainsi avec Atala[3]. La fille du désert était aussi troublée
que son prisonnier ; nous gardions un profond silence ;

---

qu'on appelle mouche de mai, et une espèce de locuste paraissent
en nombre prodigieux. »
   **1.** Située à la base de la péninsule de Floride, entre la rivière
Saint-Jean et le fond du golfe du Mexique. Bartram en donne une
description détaillée (seconde partie, chap. VI) ainsi que des puits
naturels plus ou moins remplis de crocodiles (t. 1, p. 289, 302-303,
349-352, 406-407) ; cf. *Voyage en Amérique*, p. 733, et *Génie*,
p. 582-583. On peut considérer que le temps mis pour franchir la
distance qui sépare les environs de Saint-Augustin de ladite savane
(quelque 150 km) est bien long. Par la suite, Chactas marchera
beaucoup plus vite ! **2.** Arbre tropical dont le nom espagnol
signifie : ambre liquide, à cause de sa sève parfumée. Le copalme
(voir quelques lignes plus haut) représente une de ses variétés.
**3.** Langage bien peu *naturel*, chez un jeune Indien. Morellet ob-

les Génies de l'amour avaient dérobé nos paroles.
Enfin, Atala, faisant un effort, dit ceci : "Guerrier,
vous êtes retenu bien faiblement ; vous pouvez aisément vous échapper." À ces mots, la hardiesse revint
sur ma langue, je répondis : "Faiblement retenu, ô
femme... !" Je ne sus comment achever. Atala hésita
quelques moments ; puis elle dit : "Sauvez-vous." Et
elle me détacha du tronc de l'arbre. Je saisis la corde ;
je la remis dans la main de la fille étrangère, en forçant
ses beaux doigts à se fermer sur ma chaîne. "Reprenez-
la ! reprenez-la !" m'écriai-je. "Vous êtes un insensé,
dit Atala d'une voix émue. Malheureux ! ne sais-tu pas
que tu seras brûlé ? Que prétends-tu ? Songes-tu bien
que je suis la fille d'un redoutable Sachem ?" "Il fut
un temps, répliquai-je avec des larmes, que j'étais aussi
porté dans une peau de castor, aux épaules d'une mère.
Mon père avait aussi une belle hutte et ses chevreuils
buvaient les eaux de mille torrents[1] ; mais j'erre maintenant sans patrie. Quand je ne serai plus, aucun ami
ne mettra un peu d'herbe sur mon corps, pour le garantir des mouches. Le corps d'un étranger malheureux
n'intéresse personne."

« Ces mots attendrirent Atala. Ses larmes tombèrent
dans la fontaine. "Ah ! repris-je avec vivacité, si votre
cœur parlait comme le mien ! Le désert n'est-il pas
libre ? Les forêts n'ont-elles point des replis où nous
cacher ? Faut-il donc, pour être heureux, tant de choses aux enfants des cabanes ! Ô fille plus belle que le
premier songe de l'époux ! Ô ma bien-aimée ! ose
suivre mes pas." Telles furent mes paroles. Atala me
répondit d'une voix tendre : "Mon jeune ami, vous

---

serve : « Hyperbole amoureuse dont on ne trouverait pas le pendant
dans tous les romans de La Calprenède et de Scudéry ! » Toute la
scène transpose en effet la rhétorique amoureuse de la préciosité.
    **1.** C'est un signe de richesse. Cf. Ossian, *Fingal*, chant II : « *His
deer drunk of a thousand streams.* »

avez appris le langage des blancs, il est aisé de tromper une Indienne." "Quoi ! m'écriai-je, vous m'appelez votre jeune ami ! Ah ! si un pauvre esclave..." "Eh bien ! dit-elle, en se penchant sur moi, un pauvre esclave..." Je repris avec ardeur : "Qu'un baiser l'assure de ta foi !" Atala écouta ma prière. Comme un faon semble pendre aux fleurs de lianes roses, qu'il saisit de sa langue délicate dans l'escarpement de la montagne, ainsi je restai suspendu aux lèvres de ma bien-aimée.

« Hélas ! mon cher fils, la douleur touche de près au plaisir. Qui eût pu croire que le moment où Atala me donnait le premier gage de son amour, serait celui-là même où elle détruirait mes espérances ? Cheveux blanchis du vieux Chactas, quel fut votre étonnement, lorsque la fille du Sachem prononça ces paroles ! "Beau prisonnier, j'ai follement cédé à ton désir ; mais où nous conduira cette passion ? Ma religion me sépare de toi pour toujours... Ô ma mère ! qu'as-tu fait ?..." Atala se tut tout à coup, et retint je ne sus quel fatal secret près d'échapper à ses lèvres. Ses paroles me plongèrent dans le désespoir. "Eh bien ! m'écriai-je, je serai aussi cruel que vous ; je ne fuirai point. Vous me verrez dans le cadre de feu ; vous entendrez les gémissements de ma chair, et vous serez pleine de joie." Atala saisit mes mains entre les deux siennes. "Pauvre jeune idolâtre, s'écria-t-elle, tu me fais réellement pitié ! Tu veux donc que je pleure tout mon cœur ? Quel dommage que je ne puisse fuir avec toi ! Malheureux a été le ventre de ta mère, ô Atala ! Que ne te jettes-tu au crocodile de la fontaine !"

« Dans ce moment même, les crocodiles, aux approches du coucher du soleil, commençaient à faire entendre leurs rugissements. Atala me dit : "Quittons ces lieux." J'entraînai la fille de Simaghan aux pieds des

coteaux qui formaient des golfes de verdure, en avançant leurs promontoires dans la savane. Tout était
calme et superbe au désert. La cigogne [1] criait sur son
nid, les bois retentissaient du chant monotone des cail-
les, du sifflement des perruches, du mugissement des
bisons et du hennissement des cavales siminoles.

« Notre promenade fut presque muette. Je marchais
à côté d'Atala ; elle tenait le bout de la corde, que je
l'avais forcée de reprendre. Quelquefois nous versions
des pleurs ; quelquefois nous essayions de sourire. Un
regard, tantôt levé vers le ciel, tantôt attaché à la terre,
une oreille attentive au chant de l'oiseau, un geste vers
le soleil couchant, une main tendrement serrée, un sein
tour à tour palpitant, tour à tour tranquille, les noms
de Chactas et d'Atala doucement répétés par intervalles... Oh ! première promenade de l'amour, il faut que
votre souvenir soit bien puissant, puisqu'après tant
d'années d'infortune, vous remuez encore le cœur du
vieux Chactas !

« Qu'ils sont incompréhensibles les mortels agités
par les passions ! Je venais d'abandonner le généreux
Lopez, je venais de m'exposer à tous les dangers
pour être libre ; dans un instant le regard d'une femme
avait changé mes goûts, mes résolutions, mes pensées ! Oubliant mon pays, ma mère, ma cabane et la
mort affreuse qui m'attendait, j'étais devenu indiffé-

---

1. Texte de 1801 : « Tout était calme, superbe, solitaire et mélancolique au désert. La grue des savanes criait debout sur son
nid. » Cette variante est symptomatique du travail de révision opéré
par Chateaubriand sur le texte original. Il dégraisse la première
phrase, pour créer un effet rythmique, qui entraîne à son tour la
disparition de la *grue des savanes*, oiseau pourtant bien attesté par
ses sources, et son remplacement par la *cigogne*. On retrouve tous
les éléments de ce paysage chez Bartram (t. 1, p. 337 pour les
promontoires, p. 345-346 et 377-378 pour les mœurs de la grue,
*passim* pour la faune).

rent à tout ce qui n'était pas Atala ! Sans force pour m'élever à la raison de l'homme, j'étais retombé tout à coup dans une espèce d'enfance ; et loin de pouvoir rien faire pour me soustraire aux maux qui m'attendaient, j'aurais eu presque besoin qu'on s'occupât de mon sommeil et de ma nourriture !

« Ce fut donc vainement qu'après nos courses dans la savane, Atala, se jetant à mes genoux, m'invita de nouveau à la quitter. Je lui protestai que je retournerais seul au camp, si elle refusait de me rattacher au pied de mon arbre. Elle fut obligée de me satisfaire, espérant me convaincre une autre fois.

« Le lendemain de cette journée, qui décida du destin de ma vie, on s'arrêta dans une vallée, non loin de Cuscowilla, capitale des Siminoles. Ces Indiens, unis aux Muscogulges, forment avec eux la confédération des Creeks. La fille du pays des palmiers vint me trouver au milieu de la nuit. Elle me conduisit dans une grande forêt de pins, et renouvela ses prières pour m'engager à la fuite. Sans lui répondre, je pris sa main dans ma main, et je forçai cette biche altérée d'errer avec moi dans la forêt. La nuit était délicieuse. Le Génie des airs secouait sa chevelure bleue, embaumée de la senteur des pins, et l'on respirait la faible odeur d'ambre qu'exhalaient les crocodiles couchés sous les tamarins des fleuves. La lune brillait au milieu d'un azur sans tache, et sa lumière gris de perle descendait sur la cime indéterminée des forêts. Aucun bruit ne se faisait entendre, hors je ne sais quelle harmonie lointaine qui régnait dans la profondeur des bois : on eût dit que l'âme de la solitude soupirait dans toute l'étendue du désert[1].

---

**1.** Chateaubriand est passé maître en matière de *nocturnes* (voir J.-C. Berchet, « Chateaubriand poète de la nuit », in *Chateaubriand. Actes du congrès de Wisconsin 1968*, Genève, Droz, 1970,

« Nous aperçûmes à travers les arbres un jeune homme, qui, tenant à la main un flambeau, ressemblait au Génie du printemps, parcourant les forêts pour ranimer la nature [1]. C'était un amant qui allait s'instruire de son sort à la cabane de sa maîtresse [2].

« Si la vierge éteint le flambeau, elle accepte les vœux offerts ; si elle se voile sans l'éteindre, elle rejette un époux.

« Le guerrier, en se glissant dans les ombres, chantait à demi-voix ces paroles :

« "Je devancerai les pas du jour sur le sommet des montagnes, pour chercher ma colombe solitaire parmi les chênes de la forêt.

« "J'ai attaché à son cou un collier de porcelaines [a] ; on y voit trois grains rouges pour mon amour, trois violets pour mes craintes, trois bleus pour mes espérances.

« "Mila a les yeux d'une hermine et la chevelure légère d'un champ de riz ; sa bouche est un coquillage rose, garni de perles ; ses deux seins sont comme deux petits chevreaux sans tache, nés au même jour d'une seule mère.

---

a. Sorte de coquillage.

---

p. 45-52). Celui-ci a son origine dans un célèbre passage de *Paul et Virginie* ; mais la « chevelure bleue » ne doit rien à Bernardin. Cf. la « Nuit chez les Sauvages » (*Essai historique*, p. 445-446) ou le « Spectacle d'une nuit » dans *Génie*, p. 591-592, et « Fragments », p. 1319-1321.
1. Cette scène correspond au passage des *Natchez* dans lequel Outougamiz va se déclarer à Mila : Chateaubriand a prélevé le texte de la chanson qui suit pour le transporter dans *Atala*, sans toutefois faire disparaître le nom de Mila, qui indique bien sa destination première. 2. Sur cette coutume indienne, voir Lahontan, *Dialogues curieux*, p. 117-118, repris par Carver (traduction française 1784, p. 43). Elle est évoquée dans *Odérahi* (éd. Chinard, p. 124) comme dans un fragment du *Génie* (p. 1315).

« "Puisse Mila éteindre ce flambeau ! Puisse sa bouche verser sur lui une ombre voluptueuse ! Je fertiliserai son sein. L'espoir de la patrie pendra à sa mamelle féconde, et je fumerai mon calumet de paix sur le berceau de mon fils !

« "Ah ! laissez-moi devancer les pas du jour sur le sommet des montagnes, pour chercher ma colombe solitaire parmi les chênes de la forêt !"

« Ainsi chantait ce jeune homme, dont les accents portèrent le trouble jusqu'au fond de mon âme, et firent changer de visage à Atala. Nos mains unies frémirent l'une dans l'autre. Mais nous fûmes distraits de cette scène, par une scène non moins dangereuse pour nous.

« Nous passâmes auprès du tombeau d'un enfant, qui servait de limite à deux nations. On l'avait placé au bord du chemin, selon l'usage, afin que les jeunes femmes, en allant à la fontaine, pussent attirer dans leur sein l'âme de l'innocente créature, et la rendre à la patrie. On y voyait dans ce moment des épouses nouvelles qui, désirant les douceurs de la maternité, cherchaient, en entrouvrant leurs lèvres, à recueillir l'âme du petit enfant, qu'elles croyaient voir errer sur les fleurs. La véritable mère vint ensuite déposer une gerbe de maïs et des fleurs de lis blancs sur le tombeau [1]. Elle arrosa la terre de son lait, s'assit sur le gazon humide, et parla à son enfant d'une voix attendrie :

« "Pourquoi te pleuré-je dans ton berceau de terre, ô mon nouveau-né ? Quand le petit oiseau devient

---

1. Ces pratiques sont décrites par Lafitau (t. II, p. 431) et par Charlevoix (*Journal*, p. 373) ; informations reprises dans *Histoire générale des voyages* (t. XV, p. 29-30). Chateaubriand mentionne à plusieurs reprises les sépultures enfantines : « Fragments » du *Génie*, p. 1363, et *Voyage en Amérique*, p. 759 ; voir aussi plus loin *Atala*, p. 144.

grand, il faut qu'il cherche sa nourriture, et il trouve
dans le désert bien des graines amères. Du moins tu
as ignoré les pleurs ; du moins ton cœur n'a point été
exposé au souffle dévorant des hommes. Le bouton
qui sèche dans son enveloppe, passe avec tous ses
parfums, comme toi, ô mon fils ! avec toute ton innocence. Heureux ceux qui meurent au berceau[1], ils
n'ont connu que les baisers et les souris d'une mère !"

« Déjà subjugués par notre propre cœur, nous fûmes
accablés par ces images d'amour et de maternité, qui
semblaient nous poursuivre dans ces solitudes enchantées. J'emportai Atala dans mes bras au fond de la
forêt, et je lui dis des choses qu'aujourd'hui je chercherais en vain sur mes lèvres. Le vent du midi, mon
cher fils, perd sa chaleur en passant sur des montagnes
de glace. Les souvenirs de l'amour dans le cœur d'un
vieillard sont les feux du jour réfléchis par l'orbe paisible de la lune, lorsque le soleil est couché et que le
silence plane sur les huttes des Sauvages.

« Qui pouvait sauver Atala ? Qui pouvait l'empêcher de succomber à la nature ? Rien qu'un miracle,
sans doute ; et ce miracle fut fait ! La fille de Simaghan eut recours au Dieu des chrétiens ; elle se préci-
pita sur la terre, et prononça une fervente oraison,
adressée à sa mère et à la reine des vierges[2]. C'est de
ce moment, ô René, que j'ai conçu une merveilleuse
idée de cette religion[3] qui, dans les forêts, au milieu
de toutes les privations de la vie, peut remplir de mille
dons les infortunés ; de cette religion qui, opposant sa

---

1. Job (III, 1-23) et Jérémie (XX, 14-15) ont « maudit le jour
de leur naissance », et les *Mémoires* (III, 6) nous apprennent que
ce furent des lectures familières au jeune Chateaubriand et à sa
sœur Lucile.   2. La Sainte Vierge, mère du Christ.   3. Il est
permis de juger incongru le moment que choisit Chactas pour rendre hommage au christianisme, même en admettant que c'est le
narrateur du récit qui parle ainsi dans sa vieillesse.

puissance au torrent des passions, suffit seule pour les
vaincre, lorsque tout les favorise, et le secret des bois,
et l'absence des hommes, et la fidélité des ombres.
Ah ! qu'elle me parut divine, la simple Sauvage,
l'ignorante Atala, qui à genoux devant un vieux pin
tombé, comme au pied d'un autel, offrait à son Dieu
des vœux pour un amant idolâtre ! Ses yeux levés vers
l'astre de la nuit, ses joues brillantes des pleurs de la
religion et de l'amour, étaient d'une beauté immortelle. Plusieurs fois il me sembla qu'elle allait prendre
son vol vers les cieux ; plusieurs fois je crus voir
descendre sur les rayons de la lune et entendre dans
les branches des arbres, ces Génies que le Dieu des
chrétiens envoie aux ermites des rochers, lorsqu'il se
dispose à les rappeler à lui. J'en fus affligé, car je
craignis qu'Atala n'eût que peu de temps à passer sur
la terre [1].

« Cependant elle versa tant de larmes, elle se montra si malheureuse, que j'allais peut-être consentir à
m'éloigner, lorsque le cri de mort retentit dans la forêt.
Quatre hommes armés se précipitent sur moi : nous
avions été découverts ; le chef de guerre avait donné
l'ordre de nous poursuivre.

« Atala, qui ressemblait à une reine pour l'orgueil
de la démarche, dédaigna de parler à ces guerriers.
Elle leur lança un regard superbe, et se rendit auprès
de Simaghan.

« Elle ne put rien obtenir. On redoubla mes gardes,
on multiplia mes chaînes, on écarta mon amante. Cinq
nuits s'écoulent, et nous apercevons Apalachucla située
au bord de la rivière Chata-Uche. Aussitôt on me couronne de fleurs ; on me peint le visage d'azur et de

---

1. Prolepse intéressante : Dieu *marque* pour la mort.

vermillon ; on m'attache des perles au nez et aux oreilles, et l'on me met à la main un chichikoué[a][1].

« Ainsi paré pour le sacrifice, j'entre dans Apalachucla, aux cris répétés de la foule. C'en était fait de ma vie, quand tout à coup le bruit d'une conque se fait entendre, et le Mico, ou chef de la nation[2], ordonne de s'assembler.

« Tu connais, mon fils, les tourments que les Sauvages font subir aux prisonniers de guerre. Les missionnaires chrétiens, aux périls de leurs jours, et avec une charité infatigable, étaient parvenus, chez plusieurs nations, à faire substituer un esclavage assez doux aux horreurs du bûcher. Les Muscogulges n'avaient point encore adopté cette coutume ; mais un parti nombreux s'était déclaré en sa faveur. C'était pour prononcer sur cette importante affaire que le Mico convoquait les Sachems. On me conduit au lieu des délibérations.

« Non loin d'Apalachucla s'élevait, sur un tertre isolé, le pavillon du conseil[3]. Trois cercles de colonnes formaient l'élégante architecture de cette rotonde. Les colonnes étaient de cyprès poli et sculpté ; elles augmentaient en hauteur et en épaisseur, et diminuaient en nombre, à mesure qu'elles se rapprochaient du centre marqué par un pilier unique. Du sommet de ce

---

a. Instrument de musique des Sauvages.

---

1. C'est une espèce de calebasse remplie de graines, qu'on agite. 2. Sur le Mico, voir le *Voyage en Amérique*, p. 838-839. La traduction française du *Voyage* de Bartram comporte, en frontispice du tome 1, le portrait spectaculaire du « Miro Chlucco, le Grand Guerrier ou Roi des Siminoles ». 3. La description qui suit est conforme à celle que donne Bartram (t. 2, p. 169-172) de la rotonde qui sert aux Cherokees de Cowe (sur le Tennessee) de « maison de ville ». Dans le *Voyage en Amérique*, p. 842, Chateaubriand évoque la salle du conseil des Muscogulges de manière très différente.

pilier partaient des bandes d'écorce, qui, passant sur le sommet des autres colonnes, couvraient le pavillon, en forme d'éventail à jour.

« Le conseil s'assemble. Cinquante vieillards, en manteau de castor, se rangent sur des espèces de gradins faisant face à la porte du pavillon. Le grand chef est assis au milieu d'eux, tenant à la main le calumet de paix à demi coloré pour la guerre. À la droite des vieillards, se placent cinquante femmes couvertes d'une robe de plumes de cygnes. Les chefs de guerre, le tomahawk[a] à la main, le pennache[1] en tête, les bras et la poitrine teints de sang, prennent la gauche.

« Au pied de la colonne centrale, brûle le feu du conseil. Le premier jongleur[2], environné des huit gardiens du temple, vêtu de longs habits, et portant un hibou empaillé sur la tête, verse du baume de copalme sur la flamme et offre un sacrifice au soleil. Ce triple rang de vieillards, de matrones, de guerriers, ces prêtres, ces nuages d'encens, ce sacrifice, tout sert à donner à ce conseil un appareil imposant.

« J'étais debout enchaîné au milieu de l'assemblée. Le sacrifice achevé, le Mico prend la parole, et expose avec simplicité l'affaire qui rassemble le conseil. Il jette un collier bleu dans la salle, en témoignage de ce qu'il vient de dire.

« Alors un Sachem de la tribu de l'Aigle se lève, et parle ainsi :

« "Mon père le Mico, Sachems, matrones, guerriers des quatre tribus de l'Aigle, du Castor, du Serpent et

---

**a.** La hache.

**1.** Ou panache (faisceau de plumes).     **2.** Ce nom désigne les prêtres indiens. Dans le *Voyage en Amérique*, p. 839, Chateaubriand indique le rôle excessif (selon lui) qu'ils jouent dans les assemblées. On les retrouve dans *Les Natchez*, où ils sont toujours montrés sous un jour défavorable.

de la Tortue, ne changeons rien aux mœurs de nos aïeux ; brûlons le prisonnier, et n'amollissons point nos courages. C'est une coutume des blancs qu'on vous propose, elle ne peut être que pernicieuse. Donnez un collier rouge qui contienne mes paroles. J'ai dit."

« Et il jette un collier rouge dans l'assemblée.

« Une matrone se lève, et dit :

« "Mon père l'Aigle, vous avez l'esprit d'un renard, et la prudente lenteur d'une tortue. Je veux polir avec vous la chaîne d'amitié, et nous planterons ensemble l'arbre de paix. Mais changeons les coutumes de nos aïeux, en ce qu'elles ont de funeste. Ayons des esclaves qui cultivent nos champs, et n'entendons plus les cris du prisonnier, qui troublent le sein des mères. J'ai dit."

« Comme on voit les flots de la mer se briser pendant un orage, comme en automne les feuilles séchées sont enlevées par un tourbillon, comme les roseaux du Meschacebé plient et se relèvent dans une inondation subite, comme un grand troupeau de cerfs brame au fond d'une forêt, ainsi s'agitait et murmurait le conseil[1]. Des Sachems, des guerriers, des matrones parlent tour à tour ou tous ensemble. Les intérêts se choquent, les opinions se divisent, le conseil va se dissoudre ; mais enfin l'usage antique l'emporte, et je suis condamné au bûcher.

---

**1.** Le début de cette longue comparaison est sans doute inspiré par le Tasse : « Une rumeur [...] pareille à celle qu'on entend dans les épaisses forêts, s'il arrive que le souffle des vents anime le feuillage, ou dans les rochers proches du rivage, lorsque la mer se brise avec de rauques sifflements » (*Jérusalem délivrée*, chant III, str. 6). Cette vision tumultueuse des délibérations qu'on retrouvera dans *Les Natchez* est infidèle à la réalité ethnographique ; mais elle reproduit des modèles épiques, et peut-être le souvenir des assemblées révolutionnaires : « cette assemblée de Sauvages, prête à délibérer sur la liberté de tout un monde », écrit Chateaubriand.

« Une circonstance vint retarder mon supplice ; la *Fête des morts* ou le *Festin des âmes* approchait [1]. Il est d'usage de ne faire mourir aucun captif pendant les jours consacrés à cette cérémonie. On me confia à une garde sévère ; et sans doute les Sachems éloignèrent la fille de Simaghan, car je ne la revis plus.

« Cependant les nations de plus de trois cents lieues à la ronde arrivaient en foule pour célébrer le *Festin des âmes*. On avait bâti une longue hutte sur un site écarté. Au jour marqué, chaque cabane exhuma les restes de ses pères de leurs tombeaux particuliers, et l'on suspendit les squelettes, par ordre et par famille, aux murs de la *Salle commune des aïeux*. Les vents (une tempête s'était élevée), les forêts, les cataractes mugissaient au-dehors, tandis que les vieillards des diverses nations concluaient entre eux des traités de paix et d'alliance sur les os de leurs pères.

« On célèbre les jeux funèbres, la course, la balle, les osselets. Deux vierges cherchent à s'arracher une baguette de saule. Les boutons de leurs seins viennent se toucher, leurs mains voltigent sur la baguette qu'elles élèvent au-dessus de leurs têtes. Leurs beaux pieds nus s'entrelacent, leurs bouches se rencontrent, leurs douces haleines se confondent ; elles se penchent et mêlent leurs chevelures ; elles regardent leurs mères, rougissent : on applaudit [a]. Le jongleur invoque Michabou, génie des eaux. Il raconte les guerres du grand Lièvre contre Matchimanitou, dieu du mal. Il dit le premier homme et Atahensic la première femme précipités du ciel pour avoir perdu l'innocence, la terre

---

**a.** La rougeur est sensible chez les jeunes Sauvages.

---

**1.** Cette fête a été décrite à plusieurs reprises (Charlevoix, Lafitau, *Histoire générale des voyages*, t. XV, etc.). On la retrouve dans *Odérahi* (éd. Chinard, p. 210-211).

rougie du sang fraternel, Jouskeka l'impie immolant le juste Tahouistsaron, le déluge descendant à la voix du Grand Esprit, Massou sauvé seul dans son canot d'écorce, et le corbeau envoyé à la découverte de la terre ; il dit encore la belle Endaé, retirée de la contrée des âmes par les douces chansons de son époux[1].

« Après ces jeux et ces cantiques, on se prépare à donner aux aïeux une éternelle sépulture.

« Sur les bords de la rivière Chata-Uche se voyait un figuier sauvage, que le culte des peuples avait consacré. Les vierges avaient accoutumé de laver leurs robes d'écorce dans ce lieu et de les exposer au souffle du désert, sur les rameaux de l'arbre antique. C'était là qu'on avait creusé un immense tombeau. On part de la salle funèbre, en chantant l'hymne à la mort ; chaque famille porte quelque débris sacré. On arrive à la tombe ; on y descend les reliques ; on les y étend par couche ; on les sépare avec des peaux d'ours et de castors ; le mont du tombeau s'élève, et l'on y plante l'*Arbre des pleurs et du sommeil*.

« Plaignons les hommes, mon cher fils ! Ces mêmes Indiens dont les coutumes sont si touchantes ; ces mêmes femmes qui m'avaient témoigné un intérêt si tendre, demandaient maintenant mon supplice à grands cris[2] ; et des nations entières retardaient leur départ pour avoir le plaisir de voir un jeune homme souffrir des tourments épouvantables.

« Dans une vallée au nord, à quelque distance du grand village, s'élevait un bois de cyprès et de sapins, appelé le *Bois du sang*. On y arrivait par les ruines

---

1. On retrouve ces récits dans un « Fragment » du *Génie* (p. 1362) et, plus développés, dans la rubrique « Religion » du *Voyage en Amérique* (p. 825-828). Ils rappellent certains mythes bibliques (la Chute, Caïn, le Déluge) ou grecs (Orphée et Eurydice).  2. Sur cette ambivalence, voir le *Voyage en Amérique*, p. 823.

d'un de ces monuments dont on ignore l'origine, et qui sont l'ouvrage d'un peuple maintenant inconnu[1]. Au centre de ce bois, s'étendait une arène, où l'on sacrifiait les prisonniers de guerre. On m'y conduit en triomphe. Tout se prépare pour ma mort : on plante le poteau d'Areskoui ; les pins, les ormes, les cyprès tombent sous la cognée ; le bûcher s'élève ; les spectateurs bâtissent des amphithéâtres avec des branches et des troncs d'arbres. Chacun invente un supplice : l'un se propose de m'arracher la peau du crâne, l'autre de me brûler les yeux avec des haches ardentes. Je commence ma chanson de mort[2].

« "Je ne crains point les tourments : je suis brave, ô Muscogulges, je vous défie ! je vous méprise plus que des femmes. Mon père Outalissi, fils de Miscou, a bu dans le crâne de vos plus fameux guerriers ; vous n'arracherez pas un soupir de mon cœur."

« Provoqué par ma chanson, un guerrier me perça le bras d'une flèche ; je dis : "Frère, je te remercie."

« Malgré l'activité des bourreaux, les préparatifs du supplice ne purent être achevés avant le coucher du soleil. On consulta le jongleur qui défendit de troubler les Génies des ombres, et ma mort fut encore suspendue jusqu'au lendemain. Mais dans l'impatience de jouir du spectacle, et pour être plus tôt prêts au lever de l'aurore, les Indiens ne quittèrent point le *Bois du sang* ; ils allumèrent de grands feux, et commencèrent des festins et des danses.

« Cependant on m'avait étendu sur le dos. Des cordes partant de mon cou, de mes pieds, de mes bras,

---

**1.** *Atala* situe dans les Florides ces ruines mystérieuses que Bartram signale près des sources de la Savannah et du Tennessee (t. 2, p. 101-103 et 113), mais que Chateaubriand fixe encore plus au nord dans ses autres œuvres : *Génie*, I, IV, 2 et note VIII ; *Voyage en Amérique*, p. 710-712 et 889-929.     **2.** Selon un usage et un modèle mentionnés par tous les voyageurs, résumés dans *Histoire générale des voyages*, t. XV, p. 55 ; voir aussi *Odérahi*, p. 78-79.

allaient s'attacher à des piquets enfoncés en terre[1]. Des guerriers étaient couchés sur ces cordes, et je ne pouvais faire un mouvement, sans qu'ils en fussent avertis. La nuit s'avance : les chants et les danses cessent par degré ; les feux ne jettent plus que des lueurs rougeâtres, devant lesquelles on voit encore passer les ombres de quelques Sauvages ; tout s'endort ; à mesure que le bruit des hommes s'affaiblit, celui du désert augmente, et au tumulte des voix succèdent les plaintes du vent dans la forêt.

« C'était l'heure où une jeune Indienne qui vient d'être mère se réveille en sursaut au milieu de la nuit, car elle a cru entendre les cris de son premier-né, qui lui demande la douce nourriture. Les yeux attachés au ciel, où le croissant de la lune errait dans les nuages, je réfléchissais sur ma destinée. Atala me semblait un monstre d'ingratitude. M'abandonner au moment du supplice, moi qui m'étais dévoué aux flammes plutôt que de la quitter ! Et pourtant je sentais que je l'aimais toujours et que je mourrais avec joie pour elle.

« Il est dans les extrêmes plaisirs un aiguillon qui nous éveille, comme pour nous avertir de profiter de ce moment rapide ; dans les grandes douleurs, au contraire, je ne sais quoi de pesant nous endort ; des yeux fatigués par les larmes cherchent naturellement à se fermer, et la bonté de la Providence se fait ainsi remarquer jusque dans nos infortunes. Je cédai, malgré moi, à ce lourd sommeil que goûtent quelquefois les misérables. Je rêvais qu'on m'ôtait mes chaînes ; je croyais sentir ce soulagement qu'on éprouve, lorsqu'après avoir été fortement pressé, une main secourable relâche nos fers.

---

**1.** Cette position est représentée sur une des gravures qui illustrent le voyage de Lafitau (voir sa reproduction dans *Les Natchez*, éd. Chinard, p. 292 *bis*).

« Cette sensation devint si vive, qu'elle me fit sou-
lever les paupières. À la clarté de la lune, dont un
rayon s'échappait entre deux nuages, j'entrevois une
grande figure blanche penchée sur moi, et occupée à
dénouer silencieusement mes liens. J'allais pousser un
cri, lorsqu'une main, que je reconnus à l'instant, me
ferma la bouche. Une seule corde restait, mais il
paraissait impossible de la couper, sans toucher un
guerrier qui la couvrait tout entière de son corps. Atala
y porte la main, le guerrier s'éveille à demi, et se
dresse sur son séant. Atala reste immobile, et le
regarde. L'Indien croit voir l'Esprit des ruines ; il se
recouche en fermant les yeux et en invoquant son
Manitou. Le lien est brisé. Je me lève ; je suis ma
libératrice, qui me tend le bout d'un arc dont elle tient
l'autre extrémité. Mais que de dangers nous environ-
nent ! Tantôt nous sommes près de heurter des Sauvages endormis, tantôt une garde nous interroge, et
Atala répond en changeant sa voix. Des enfants pous-
sent des cris, des dogues aboient. À peine sommes-
nous sortis de l'enceinte funeste, que des hurlements
ébranlent la forêt. Le camp se réveille, mille feux
s'allument ; on voit courir de tous côtés des Sauvages
avec des flambeaux ; nous précipitons notre course.

« Quand l'aurore se leva sur les Apalaches, nous
étions déjà loin. Quelle fut ma félicité, lorsque je me
trouvai encore une fois dans la solitude avec Atala,
avec Atala ma libératrice, avec Atala qui se donnait à
moi pour toujours ! Les paroles manquèrent à ma langue, je tombai à genoux, et je dis à la fille de Simaghan : "Les hommes sont bien peu de chose ; mais
quand les Génies les visitent, alors ils ne sont rien du
tout. Vous êtes un Génie, vous m'avez visité, et je ne
puis parler devant vous." Atala me tendit la main avec
un sourire : "Il faut bien, dit-elle, que je vous suive,
puisque vous ne voulez pas fuir sans moi. Cette nuit,

j'ai séduit le jongleur par des présents, j'ai enivré vos
bourreaux avec de l'essence de feu[a], et j'ai dû hasarder
ma vie pour vous, puisque vous aviez donné la vôtre
pour moi. Oui, jeune idolâtre, ajouta-t-elle avec un
accent qui m'effraya, le sacrifice sera réciproque."

« Atala me remit les armes qu'elle avait eu soin
d'apporter ; ensuite elle pansa ma blessure. En l'essuyant avec une feuille de papaya, elle la mouillait de
ses larmes. "C'est un baume, lui dis-je, que tu répands
sur ma plaie. – Je crains plutôt que ce ne soit un
poison", répondit-elle. Elle déchira un des voiles de
son sein, dont elle fit une première compresse, qu'elle
attacha avec une boucle de ses cheveux[1].

« L'ivresse qui dure longtemps chez les Sauvages,
et qui est pour eux une espèce de maladie, les empêcha
sans doute de nous poursuivre durant les premières
journées. S'ils nous cherchèrent ensuite, il est probable
que ce fut du côté du couchant, persuadés que nous
aurions essayé de nous rendre au Meschacebé ; mais
nous avions pris notre route vers l'étoile immobile[b],
en nous dirigeant sur la mousse du tronc des arbres.

« Nous ne tardâmes pas à nous apercevoir que nous
avions peu gagné à ma délivrance. Le désert déroulait
maintenant devant nous ses solitudes démesurées. Sans
expérience de la vie des forêts, détournés de notre vrai
chemin, et marchant à l'aventure, qu'allions-nous devenir ? Souvent, en regardant Atala, je me rappelais cette

---

**a.** De l'eau-de-vie.   **b.** Le Nord.

---

1. C'est ainsi qu'au chant XIX de la *Jérusalem délivrée*, Her-
minie soigne Tancrède. Odérahi, de son côté, applique sur les blessures de son amant Ontérée des baumes efficaces (*Odérahi*, p. 81).
Dans un contexte plus humoristique, Voltaire évoque lui aussi cette
fonction salvatrice de la femme, en faisant dire à son Ingénu
(chap. VII) : « Ah ! si Mlle de Saint-Yves était là, elle me mettrait
une *compresse* ! »

antique histoire d'Agar, que Lopez m'avait fait lire, et qui est arrivée dans le désert de Bersabée, il y a bien longtemps, alors que les hommes vivaient trois âges de chêne[1].

« Atala me fit un manteau avec la seconde écorce du frêne, car j'étais presque nu. Elle me broda des mocassines[a] de peau de rat musqué, avec du poil de porc-épic. Je prenais soin à mon tour de sa parure. Tantôt je lui mettais sur la tête une couronne de ces mauves bleues, que nous trouvions sur notre route, dans des cimetières indiens abandonnés ; tantôt je lui faisais des colliers avec des graines rouges d'azalea ; et puis je me prenais à sourire, en contemplant sa merveilleuse beauté.

« Quand nous rencontrions un fleuve, nous le passions sur un radeau ou à la nage. Atala appuyait une de ses mains sur mon épaule ; et, comme deux cygnes voyageurs, nous traversions ces ondes solitaires.

« Souvent dans les grandes chaleurs du jour, nous cherchions un abri sous les mousses des cèdres. Presque tous les arbres de la Floride, en particulier le cèdre et le chêne-vert, sont couverts d'une mousse blanche qui descend de leurs rameaux jusqu'à terre[2]. Quand la nuit, au clair de la lune, vous apercevez sur la nudité d'une savane, une yeuse isolée revêtue de cette draperie, vous croiriez voir un fantôme, traînant après lui ses longs voiles. La scène n'est pas moins pittoresque au grand jour ; car une foule de papillons, de mouches

--------

**a.** Chaussure indienne.

--------

**1.** Agar, servante égyptienne du patriarche Abraham, avait eu de lui un fils, Ismaël. Chassés par la jalousie de Sara, épouse légitime, ils se réfugièrent dans le désert de Bersabée, où ils furent secourus par un ange (Genèse, XVI et XXI).     **2.** Bartram (t. 1, p. 164-165) donne une description précise de cette grande mousse, que les Français du Mississippi appelaient « barbe espagnole ».

brillantes, de colibris, de perruches vertes, de geais d'azur, vient s'accrocher à ces mousses, qui produisent alors l'effet d'une tapisserie en laine blanche, où l'ouvrier Européen aurait brodé des insectes et des oiseaux éclatants.

« C'était dans ces riantes hôtelleries, préparées par le Grand Esprit, que nous nous reposions à l'ombre. Lorsque les vents descendaient du ciel pour balancer ce grand cèdre, que le château aérien bâti sur ses branches allait flottant avec les oiseaux et les voyageurs endormis sous ses abris, que mille soupirs sortaient des corridors et des voûtes du mobile édifice, jamais les merveilles de l'ancien monde n'ont approché de ce monument du désert.

« Chaque soir nous allumions un grand feu, et nous bâtissions la hutte du voyage, avec une écorce élevée sur quatre piquets [1]. Si j'avais tué une dinde sauvage, un ramier, un faisan des bois, nous le suspendions devant le chêne embrasé, au bout d'une gaule plantée en terre, et nous abandonnions au vent le soin de tourner la proie du chasseur. Nous mangions des mousses appelées tripes de roches [2], des écorces sucrées de bouleau, et des pommes de mai qui ont le goût de la pêche et de la framboise. Le noyer noir, l'érable, le sumach, fournissaient le vin à notre table. Quelquefois j'allais chercher, parmi les roseaux, une plante dont la fleur allongée en cornet contenait un verre de la plus pure rosée [3]. Nous bénissions la Providence qui, sur la faible

---

**1.** Dans le *Voyage en Amérique*, p. 685, Chateaubriand mentionne, pour construire son *ajoupa*, une technique un peu différente. **2.** Ce nom populaire est mentionné par Charlevoix, *Journal*, p. 332 : « Lorsque la chasse et la pêche leur manquent, leur unique ressource est une espèce de mousse qui croît sur certains rochers, et que nos Français ont nommée *Trippe de roches*. » Chactas les retrouvera plus tard à... Terre-Neuve ! **3.** Bartram évoque à deux reprises (t. 1, p. 6-9, et t. 2, p. 253-254) cette particularité de la *Sarracenia flava*.

tige d'une fleur, avait placé cette source limpide au milieu des marais corrompus, comme elle a mis l'espérance au fond des cœurs ulcérés par le chagrin, comme elle a fait jaillir la vertu du sein des misères de la vie.

« Hélas ! je découvris bientôt que je m'étais trompé sur le calme apparent d'Atala. À mesure que nous avancions, elle devenait triste. Souvent elle tressaillait sans cause, et tournait précipitamment la tête. Je la surprenais attachant sur moi un regard passionné, qu'elle reportait vers le ciel avec une profonde mélancolie. Ce qui m'effrayait surtout, était un secret, une pensée cachée au fond de son âme, que j'entrevoyais dans ses yeux [1]. Toujours m'attirant et me repoussant, ranimant et détruisant mes espérances, quand je croyais avoir fait un peu de chemin dans son cœur, je me retrouvais au même point. Que de fois elle m'a dit : "Ô mon jeune amant ! je t'aime comme l'ombre des bois au milieu du jour ! Tu es beau comme le désert avec toutes ses fleurs et toutes ses brises. Si je me penche sur toi, je frémis ; si ma main tombe sur la tienne, il me semble que je vais mourir. L'autre jour le vent jeta tes cheveux sur mon visage, tandis que tu te délassais sur mon sein, je crus sentir le léger toucher des Esprits invisibles. Oui, j'ai vu les chevrettes de la montagne d'Occone [2] ; j'ai entendu les propos des hommes rassasiés de jours ; mais la douceur des chevreaux et la sagesse des vieillards sont moins plaisantes et moins fortes que tes paroles. Eh bien, pauvre Chactas, je ne serai jamais ton épouse !"

« Les perpétuelles contradictions de l'amour et de la religion d'Atala, l'abandon de sa tendresse et la chasteté de ses mœurs, la fierté de son caractère et sa

---

**1.** Cf. Amélie, dans *René*. **2.** Région montagneuse de la Caroline du Sud.

profonde sensibilité, l'élévation de son âme dans les grandes choses, sa susceptibilité dans les petites, tout en faisait pour moi un être incompréhensible. Atala ne pouvait pas prendre sur un homme un faible empire : pleine de passions, elle était pleine de puissance ; il fallait ou l'adorer, ou la haïr.

« Après quinze nuits d'une marche précipitée, nous entrâmes dans la chaîne des monts Allégany, et nous atteignîmes une des branches du Tenase[1], fleuve qui se jette dans l'Ohio. Aidé des conseils d'Atala, je bâtis un canot, que j'enduisis de gomme de prunier, après en avoir recousu les écorces avec des racines de sapin. Ensuite je m'embarquai avec Atala, et nous nous abandonnâmes au cours du fleuve.

« Le village indien de Sticoë, avec ses tombes pyramidales et ses huttes en ruines[2], se montrait à notre gauche, au détour d'un promontoire ; nous laissions à droite la vallée de Keow[3], terminée par la perspective des cabanes de Jore, suspendues au front de la montagne du même nom. Le fleuve qui nous entraînait, coulait entre de hautes falaises, au bout desquelles on apercevait le soleil couchant. Ces profondes solitudes n'étaient point troublées par la présence de l'homme. Nous ne vîmes qu'un chasseur indien qui, appuyé sur

---

1. Ou Tennessee (même forme francisée dans le prologue p. 62), Le chemin suivi par les fugitifs correspond au voyage au pays des Cherokees que Bartram raconte dans les chapitres I à IV de la troisième partie de son ouvrage (t. 2, p. 75-179). Pour la technique de fabrication du canot, cf. le *Voyage en Amérique*, p. 808. 2. Voir leur description succincte dans Bartram, t. 2, p. 133. 3. Une coquille dans la traduction de Bartram (t. 2, p. 134) que Chateaubriand utilise est sans doute responsable de la confusion qu'il paraît faire entre Keowe, sur une branche de la Savannah, et Cowe, sur le Tennessee. C'est dans le même volume, mais p. 110-113, que Bartram évoque la vallée de Keowe et le comptoir de traite du fort Prince George ; on y trouve également des ruines indiennes, signalées p. 113.

son arc et immobile sur la pointe d'un rocher, ressemblait à une statue élevée dans la montagne au Génie de ces déserts[1].

« Atala et moi joignions notre silence au silence de cette scène. Tout à coup la fille de l'exil fit éclater dans les airs une voix pleine d'émotion et de mélancolie ; elle chantait la patrie absente[2] :

« "Heureux ceux qui n'ont point vu la fumée des fêtes de l'étranger, et qui ne se sont assis qu'aux festins de leurs pères !

« "Si le geai bleu du Meschacebé disait à la nonpareille des Florides : 'Pourquoi vous plaignez-vous si tristement ? N'avez-vous pas ici de belles eaux et de beaux ombrages, et toutes sortes de pâtures comme dans vos forêts ? – Oui, répondrait la nonpareille fugitive ; mais mon nid est dans le jasmin, qui me l'apportera ? Et le soleil de ma savane, l'avez-vous ?'

« "Heureux ceux qui n'ont point vu la fumée des fêtes de l'étranger, et qui ne se sont assis qu'aux festins de leurs pères !

« "Après les heures d'une marche pénible, le voyageur s'assied tristement. Il contemple autour de lui les toits des hommes ; le voyageur n'a pas un lieu où reposer sa tête. Le voyageur frappe à la cabane, il met son arc derrière la porte, il demande l'hospitalité ; le

---

1. Cette manière de terminer une séquence par une image plastique immobile est caractéristique de Chateaubriand, comme ce type de confrontation muette. Cf. le *Voyage en Amérique*, p. 716 : « Là, ce sont des troupeaux de chevreuils, qui de la pointe du rocher, vous regardent passer sur les fleuves » ; article « Mackenzie » : « Lorsque [...] l'ourse des déserts regarde du haut de son rocher, ces jeux de l'homme sauvage... »   2. Atala exprime dans cette chanson toute la nostalgie du jeune exilé de Londres. Chateaubriand reprendra ce thème dans la romance du « Montagnard émigré » (1806), qu'il réutilisera dans *Les Aventures du dernier Abencérage*.

maître fait un geste de la main ; le voyageur reprend son arc, et retourne au désert !

« "Heureux ceux qui n'ont point vu la fumée des fêtes de l'étranger, et qui ne se sont assis qu'aux festins de leurs pères !

« "Merveilleuses histoires racontées autour du foyer, tendres épanchements du cœur, longues habitudes d'aimer si nécessaires à la vie, vous avez rempli les journées de ceux qui n'ont point quitté leur pays natal ! Leurs tombeaux sont dans leur patrie, avec le soleil couchant, les pleurs de leurs amis et les charmes de la religion.

« "Heureux ceux qui n'ont point vu la fumée des fêtes de l'étranger, et qui ne se sont assis qu'aux festins de leurs pères !"

« Ainsi chantait Atala. Rien n'interrompait ses plaintes, hors le bruit insensible de notre canot sur les ondes. En deux ou trois endroits seulement, elles furent recueillies par un faible écho, qui les redit à un second plus faible, et celui-ci à un troisième plus faible encore : on eût cru que les âmes de deux amants, jadis infortunés comme nous, attirées par cette mélodie touchante, se plaisaient à en soupirer les derniers sons dans la montagne [1].

« Cependant la solitude, la présence continuelle de l'objet aimé, nos malheurs même, redoublaient à chaque instant notre amour. Les forces d'Atala commençaient à l'abandonner, et les passions, en abattant son corps, allaient triompher de sa vertu. Elle priait continuellement sa mère, dont elle avait l'air de vouloir apaiser l'ombre irritée. Quelquefois elle me demandait si je n'entendais pas une voix plaintive, si je ne voyais

---

**1.** Toute la scène est inspirée par le souvenir de la remontée de la rivière Hudson de New York à Albany, en juillet 1791 (cf. *Essai historique*, p. 351, et *Mémoires*, VII, 2).

pas des flammes sortir de la terre. Pour moi, épuisé de fatigue, mais toujours brûlant de désir, songeant que j'étais peut-être perdu sans retour au milieu de ces forêts, cent fois je fus prêt à saisir mon épouse dans mes bras, cent fois je lui proposai de bâtir une hutte sur ces rivages et de nous y ensevelir ensemble. Mais elle me résista toujours : "Songe, me disait-elle, mon jeune ami, qu'un guerrier se doit à sa patrie. Qu'est-ce qu'une femme auprès des devoirs que tu as à remplir ? Prends courage, fils d'Outalissi, ne murmure point contre ta destinée. Le cœur de l'homme est comme l'éponge du fleuve, qui tantôt boit une onde pure dans les temps de sérénité, tantôt s'enfle d'une eau bourbeuse, quand le ciel a troublé les eaux. L'éponge a-t-elle le droit de dire : 'Je croyais qu'il n'y aurait jamais d'orages, que le soleil ne serait jamais brûlant' ?"

« Ô René, si tu crains les troubles du cœur, défie-toi de la solitude : les grandes passions sont solitaires, et les transporter au désert, c'est les rendre à leur empire [1]. Accablés de soucis et de craintes, exposés à tomber entre les mains des Indiens ennemis, à être engloutis dans les eaux, piqués des serpents, dévorés des bêtes, trouvant difficilement une chétive nourriture, et ne sachant plus de quel côté tourner nos pas, nos maux semblaient ne pouvoir plus s'accroître, lorsqu'un accident y vint mettre le comble.

« C'était le vingt-septième soleil depuis notre départ des cabanes : la *lune de feu* [a] avait commencé son cours, et tout annonçait un orage [2]. Vers l'heure

---

a. Mois de juillet.

1. Ces paroles de Chactas sont une préfiguration du discours du père Souël, à la fin de *René*.   2. Cf. le *Voyage en Amérique*, p. 732-733.

où les matrones indiennes suspendent la crosse du labour aux branches du savinier, et où les perruches se retirent dans le creux des cyprès, le ciel commença à se couvrir. Les voix de la solitude s'éteignirent, le désert fit silence, et les forêts demeurèrent dans un calme universel. Bientôt les roulements d'un tonnerre lointain, se prolongeant dans ces bois aussi vieux que le monde, en firent sortir des bruits sublimes. Craignant d'être submergés, nous nous hâtâmes de gagner le bord du fleuve, et de nous retirer dans une forêt.

« Ce lieu était un terrain marécageux. Nous avancions avec peine sous une voûte de smilax, parmi des ceps de vigne, des indigos, des faséoles, des lianes rampantes, qui entravaient nos pieds comme des filets. Le sol spongieux tremblait autour de nous, et à chaque instant nous étions près d'être engloutis dans des fondrières. Des insectes sans nombre, d'énormes chauves-souris nous aveuglaient ; les serpents à sonnette bruissaient de toutes parts ; et les loups, les ours, les carcajous[1], les petits tigres, qui venaient se cacher dans ces retraites, les remplissaient de leurs rugissements.

« Cependant l'obscurité redouble : les nuages abaissés entrent sous l'ombrage des bois. La nue se déchire, et l'éclair trace un rapide losange de feu. Un vent impétueux sorti du couchant, roule les nuages sur les nuages ; les forêts plient ; le ciel s'ouvre coup sur coup, et à travers ses crevasses, on aperçoit de nouveaux cieux et des campagnes ardentes. Quel affreux, quel magnifique spectacle ! La foudre met le feu dans les bois ; l'incendie s'étend comme une chevelure de flammes ; des colonnes d'étincelles et de fumée assiègent les nues qui vomissent leurs foudres dans le vaste

---

1. Petit félin carnassier ; voir sa description dans le *Voyage en Amérique*, p. 745, à partir de Charlevoix.

embrasement. Alors le Grand Esprit couvre les montagnes d'épaisses ténèbres ; du milieu de ce vaste chaos s'élève un mugissement confus formé par le fracas des vents, le gémissement des arbres, le hurlement des bêtes féroces, le bourdonnement de l'incendie, et la chute répétée du tonnerre qui siffle en s'éteignant dans les eaux.

« Le Grand Esprit le sait ! Dans ce moment je ne vis qu'Atala, je ne pensai qu'à elle. Sous le tronc penché d'un bouleau, je parvins à la garantir des torrents de la pluie. Assis moi-même sous l'arbre, tenant ma bien-aimée sur mes genoux, et réchauffant ses pieds nus entre mes mains, j'étais plus heureux que la nouvelle épouse qui sent pour la première fois son fruit tressaillir dans son sein.

« Nous prêtions l'oreille au bruit de la tempête ; tout à coup je sentis une larme d'Atala tomber sur mon sein : "Orage du cœur, m'écriai-je, est-ce une goutte de votre pluie ?" Puis embrassant étroitement celle que j'aimais : "Atala, lui dis-je, vous me cachez quelque chose. Ouvre-moi ton cœur, ô ma beauté ! cela fait tant de bien, quand un ami regarde dans notre âme ! Raconte-moi cet autre secret de la douleur, que tu t'obstines à taire. Ah ! je le vois, tu pleures ta patrie." Elle repartit aussitôt : "Enfant des hommes, comment pleurerais-je ma patrie, puisque mon père n'était pas du pays des palmiers ?" "Quoi, répliquai-je avec un profond étonnement, votre père n'était point du pays des palmiers ! Quel est donc celui qui vous a mise sur cette terre ? Répondez." Atala dit ces paroles :

« "Avant que ma mère eût apporté en mariage au guerrier Simaghan trente cavales, vingt buffles, cent mesures d'huile de glands, cinquante peaux de castors et beaucoup d'autres richesses, elle avait connu un homme de la chair blanche. Or, la mère de ma mère lui jeta de l'eau au visage [1], et la contraignit d'épouser le magnanime Simaghan, tout semblable à un roi, et honoré des peuples comme un Génie. Mais ma mère dit à son nouvel époux : 'Mon ventre a conçu ; tuezmoi.' Simaghan lui répondit : 'Le Grand Esprit me garde d'une si mauvaise action. Je ne vous mutilerai point, je ne vous couperai point le nez ni les oreilles, parce que vous avez été sincère et que vous n'avez point trompé ma couche. Le fruit de vos entrailles sera mon fruit, et je ne vous visiterai qu'après le départ de l'oiseau de rizière, lorsque la treizième lune aura brillé.' En ce temps-là, je brisai le sein de ma mère, et je commençai à croître, fière comme une Espagnole et comme une Sauvage. Ma mère me fit chrétienne, afin que son Dieu et le Dieu de mon père fût aussi mon Dieu. Ensuite le chagrin d'amour vint la chercher, et elle descendit dans la petite cave garnie de peaux, d'où l'on ne sort jamais."

« Telle fut l'histoire d'Atala. "Et quel était donc ton père, pauvre orpheline ? lui dis-je. Comment les hommes l'appelaient-ils sur la terre, et quel nom portait-il parmi les Génies ?" "Je n'ai jamais lavé les pieds de mon père, dit Atala ; je sais seulement qu'il vivait avec sa sœur à Saint-Augustin, et qu'il a toujours été fidèle à ma mère : Philippe était son nom parmi les anges [2], et les hommes le nommaient Lopez."

« À ces mots, je poussai un cri qui retentit dans toute la solitude ; le bruit de mes transports se mêla au bruit de l'orage. Serrant Atala sur mon cœur, je m'écriai avec des sanglots : "Ô ma sœur ! ô fille de Lopez ! fille de mon bienfaiteur !" Atala, effrayée, me

---

**1.** Coutume que signale Charlevoix (*Journal*, p. 326) : « Ordinairement, la plus grande punition que les Sauvages emploient pour corriger leurs enfants, c'est de leur jeter un peu d'eau au visage. » Cf. le *Voyage en Amérique*, p. 695 et 851.　　**2.** C'est-à-dire son nom de baptême.

demanda d'où venait mon trouble ; mais quand elle sut que Lopez était cet hôte généreux qui m'avait adopté à Saint-Augustin, et que j'avais quitté pour être libre, elle fut saisie elle-même de confusion et de joie.

« C'en était trop pour nos cœurs que cette amitié fraternelle qui venait nous visiter, et joindre son amour à notre amour[1]. Désormais les combats d'Atala allaient devenir inutiles : en vain je la sentis porter une main à son sein, et faire un mouvement extra-ordinaire ; déjà je l'avais saisie, déjà je m'étais enivré de son souffle, déjà j'avais bu toute la magie de l'amour sur ses lèvres. Les yeux levés vers le ciel, à la lueur des éclairs, je tenais mon épouse dans mes bras, en présence de l'Éternel. Pompe nuptiale, digne de nos malheurs et de la grandeur de nos amours : superbes forêts qui agitiez vos lianes et vos dômes comme les rideaux et le ciel de notre couche, pins embrasés qui formiez les flambeaux de notre hymen, fleuve débordé, montagnes mugissantes, affreuse et sublime nature, n'étiez-vous donc qu'un appareil pré-paré pour nous tromper[2], et ne pûtes-vous cacher un moment dans vos mystérieuses horreurs la félicité d'un homme !

« Atala n'offrait plus qu'une faible résistance ; je touchais au moment du bonheur, quand tout à coup un impétueux éclair, suivi d'un éclat de la foudre, sillonne l'épaisseur des ombres, remplit la forêt de

---

1. La découverte de la dimension incestueuse de leur liaison paraît porter à son comble le désir des jeunes gens. La présence de cette dimension dans *Atala* est à peine moins grande que dans *René*. Le père Aubry lui-même la souligne avec une insistance étrange, p. 129.    2. Cette idée du désir comme leurre obsède le jeune Chateaubriand. Voir *Essai historique*, p. 259 : « La nature nous traite comme des enfants malades, dont on refuse de satisfaire les appétits, mais dont on apaise les pleurs par des illusions et des espérances. »

soufre et de lumière, et brise un arbre à nos pieds.
Nous fuyons. Ô surprise !... dans le silence qui suc-
cède, nous entendons le son d'une cloche ! Tous deux
interdits, nous prêtons l'oreille à ce bruit, si étrange
dans un désert. À l'instant un chien aboie dans le
lointain ; il approche, il redouble ses cris, il arrive, il
hurle de joie à nos pieds ; un vieux Solitaire portant
une petite lanterne, le suit à travers les ténèbres de la
forêt[1]. "La Providence soit bénie ! s'écria-t-il, aussitôt
qu'il nous aperçut. Il y a bien longtemps que je vous
cherche ! Notre chien vous a sentis dès le commencement de l'orage, et il m'a conduit ici. Bon Dieu !
comme ils sont jeunes ! Pauvres enfants ! comme ils
ont dû souffrir ! Allons : j'ai apporté une peau d'ours,
ce sera pour cette jeune femme ; voici un peu de vin
dans notre calebasse. Que Dieu soit loué dans toutes
ses œuvres ! sa miséricorde est bien grande, et sa bonté
est infinie !"

« Atala était aux pieds du religieux[2] : "Chef de la
prière, lui disait-elle, je suis chrétienne, c'est le ciel
qui t'envoie pour me sauver." "Ma fille, dit l'ermite

---

1. Ainsi, dans le *Génie du christianisme* (IV, III, 5) sont évoqués
les moines du Grand-Saint-Bernard, à la recherche du voyageur
égaré : « N'est-ce pas le son d'une cloche qui frappe son oreille à
travers le murmure de la tempête [...] ? Un autre bruit se fait entendre ; un chien jappe sur les neiges, il approche, il arrive, il hurle
de joie : un solitaire le suit. » Les campagnes de Bonaparte en Italie
avaient mis à la mode le célèbre hospice.    2. Le père Aubry est
sans doute un jésuite, comme la plupart des missionnaires de la
Nouvelle-France (voir *Génie*, IV, IV, 8), mais Chateaubriand aura
soin de ne pas prononcer, dans *Atala*, un nom alors chargé de
connotations très négatives. En le qualifiant de *solitaire* ou d'*ermite*, il le rattache à une riche et rassurante tradition littéraire ; en
le qualifiant de *missionnaire*, il insiste en revanche sur une fonction
sociale, que les jésuites du Paraguay avaient illustrée de façon
positive au siècle des Lumières. Mais il en résulte un certain flou
dans le portrait : le père Aubry vit-il seul (la *grotte*) ou en communauté (la *mission*) ? On hésite parfois...

en la relevant, nous sonnons ordinairement la cloche de la Mission pendant la nuit et pendant les tempêtes, pour appeler les étrangers ; et, à l'exemple de nos frères des Alpes et du Liban, nous avons appris à notre chien à découvrir les voyageurs égarés." Pour moi, je comprenais à peine l'ermite ; cette charité me semblait si fort au-dessus de l'homme, que je croyais faire un songe. À la lueur de la petite lanterne que tenait le religieux, j'entrevoyais sa barbe et ses cheveux tout trempés d'eau ; ses pieds, ses mains et son visage étaient ensanglantés par les ronces. "Vieillard, m'écriai-je enfin, quel cœur as-tu donc, toi qui n'as pas craint d'être frappé de la foudre ?" "Craindre ! repartit le père avec une sorte de chaleur ; craindre, lorsqu'il y a des hommes en péril, et que je puis leur être utile ! je serais donc un bien indigne serviteur de Jésus-Christ !" "Mais sais-tu, lui dis-je, que je ne suis pas chrétien ?" "Jeune homme, répondit l'ermite, vous ai-je demandé votre religion ? Jésus-Christ n'a pas dit : 'Mon sang lavera celui-ci, et non celui-là.' Il est mort pour le Juif et le Gentil, et il n'a vu dans tous les hommes que des frères et des infortunés. Ce que je fais ici pour vous, est fort peu de chose, et vous trouveriez ailleurs bien d'autres secours ; mais la gloire n'en doit point retomber sur les prêtres. Que sommes-nous, faibles Solitaires, sinon de grossiers instruments d'une œuvre céleste ? Eh ! quel serait le soldat assez lâche pour reculer, lorsque son chef, la croix à la main, et le front couronné d'épines, marche devant lui au secours des hommes ?"

« Ces paroles saisirent mon cœur ; des larmes d'admiration et de tendresse tombèrent de mes yeux. "Mes chers enfants, dit le missionnaire, je gouverne dans ces forêts un petit troupeau de vos frères sauvages. Ma grotte est assez près d'ici dans la montagne ; venez vous réchauffer chez moi ; vous n'y trouverez pas les commodités de la vie, mais vous y aurez un abri ; et il faut encore en remercier la Bonté divine, car il y a bien des hommes qui en manquent."

## LES LABOUREURS

« Il y a des justes dont la conscience est si tranquille, qu'on ne peut approcher d'eux sans participer à la paix qui s'exhale, pour ainsi dire, de leur cœur et de leurs discours. À mesure que le Solitaire parlait, je sentais les passions s'apaiser dans mon sein, et l'orage même du ciel semblait s'éloigner à sa voix. Les nuages furent bientôt assez dispersés pour nous permettre de quitter notre retraite. Nous sortîmes de la forêt, et nous commençâmes à gravir le revers d'une haute montagne. Le chien marchait devant nous, en portant au bout d'un bâton la lanterne éteinte. Je tenais la main d'Atala, et nous suivions le missionnaire. Il se détournait souvent pour nous regarder, contemplant avec pitié nos malheurs et notre jeunesse. Un livre était suspendu à son cou ; il s'appuyait sur un bâton blanc. Sa taille était élevée, sa figure pâle et maigre, sa physionomie simple et sincère. Il n'avait pas les traits morts et effacés de l'homme né sans passions ; on voyait que ses jours avaient été mauvais, et les rides de son front montraient les belles cicatrices des passions guéries par la vertu et par l'amour de Dieu et des hommes. Quand il nous parlait debout et immobile, sa longue barbe, ses yeux modestement baissés, le ton affectueux de sa voix, tout en lui avait quelque chose de calme et de sublime. Quiconque a vu, comme moi, le père Aubry cheminant seul avec son bâton et son bréviaire dans le désert, a une véritable idée du voyageur chrétien sur la terre [1].

---

1. Cf. le témoignage du *Génie du christianisme*, IV, IV, 8 (« Missions de la Nouvelle-France »).

« Après une demi-heure d'une marche dangereuse par les sentiers de la montagne, nous arrivâmes à la grotte du missionnaire. Nous y entrâmes à travers les lierres et les giraumonts [1] humides, que la pluie avait abattus des rochers. Il n'y avait dans ce lieu qu'une natte de feuilles de papaya, une calebasse pour puiser de l'eau, quelques vases de bois, une bêche, un serpent familier, et sur une pierre qui servait de table, un crucifix et le livre des chrétiens [2].

« L'homme des anciens jours [3] se hâta d'allumer du feu avec des lianes sèches ; il brisa du maïs entre deux pierres, et en ayant fait un gâteau, il le mit cuire sous la cendre. Quand ce gâteau eut pris au feu une belle couleur dorée, il nous le servit tout brûlant, avec de la crème de noix dans un vase d'érable.

« Le soir ayant ramené la sérénité, le serviteur du Grand Esprit nous proposa d'aller nous asseoir à l'entrée de la grotte. Nous le suivîmes dans ce lieu qui commandait une vue immense [4]. Les restes de l'orage étaient jetés en désordre vers l'orient ; les feux de l'incendie allumé dans les forêts par la foudre, brillaient encore dans le lointain ; au pied de la montagne

---

**1.** « Le giraumont est une citrouille moins grosse que la nôtre et je crois, s'il est possible, encore plus fade », écrit Bernardin de Saint-Pierre dans son *Voyage à l'Île de France* (Lettre XIII), à propos de cette cucurbitacée qu'on retrouve dans *Paul et Virginie*.     **2.** La grotte et son mobilier correspondent au décor habituel de la vie érémitique, à peine actualisé par quelques touches exotiques. La bêche, qui servira plus loin à enterrer Atala, est aussi destinée à cultiver un modeste jardin.     **3.** Les nombreuses périphrases que Chactas utilise pour désigner le père Aubry ont provoqué les sarcasmes de Morellet. Elles reviennent presque toujours à naturaliser le prêtre, à souligner ce qui, au-delà de toute religion particulière, lui donne un rôle universel.     **4.** Ce goût des hauts lieux et des vastes perspectives rapproche curieusement Chateaubriand de Stendhal (cf. la grotte où Julien Sorel va se réfugier dans *Le Rouge et le Noir*, etc.).

un bois de pins tout entier était renversé dans la vase, et le fleuve roulait pêle-mêle les argiles détrempées, les troncs des arbres, les corps des animaux et les poissons morts, dont on voyait le ventre argenté flotter à la surface des eaux.

« Ce fut au milieu de cette scène, qu'Atala raconta notre histoire au vieux Génie de la montagne. Son cœur parut touché, et des larmes tombèrent sur sa barbe[1] : "Mon enfant, dit-il à Atala, il faut offrir vos souffrances à Dieu, pour la gloire de qui vous avez déjà fait tant de choses ; il vous rendra le repos. Voyez fumer ces forêts, sécher ces torrents, se dissiper ces nuages ; croyez-vous que celui qui peut calmer une pareille tempête ne pourra pas apaiser les troubles du cœur de l'homme ? Si vous n'avez pas de meilleure retraite, ma chère fille, je vous offre une place au milieu du troupeau que j'ai eu le bonheur d'appeler à Jésus-Christ. J'instruirai Chactas, et je vous le donnerai pour époux quand il sera digne de l'être."

« À ces mots je tombai aux genoux du Solitaire, en versant des pleurs de joie ; mais Atala devint pâle comme la mort. Le vieillard me releva avec bénignité, et je m'aperçus alors qu'il avait les deux mains mutilées. Atala comprit sur-le-champ ses malheurs. "Les barbares !" s'écria-t-elle.

« "Ma fille, reprit le père avec un doux sourire, qu'est-ce que cela auprès de ce qu'a enduré mon divin Maître ? Si les Indiens idolâtres m'ont affligé, ce sont de pauvres aveugles que Dieu éclairera un jour. Je les chéris même davantage, en proportion des maux qu'ils m'ont faits. Je n'ai pu rester dans ma patrie où j'étais retourné, et où une illustre reine m'a fait l'honneur de vouloir contempler ces faibles marques de mon apos-

---

1. La *sensibilité* du père Aubry contraste avec la dureté du père Souël dans *René* : chacun incarne une image différente du prêtre.

tolat. Et quelle récompense plus glorieuse pouvais-je recevoir de mes travaux, que d'avoir obtenu du chef de notre religion la permission de célébrer le divin sacrifice avec ces mains mutilées[1] ? Il ne me restait plus, après un tel honneur, qu'à tâcher de m'en rendre digne : je suis revenu au Nouveau-Monde, consumer le reste de ma vie au service de mon Dieu. Il y a bientôt trente ans que j'habite cette solitude, et il y en aura demain vingt-deux, que j'ai pris possession de ce rocher. Quand j'arrivai dans ces lieux, je n'y trouvai que des familles vagabondes, dont les mœurs étaient féroces et la vie fort misérable. Je leur ai fait entendre la parole de paix, et leurs mœurs se sont graduellement adoucies. Ils vivent maintenant rassemblés au bas de la montagne. J'ai tâché, en leur enseignant les voies du salut, de leur apprendre les premiers arts de la vie, mais sans les porter trop loin, et en retenant ces honnêtes gens dans cette simplicité qui fait le bonheur. Pour moi, craignant de les gêner par ma présence, je me suis retiré sous cette grotte, où ils viennent me consulter[2]. C'est ici que, loin des hommes, j'admire Dieu dans la grandeur de ces solitudes, et que je me prépare à la mort, que m'annoncent mes vieux jours."

« En achevant ces mots, le Solitaire se mit à genoux, et nous imitâmes son exemple. Il commença à haute voix une prière, à laquelle Atala répondait. De muets éclairs ouvraient encore les cieux dans l'orient, et sur les nuages du couchant, trois soleils brillaient

---

1. Un des modèles du père Aubry, le père Jogues, avait été reçu par la reine de France, et avait obtenu du pape, en 1644, une dispense lui permettant de célébrer la messe malgré ses mutilations. Voir *Génie*, IV, IV, 8.  2. Le missionnaire joue un peu, dans le processus civilisateur, le rôle quasi divin que Rousseau attribue au *Législateur*. C'est aussi à ce titre que le père Aubry est à la fois dans la société, et en dehors (voir la note 2, p. 104).

ensemble[1]. Quelques renards dispersés par l'orage
allongeaient leurs museaux noirs au bord des préci-
pices, et l'on entendait le frémissement des plantes
qui, séchant à la brise du soir, relevaient de toutes
parts leurs tiges abattues.

« Nous rentrâmes dans la grotte, où l'ermite étendit
un lit de mousse de cyprès pour Atala. Une profonde
langueur se peignait dans les yeux et dans les mouvements de cette vierge ; elle regardait le père Aubry,
comme si elle eût voulu lui communiquer un secret ;
mais quelque chose semblait la retenir, soit ma présence, soit une certaine honte, soit l'inutilité de l'aveu.
Je l'entendis se lever au milieu de la nuit ; elle cherchait le Solitaire, mais comme il lui avait donné sa
couche, il était allé contempler la beauté du ciel et
prier Dieu sur le sommet de la montagne. Il me dit le
lendemain que c'était assez sa coutume, même pendant l'hiver, aimant à voir les forêts balancer leurs
cimes dépouillées, les nuages voler dans les cieux, et
à entendre les vents et les torrents gronder dans la
solitude. Ma sœur fut donc obligée de retourner à sa
couche, où elle s'assoupit. Hélas ! comblé d'espérance, je ne vis dans la faiblesse d'Atala que des marques passagères de lassitude !

« Le lendemain je m'éveillai aux chants des cardinaux et des oiseaux-moqueurs, nichés dans les acacias
et les lauriers qui environnaient la grotte. J'allai cueil-
lir une rose de magnolia, et je la déposai humectée
des larmes du matin, sur la tête d'Atala endormie.
J'espérais, selon la religion de mon pays, que l'âme
de quelque enfant mort à la mamelle, serait descendue
sur cette fleur dans une goutte de rosée, et qu'un

---

1. Cette démultiplication apparente du soleil, ou *parhélie*, est
un phénomène qu'on observe en général dans les région plus septentrionales.

heureux songe la porterait au sein de ma future épouse. Je cherchai ensuite mon hôte ; je le trouvai la robe relevée dans ses deux poches, un chapelet à la main, et m'attendant assis sur le tronc d'un pin tombé de vieillesse. Il me proposa d'aller avec lui à la Mission, tandis qu'Atala reposait encore ; j'acceptai son offre, et nous nous mîmes en route à l'instant.

« En descendant la montagne, j'aperçus des chênes où les Génies semblaient avoir dessiné des caractères étrangers. L'ermite me dit qu'il les avait tracés lui-même, que c'étaient des vers d'un ancien poète appelé Homère, et quelques sentences d'un autre poète plus ancien encore, nommé Salomon. Il y avait je ne sais quelle mystérieuse harmonie entre cette sagesse des temps, ces vers rongés de mousse, ce vieux Solitaire qui les avait gravés, et ces vieux chênes qui lui servaient de livres [1].

« Son nom, son âge, la date de sa mission, étaient aussi marqués sur un roseau de savane, au pied de ces arbres. Je m'étonnai de la fragilité du dernier monument : "Il durera encore plus que moi, me répondit le père, et aura toujours plus de valeur que le peu de bien que j'ai fait."

« De là, nous arrivâmes à l'entrée d'une vallée, où je vis un ouvrage merveilleux : c'était un pont naturel, semblable à celui de la Virginie, dont tu as peut-être entendu parler [2]. Les hommes, mon fils, surtout ceux

---

**1.** Cf. note 1, p. 106.     **2.** John G. Frank (« A Note on the Natural Bridge in *Atala* », *Modern Language Notes*, LXIV, juin 1949) a cru pouvoir identifier ce pont naturel, ainsi que le paysage environnant (la grotte, le lac, le ruisseau, le bois) dans un site de la vallée du Tennessee, là même où le récit paraît situer la mission du père Aubry. Il est possible que Chateaubriand soit passé par là en octobre 1791. Souvenons-nous cependant que dans la fiction, le pont est censé avoir disparu (voir p. 149), si bien que toute recherche est vaine. Du reste, Chactas indique lui-même la réfé-

de ton pays, imitent souvent la nature, et leurs copies
sont toujours petites ; il n'en est pas ainsi de la nature
quand elle a l'air d'imiter les travaux des hommes, en
leur offrant en effet des modèles. C'est alors qu'elle
jette des ponts du sommet d'une montagne au sommet
d'une autre montagne, suspend des chemins dans les
nues, répand des fleuves pour canaux, sculpte des
monts pour colonnes, et pour bassins creuse des mers.

« Nous passâmes sous l'arche unique de ce pont, et
nous nous trouvâmes devant une autre merveille :
c'était le cimetière des Indiens de la Mission, ou *les
Bocages de la mort*. Le père Aubry avait permis à ses
néophytes d'ensevelir leurs morts à leur manière et de
conserver au lieu de leurs sépultures son nom sauvage ; il avait seulement sanctifié ce lieu par une
croix[a]. Le sol en était divisé, comme le champ
commun des moissons, en autant de lots qu'il y avait
de familles. Chaque lot faisait à lui seul un bois qui

---

**a.** Le père Aubry avait fait comme les Jésuites à la Chine, qui
permettaient aux Chinois d'enterrer leurs parents dans leurs jardins, selon leur ancienne coutume.

---

rence principale du texte : le célèbre pont naturel de la Virginie,
qu'avaient fait connaître en France, la même année, deux publica-
tions. Les *Voyages* du marquis de Chastellux (Paris, Prault, 1786)
consacrent à ce phénomène naturel une longue notice assez technique mais illustrée de trois gravures significatives. Une note du
tome 2 (p. 303) signale qu'existe sur la même question un « excellent mémoire », composé par Thomas Jefferson en 1781, diffusé
à quelques exemplaires hors commerce en 1785, et qu'un « homme
de lettres très connu » (Morellet) vient de le traduire. Ces *Observations sur la Virginie* allaient paraître quelques semaines plus tard
à Paris, un an avant la publication du texte original anglais, à Londres, en 1787. Malesherbes possédait ces ouvrages dans sa bibliothèque, où Chateaubriand a très bien pu en prendre connaissance
avant même son voyage en Amérique. Comme il a pu rendre visite
à cette curiosité géologique, lors de son retour à Philadelphie en
novembre 1791.

variait selon le goût de ceux qui l'avaient planté. Un ruisseau serpentait sans bruit au milieu de ces bocages ; on l'appelait *le Ruisseau de la paix*. Ce riant asile des âmes était fermé à l'orient par le pont sous lequel nous avions passé ; deux collines le bornaient au septentrion et au midi ; il ne s'ouvrait qu'à l'occident, où s'élevait un grand bois de sapins. Les troncs de ces arbres, rouges marbrés de vert, montant sans branches jusqu'à leurs cimes, ressemblaient à de hautes colonnes, et formaient le péristyle de ce temple de la mort ; il y régnait un bruit religieux, semblable au sourd mugissement de l'orgue sous les voûtes d'une église ; mais lorsqu'on pénétrait au fond du sanctuaire, on n'entendait plus que les hymnes des oiseaux qui célébraient à la mémoire des morts une fête éternelle.

« En sortant de ce bois, nous découvrîmes le village de la Mission, situé au bord d'un lac, au milieu d'une savane semée de fleurs. On y arrivait par une avenue de magnolias et de chênes-verts, qui bordaient une de ces anciennes routes, que l'on trouve vers les montagnes qui divisent le Kentucky des Florides. Aussitôt que les Indiens aperçurent leur pasteur dans la plaine, ils abandonnèrent leurs travaux et accoururent au-devant de lui. Les uns baisaient sa robe, les autres aidaient ses pas ; les mères élevaient dans leurs bras leurs petits enfants, pour leur faire voir l'homme de Jésus-Christ, qui répandait des larmes. Il s'informait en marchant, de ce qui se passait au village ; il donnait un conseil à celui-ci, réprimandait doucement celui-là ; il parlait des moissons à recueillir, des enfants à instruire, des peines à consoler, et il mêlait Dieu à tous ses discours.

« Ainsi escortés, nous arrivâmes au pied d'une grande croix qui se trouvait sur le chemin. C'était là que le serviteur de Dieu avait accoutumé de célébrer

les mystères de sa religion [1] : "Mes chers néophytes,
dit-il en se tournant vers la foule, il vous est arrivé un
frère et une sœur ; et pour surcroît de bonheur, je vois
que la divine Providence a épargné hier vos moissons :
voilà deux grandes raisons de la remercier. Offrons
donc le saint sacrifice, et que chacun y apporte un
recueillement profond, une foi vive, une reconnaissance infinie et un cœur humilié."

« Aussitôt le prêtre divin revêt une tunique blanche
d'écorce de mûriers ; les vases sacrés sont tirés d'un
tabernacle au pied de la croix, l'autel se prépare sur
un quartier de roche, l'eau se puise dans le torrent
voisin, et une grappe de raisin sauvage fournit le vin
du sacrifice. Nous nous mettons tous à genoux dans
les hautes herbes ; le mystère commence.

« L'aurore paraissant derrière les montagnes,
enflammait l'orient. Tout était d'or ou de rose dans la
solitude. L'astre annoncé par tant de splendeur sortit
enfin d'un abîme de lumière, et son premier rayon
rencontra l'hostie consacrée, que le prêtre, en ce
moment même, élevait dans les airs [2]. Ô charme de la
religion ! Ô magnificence du culte chrétien ! Pour
sacrificateur un vieil ermite, pour autel un rocher, pour
église le désert, pour assistance d'innocents Sauvages ! Non, je ne doute point qu'au moment où nous
nous prosternâmes, le grand mystère ne s'accomplît,
et que Dieu ne descendît sur la terre, car je le sentis
descendre dans mon cœur.

« Après le sacrifice, où il ne manqua pour moi que
la fille de Lopez, nous nous rendîmes au village. Là,

---

1. Nous avons là une des premières représentations romanesques de la messe. Cf. *Génie*, IV, I, 5 et 6.　　**2.** Certains critiques
ont jugé cette mise en scène « forcée ». Peut-être pensaient-ils,
avec Boileau, que « du Dieu des Chrétiens les mystères terribles »
ne sont pas susceptibles de la moindre ornementation, très naturelle
de surcroît.

régnait le mélange le plus touchant de la vie sociale et de la vie de la nature [1] : au coin d'une cyprière de l'antique désert, on découvrait une culture naissante ; les épis roulaient à flots d'or sur le tronc du chêne abattu, et la gerbe d'un été remplaçait l'arbre de trois siècles. Partout on voyait les forêts livrées aux flammes pousser de grosses fumées dans les airs, et la charrue se promener lentement entre les débris de leurs racines. Des arpenteurs avec de longues chaînes allaient mesurant le terrain ; des arbitres établissaient les premières propriétés ; l'oiseau cédait son nid ; le repaire de la bête féroce se changeait en une cabane ; on entendait gronder des forges, et les coups de la cognée faisaient, pour la dernière fois, mugir des échos expirant eux-mêmes avec les arbres qui leur servaient d'asile.

« J'errais avec ravissement au milieu de ces tableaux, rendus plus doux par l'image d'Atala et par les rêves de félicité dont je berçais mon cœur. J'admirais le triomphe du Christianisme sur la vie sauvage [2] ; je voyais l'Indien se civilisant à la voix de la

---

1. C'est de la même façon que Chateaubriand évoque dans son *Essai historique* (p. 194) la Thrace antique : « (Orphée) vivait dans un siècle à demi sauvage, au milieu des premiers défrichements des terres. Les regards étaient sans cesse frappés du grand spectacle des déserts, où quelques arbres abattus, un bout de sillon mal formé à la lisière d'un bois, annonçaient les premiers efforts de l'industrie humaine. Ce mélange de l'antique nature et de l'agriculture naissante, etc. » La mission du père Aubry ressemble à celles des jésuites du Paraguay (*Génie*, IV, IV, 4 et 5). Mais en y introduisant des « forges » et surtout des « arpenteurs », Chateaubriand se sépare de son maître Rousseau qui voit dans la métallurgie, et surtout dans la propriété, le début de la corruption des sociétés « naturelles ».   2. Chactas a évolué, depuis son séjour auprès de Lopez. La petite communauté que lui présente le père Aubry est uniquement composée, il est vrai, de ses frères de race. Mais sans doute est-ce surtout la perspective de voir Dieu bénir son union avec Atala qui dispose en sa faveur le jeune Indien.

religion ; j'assistais aux noces primitives de l'Homme
et de la Terre : l'homme, par ce grand contrat[1], abandonnant à la terre l'héritage de ses sueurs, et la terre
s'engageant, en retour, à porter fidèlement les moissons, les fils et les cendres de l'homme.

« Cependant on présenta un enfant au missionnaire,
qui le baptisa parmi des jasmins en fleurs, au bord
d'une source, tandis qu'un cercueil, au milieu des jeux
et des travaux, se rendait aux Bocages de la mort.
Deux époux reçurent la bénédiction nuptiale sous un
chêne, et nous allâmes ensuite les établir dans un coin
du désert. Le pasteur[2] marchait devant nous, bénissant
çà et là, et le rocher, et l'arbre, et la fontaine, comme
autrefois, selon le livre des Chrétiens, Dieu bénit la
terre inculte, en la donnant en héritage à Adam. Cette
procession, qui pêle-mêle avec ses troupeaux suivait
de rocher en rocher son chef vénérable, représentait à
mon cœur attendri ces migrations des premières familles, alors que Sem, avec ses enfants, s'avançait à travers le monde inconnu, en suivant le soleil qui
marchait devant lui.

« Je voulus savoir du saint ermite, comment il gou-
vernait ses enfants[3] ; il me répondit avec une grande
complaisance : "Je ne leur ai donné aucune loi ; je leur
ai seulement enseigné à s'aimer, à prier Dieu, et à
espérer une meilleure vie ; toutes les lois du monde

---

1. Non plus contrat social, destiné à fonder des institutions,
comme chez Rousseau, mais contrat entre les hommes et la nature,
sous le regard de Dieu. Chateaubriand reprendra cette idée en
décrivant la ferme de Lasthénès, au livre II des *Martyrs* (voir Jean-
Claude Berchet, « *Et in Arcadia ego* », *Romantisme*, n° 51, 1986,
p. 100-101). 2. Ce sont en effet les diverses missions *pastorales*
du prêtre que résume ce paragraphe : il administre les sacrements ;
il préside à la naissance, au mariage et à la mort. Rappelons qu'au
cours de son séjour dans le Suffolk, de 1794 à 1796, Chateaubriand
avait été le témoin quotidien des activités du clergé anglican.
3. Voir la note 2, p. 109.

sont là-dedans[1]. Vous voyez au milieu du village une cabane plus grande que les autres : elle sert de chapelle dans la saison des pluies. On s'y assemble soir et matin pour louer le Seigneur, et quand je suis absent, c'est un vieillard qui fait la prière ; car la vieillesse est, comme la maternité, une espèce de sacerdoce. Ensuite on va travailler dans les champs, et si les propriétés sont divisées, afin que chacun puisse apprendre l'économie sociale, les moissons sont déposées dans des greniers communs, pour maintenir la charité fraternelle. Quatre vieillards distribuent avec égalité le produit du labeur. Ajoutez à cela des cérémonies religieuses, beaucoup de cantiques, la croix où j'ai célébré les mystères, l'ormeau sous lequel je prêche dans les bons jours, nos tombeaux tout près de nos champs de blé, nos fleuves où je plonge les petits enfants et les saint Jean de cette nouvelle Béthanie[2], vous aurez une idée complète de ce royaume de Jésus-Christ."

« Les paroles du Solitaire me ravirent, et je sentis la supériorité de cette vie stable et occupée, sur la vie errante et oisive du Sauvage[3].

« Ah ! René, je ne murmure point contre la Providence, mais j'avoue que je ne me rappelle jamais cette société évangélique, sans éprouver l'amertume des regrets. Qu'une hutte, avec Atala sur ces bords, eût

---

**1.** C'est à peu près la même loi « naturelle » que le vicaire savoyard de Rousseau (*Émile*, livre IV) tire lui aussi des Évangiles. **2.** Cette expression, qui ne figure pas dans les premières éditions, demeure obscure. Le quatrième Évangile (I, 28) parle de « Béthanie, au-delà du Jourdain, où Jean baptisait » ; mais Jean Baptiste est considéré dans ce passage comme celui qui donne le baptême, non pas comme celui qui le reçoit. En tout cas, il ne faut pas confondre cette localité avec le village de Judée, proche de Jérusalem, où Jésus ressuscita Lazare.  **3.** Voir au contraire p. 70, et note 2, p. 115.

rendu ma vie heureuse ! Là finissaient toutes mes courses ; là, avec une épouse, inconnu des hommes, cachant mon bonheur au fond des forêts, j'aurais passé comme ces fleuves, qui n'ont pas même un nom dans le désert [1]. Au lieu de cette paix que j'osais alors me promettre, dans quel trouble n'ai-je point coulé mes jours ! Jouet continuel de la fortune, brisé sur tous les rivages, longtemps exilé de mon pays, et n'y trouvant, à mon retour, qu'une cabane en ruine et des amis dans la tombe : telle devait être la destinée de Chactas [2].

### LE DRAME

« Si mon songe de bonheur fut vif, il fut aussi d'une courte durée, et le réveil m'attendait à la grotte du Solitaire [3]. Je fus surpris, en y arrivant au milieu du jour, de ne pas voir Atala accourir au-devant de nos pas. Je ne sais quelle soudaine horreur me saisit. En approchant de la grotte, je n'osais appeler la fille de Lopez : mon imagination était également épouvantée, ou du bruit, ou du silence qui succéderait à mes cris. Encore plus effrayé de la nuit qui régnait à l'entrée du rocher, je dis au missionnaire : "Ô vous, que le ciel accompagne et fortifie, pénétrez dans ces ombres."

« Qu'il est faible celui que les passions dominent ! Qu'il est fort celui qui se repose en Dieu ! Il y avait plus de courage dans ce cœur religieux, flétri par

---

**1.** Ce sont des réflexions analogues qu'inspire à Chateaubriand, dans les *Mémoires* (X, 9), la fin de son idylle avec Charlotte Ives. **2.** Voir la suite de son récit dans *Les Natchez*, livres V à VIII. Chateaubriand a eu soin de placer le tableau de la « société évangélique », faite pour le bonheur des hommes, avant celui des funestes conséquences de la religion mal comprise. Cette manière de susciter un espoir au moment même où le piège se referme instaure dans le récit un mécanisme tragique.     **3.** Voir la note 2, p. 103 et la note 2, p. 150.

soixante-seize années, que dans toute l'ardeur de ma jeunesse. L'homme de paix entra dans la grotte, et je restai au-dehors plein de terreur. Bientôt un faible murmure semblable à des plaintes sortit du fond du rocher, et vint frapper mon oreille. Poussant un cri, et retrouvant mes forces, je m'élançai dans la nuit de la caverne... Esprits de mes pères ! vous savez seuls le spectacle qui frappa mes yeux !

« Le Solitaire avait allumé un flambeau de pin ; il le tenait d'une main tremblante, au-dessus de la couche d'Atala. Cette belle et jeune femme, à moitié soulevée sur le coude, se montrait pâle et échevelée. Les gouttes d'une sueur pénible brillaient sur son front ; ses regards à demi éteints cherchaient encore à m'exprimer son amour, et sa bouche essayait de sourire. Frappé comme d'un coup de foudre, les yeux fixés, les bras étendus, les lèvres entrouvertes, je demeurai immobile. Un profond silence règne un moment parmi les trois personnages de cette scène de douleur. Le Solitaire le rompt le premier : "Ceci, dit-il, ne sera qu'une fièvre occasionnée par la fatigue, et si nous nous résignons à la volonté de Dieu, il aura pitié de nous."

« À ces paroles, le sang suspendu reprit son cours dans mon cœur, et avec la mobilité du Sauvage, je passai subitement de l'excès de la crainte à l'excès de la confiance. Mais Atala ne m'y laissa pas longtemps. Balançant tristement la tête, elle nous fit signe de nous approcher de sa couche.

« "Mon père, dit-elle d'une voix affaiblie, en s'adressant au religieux, je touche au moment de la mort. Ô Chactas ! écoute sans désespoir le funeste secret que je t'ai caché, pour ne pas te rendre trop misérable, et pour obéir à ma mère. Tâche de ne pas m'interrompre par des marques d'une douleur, qui précipiteraient le peu d'instants que j'ai à vivre. J'ai beaucoup de choses à raconter, et aux battements de ce cœur, qui se ralentissent... à je ne sais quel fardeau glacé que mon sein soulève à peine... je sens que je ne me saurais trop hâter."

« Après quelques moments de silence, Atala poursuivit ainsi :

« "Ma triste destinée a commencé presque avant que j'eusse vu la lumière. Ma mère m'avait conçue dans le malheur ; je fatiguais son sein, et elle me mit au monde avec de grands déchirements d'entrailles : on désespéra de ma vie. Pour sauver mes jours, ma mère fit un vœu : elle promit à la Reine des Anges que je lui consacrerais ma virginité, si j'échappais à la mort... Vœu fatal qui me précipite au tombeau !

« "J'entrais dans ma seizième année, lorsque je perdis ma mère. Quelques heures avant de mourir, elle m'appela au bord de sa couche. 'Ma fille, me dit-elle en présence d'un missionnaire qui consolait ses derniers instants ; ma fille, tu sais le vœu que j'ai fait pour toi. Voudrais-tu démentir ta mère ? Ô mon Atala ! je te laisse dans un monde qui n'est pas digne de posséder une chrétienne, au milieu d'idolâtres qui persécutent le Dieu de ton père et le mien, le Dieu qui, après t'avoir donné le jour, te l'a conservé par un miracle. Eh ! ma chère enfant, en acceptant le voile des vierges, tu ne fais que renoncer aux soucis de la cabane et aux funestes passions qui ont troublé le sein de ta mère ! Viens donc, ma bien-aimée, viens ; jure sur cette image de la mère du Sauveur, entre les mains de ce saint prêtre et de ta mère expirante, que tu ne me trahiras point à la face du ciel. Songe que je me suis engagée pour toi, afin de te sauver la vie, et que si tu ne tiens ma promesse, tu plongeras l'âme de ta mère dans des tourments éternels[1].'

---

1. Les vœux téméraires (Mme de Genlis intitule ainsi un de ses

« "Ô ma mère ! pourquoi parlâtes-vous ainsi ! Ô Religion qui fais à la fois mes maux et ma félicité, qui me perds et qui me consoles ! Et toi, cher et triste objet d'une passion qui me consume jusque dans les bras de la mort, tu vois maintenant, ô Chactas, ce qui a fait la rigueur de notre destinée !... Fondant en pleurs et me précipitant dans le sein maternel, je promis tout ce qu'on me voulut faire promettre. Le missionnaire prononça sur moi les paroles redoutables, et me donna le scapulaire qui me lie pour jamais. Ma mère me menaça de sa malédiction, si jamais je rompais mes vœux, et après m'avoir recommandé un secret inviolable envers les païens, persécuteurs de ma religion, elle expira, en me tenant embrassée.

« "Je ne connus pas d'abord le danger de mes serments. Pleine d'ardeur, et chrétienne véritable, fière du sang espagnol qui coule dans mes veines, je n'aperçus autour de moi que des hommes indignes de recevoir ma main ; je m'applaudis de n'avoir d'autre époux que le Dieu de ma mère. Je te vis, jeune et beau prisonnier, je m'attendris sur ton sort, je t'osai parler au bûcher de la forêt ; alors je sentis tout le poids de mes vœux."

« Comme Atala achevait de prononcer ces paroles,

---

romans, paru en 1799) sont une donnée littéraire fréquente au siècle des Lumières : ressort dramatique essentiel aussi bien dans *Zaïre* (Voltaire) que dans *Les Incas* (Marmontel). Le *Journal de Paris* du 19 floréal an IX/9 mai 1801 établit un parallèle plus inattendu : « *Atala*, dont le but, semblable à celui de *La Religieuse* de Diderot, est de faire haïr la superstition en intéressant à ses victimes, [...] remplit bien plus sûrement son objet, puisqu'il montre le fanatisme cherchant jusque dans la vie sauvage des victimes que Diderot se contente de lui laisser choisir dans la société. » Ce rapprochement ne va pas sans perfidie, sous la plume du critique de 1801 ; mais il ne manque pas de justesse : comme Suzanne Simonin, Atala est une fille illégitime qu'une mère égoïste voue à expier sa propre faute « en acceptant le voile des vierges ».

serrant les poings, et regardant le missionnaire d'un air menaçant, je m'écriai : "La voilà donc cette religion que vous m'avez tant vantée ! Périsse le serment qui m'enlève Atala ! Périsse le Dieu qui contrarie la nature ! Homme, prêtre, qu'es-tu venu faire dans ces forêts[1] ?"

« "Te sauver, dit le vieillard d'une voix terrible, dompter tes passions, et t'empêcher, blasphémateur, d'attirer sur toi la colère céleste ! Il te sied bien, jeune homme, à peine entré dans la vie, de te plaindre de tes douleurs ! Où sont les marques de tes souffrances ? Où sont les injustices que tu as supportées ? Où sont tes vertus, qui seules pourraient te donner quelques droits à la plainte ? Quel service as-tu rendu ? Quel bien as-tu fait ? Eh ! malheureux, tu ne m'offres que des passions, et tu oses accuser le ciel ! Quand tu auras, comme le père Aubry, passé trente années exilé sur les montagnes, tu seras moins prompt à juger des desseins de la Providence ; tu comprendras alors que tu ne sais rien, que tu n'es rien, et qu'il n'y a point de châtiment si rigoureux, point de maux si terribles, que la chair corrompue ne mérite de souffrir[2]."

« Les éclairs qui sortaient des yeux du vieillard, sa barbe qui frappait sa poitrine, ses paroles foudroyantes le rendaient semblable à un Dieu. Accablé de sa majesté, je tombai à ses genoux, et lui demandai pardon de mes emportements. "Mon fils, me répondit-il avec un accent si doux, que le remords entra dans mon âme, mon fils, ce n'est pas pour moi-même que je vous ai réprimandé. Hélas ! vous avez raison, mon

---

**1.** Brusque tension du récit : devenu soudain adulte, Chactas pose avec énergie la question que Diderot développe dans le *Supplément au Voyage de Bougainville*.     **2.** Le père Aubry se métamorphose à son tour, en prophète du Dieu terrible. Après avoir paru jouer le registre de la religion naturelle, il réaffirme avec force le dogme du péché originel.

cher enfant : je suis venu faire bien peu de chose dans ces forêts, et Dieu n'a pas de serviteur plus indigne que moi. Mais, mon fils, le ciel, le ciel, voilà ce qu'il ne faut jamais accuser ! Pardonnez-moi si je vous ai offensé, mais écoutons votre sœur. Il y a peut-être du remède, ne nous lassons point d'espérer. Chactas, c'est une religion bien divine que celle-là qui a fait une vertu de l'espérance !"

« "Mon jeune ami, reprit Atala, tu as été témoin de mes combats, et cependant tu n'en as vu que la moindre partie ; je te cachais le reste. Non, l'esclave noir qui arrose de ses sueurs les sables ardents de la Floride est moins misérable que n'a été Atala. Te sollicitant à la fuite, et pourtant certaine de mourir si tu t'éloignais de moi ; craignant de fuir avec toi dans les déserts, et cependant haletant après l'ombrage des bois... Ah ! s'il n'avait fallu que quitter parents, amis, patrie ; si même (chose affreuse) il n'y eût eu que la perte de mon âme ! Mais ton ombre, ô ma mère, ton ombre était toujours là, me reprochant ses tourments ! J'entendais tes plaintes, je voyais les flammes de l'enfer te consumer. Mes nuits étaient arides et pleines de fantômes, mes jours étaient désolés ; la rosée du soir séchait en tombant sur ma peau brûlante ; j'entrouvrais mes lèvres aux brises, et les brises, loin de m'apporter la fraîcheur, s'embrasaient du feu de mon souffle. Quel tourment de te voir sans cesse auprès de moi, loin de tous les hommes, dans de profondes solitudes, et de sentir entre toi et moi une barrière invincible ! Passer ma vie à tes pieds, te servir comme ton esclave, apprêter ton repas et ta couche dans quelque coin ignoré de l'univers, eût été pour moi le bonheur suprême ; ce bonheur, j'y touchais, et je ne pouvais en jouir. Quel dessein n'ai-je point rêvé ! Quel songe n'est point sorti de ce cœur si triste ! Quelquefois en attachant mes yeux sur toi, j'allais jusqu'à former des désirs aussi insensés que coupables : tantôt j'aurais voulu être avec toi la seule créature vivante sur la terre ; tantôt, sentant une divinité qui m'arrêtait dans mes horribles transports, j'aurais désiré que cette divinité se fût anéantie, pourvu que serrée dans tes bras, j'eusse roulé d'abîme en abîme avec les débris de Dieu et du monde [1] ! À présent même... le dirai-je ? à présent que l'éternité va m'engloutir, que je vais paraître devant le Juge inexorable, au moment où, pour obéir à ma mère, je vois avec joie ma virginité dévorer ma vie ; eh bien ! par une affreuse contradiction, j'emporte le regret de n'avoir pas été à toi !"

« "Ma fille, interrompit le missionnaire, votre douleur vous égare. Cet excès de passion auquel vous vous livrez est rarement juste, il n'est pas même dans la nature ; et en cela il est moins coupable aux yeux de Dieu, parce que c'est plutôt quelque chose de faux dans l'esprit, que de vicieux dans le cœur. Il faut donc éloigner de vous ces emportements, qui ne sont pas dignes de votre innocence. Mais aussi, ma chère enfant, votre imagination impétueuse vous a trop alarmée sur vos vœux. La religion n'exige point de sacrifice plus qu'humain. Ses sentiments vrais, ses vertus tempérées sont bien au-dessus des sentiments exaltés et des vertus forcées d'un prétendu héroïsme [2]. Si vous aviez succombé, eh bien ! pauvre brebis égarée, le Bon Pasteur vous aurait cherchée, pour vous ramener au troupeau. Les trésors du repentir vous étaient ouverts : il faut des torrents de sang pour effacer nos fautes aux yeux des hommes, une seule larme suffit à Dieu. Rassurez-vous

---

1. Cet emportement blasphématoire du désir frustré est inattendu chez Atala. Chose plus surprenante, la réaction du père Aubry est très compréhensive : après avoir parlé en docteur de la foi, il se transforme en confesseur psychologue.    2. Chateaubriand est très attaché à ce catholicisme salésien « humaniste », que, pour sa génération, représente le personnage de Fénelon.

donc, ma chère fille, votre situation exige du calme ; adressons-nous à Dieu, qui guérit toutes les plaies de ses serviteurs. Si c'est sa volonté, comme je l'espère, que vous échappiez à cette maladie, j'écrirai à l'évêque de Québec ; il a les pouvoirs nécessaires pour vous relever de vos vœux, qui ne sont que des vœux simples, et vous achèverez vos jours près de moi avec Chactas votre époux."

« À ces paroles du vieillard, Atala fut saisie d'une longue convulsion, dont elle ne sortit que pour donner des marques d'une douleur effrayante. "Quoi ! dit-elle en joignant les deux mains avec passion, il y avait du remède ! Je pouvais être relevée de mes vœux !" "Oui, ma fille, répondit le père ; et vous le pouvez encore." "Il est trop tard, il est trop tard ! s'écria-t-elle. Faut-il mourir, au moment où j'apprends que j'aurais pu être heureuse ! Que n'ai-je connu plus tôt ce saint vieillard ! Aujourd'hui, de quel bonheur je jouirais, avec toi, avec Chactas chrétien..., consolée, rassurée par ce prêtre auguste... dans ce désert... pour toujours... oh ! c'eût été trop de félicité !" "Calme-toi, lui dis-je, en saisissant une des mains de l'infortunée ; calme-toi, ce bonheur, nous allons le goûter." "Jamais ! jamais !" dit Atala. "Comment ?" repartis-je. "Tu ne sais pas tout, s'écria la vierge : c'est hier... pendant l'orage... J'allais violer mes vœux, j'allais plonger ma mère dans les flammes de l'abîme ; déjà sa malédiction était sur moi ; déjà je mentais au Dieu qui m'a sauvé la vie... Quand tu baisais mes lèvres tremblantes, tu ne savais pas, tu ne savais pas que tu n'embrassais que la mort !" "Ô ciel ! s'écria le missionnaire, chère enfant, qu'avez-vous fait ?" "Un crime, mon père, dit Atala les yeux égarés ; mais je ne perdais que moi, et je sauvais ma mère." "Achève donc", m'écriai-je plein d'épouvante. "Eh bien ! dit-elle, j'avais prévu ma faiblesse ; en quittant les cabanes, j'ai emporté avec moi...

"Quoi ?" repris-je avec horreur. "Un poison !" dit le
père. "Il est dans mon sein", s'écria Atala.

« Le flambeau échappe de la main du Solitaire, je
tombe mourant près de la fille de Lopez, le vieillard
nous saisit l'un et l'autre dans ses bras, et tous trois,
dans l'ombre, nous mêlons un moment nos sanglots
sur cette couche funèbre.

« "Réveillons-nous, réveillons-nous ! dit bientôt le
courageux ermite en allumant une lampe. Nous per-
dons des moments précieux : intrépides chrétiens, bra-
vons les assauts de l'adversité ; la corde au cou, la
cendre sur la tête, jetons-nous aux pieds du Très-Haut,
pour implorer sa clémence, ou pour nous soumettre à
ses décrets. Peut-être est-il temps encore. Ma fille,
vous eussiez dû m'avertir hier au soir."

« "Hélas ! mon père, dit Atala, je vous ai cherché
la nuit dernière ; mais le ciel, en punition de mes
fautes, vous a éloigné de moi. Tout secours eût d'ailleurs été inutile ; car les Indiens mêmes, si habiles
dans ce qui regarde les poisons, ne connaissent point
de remède à celui que j'ai pris. Ô Chactas ! juge de
mon étonnement, quand j'ai vu que le coup n'était pas
aussi subit que je m'y attendais ! Mon amour a redou-
blé mes forces, mon âme n'a pu si vite se séparer de
toi."

« Ce ne fut plus ici par des sanglots que je troublai
le récit d'Atala, ce fut par ces emportements qui ne
sont connus que des Sauvages. Je me roulai furieux
sur la terre en me tordant les bras, et en me dévorant
les mains. Le vieux prêtre, avec une tendresse merveilleuse, courait du frère à la sœur, et nous prodiguait
mille secours. Dans le calme de son cœur et sous le
fardeau des ans, il savait se faire entendre à notre
jeunesse, et sa religion lui fournissait des accents plus
tendres et plus brûlants que nos passions mêmes. Ce
prêtre, qui depuis quarante années s'immolait chaque

jour au service de Dieu et des hommes dans ces montagnes, ne te rappelle-t-il pas ces holocaustes d'Israël, fumant perpétuellement sur les hauts lieux, devant le Seigneur ?

« Hélas ! ce fut en vain qu'il essaya d'apporter quelque remède aux maux d'Atala. La fatigue, le chagrin, le poison et une passion plus mortelle que tous les poisons ensemble, se réunissaient pour ravir cette fleur à la solitude. Vers le soir, des symptômes effrayants se manifestèrent[1] ; un engourdissement général saisit les membres d'Atala, et les extrémités de son corps commencèrent à refroidir : "Touche mes doigts, me disait-elle, ne les trouves-tu pas bien glacés ?" Je ne savais que répondre, et mes cheveux se hérissaient d'horreur ; ensuite elle ajoutait : "Hier encore, mon bien-aimé, ton seul toucher me faisait tressaillir, et voilà que je ne sens plus ta main, je n'entends presque plus ta voix, les objets de la grotte disparaissent tour à tour. Ne sont-ce pas les oiseaux qui chantent ? Le soleil doit être près de se coucher maintenant ? Chactas, ses rayons seront bien beaux au désert, sur ma tombe !"

« Atala s'apercevant que ces paroles nous faisaient fondre en pleurs, nous dit : "Pardonnez-moi, mes bons amis, je suis bien faible ; mais peut-être que je vais devenir plus forte. Cependant mourir si jeune, tout à la fois, quand mon cœur était si plein de vie ! Chef de la prière, aie pitié de moi ; soutiens-moi. Crois-tu que ma mère soit contente, et que Dieu me pardonne ce que j'ai fait ?"

« "Ma fille, répondit le bon religieux[2], en versant

---

**1.** Cf. la mort de Socrate dans *Phédon*, LXVII.  **2.** Chateaubriand raconte dans ses *Mémoires* (XIII, 6) comment ce discours fut réécrit en une nuit sur les instances de Fontanes. La dépréciation de la vie terrestre qu'il exprime correspond moins à une « philo-

des larmes, et les essuyant avec ses doigts tremblants et mutilés ; ma fille, tous vos malheurs viennent de votre ignorance ; c'est votre éducation sauvage et le manque d'instruction nécessaire qui vous ont perdue ; vous ne saviez pas qu'une chrétienne ne peut disposer de sa vie. Consolez-vous donc, ma chère brebis ; Dieu vous pardonnera, à cause de la simplicité de votre cœur. Votre mère et l'imprudent missionnaire qui la dirigeait, ont été plus coupables que vous ; ils ont passé leurs pouvoirs, en vous arrachant un vœu indiscret ; mais que la paix du Seigneur soit avec eux ! Vous offrez tous trois un terrible exemple des dangers de l'enthousiasme, et du défaut de lumières en matière de religion. Rassurez-vous, mon enfant ; celui qui sonde les reins et les cœurs vous jugera sur vos intentions, qui étaient pures, et non sur votre action qui est condamnable.

« "Quant à la vie, si le moment est arrivé de vous endormir dans le Seigneur, ah ! ma chère enfant, que vous perdez peu de choses, en perdant ce monde ! Malgré la solitude où vous avez vécu, vous avez connu les chagrins ; que penseriez-vous donc, si vous eussiez été témoin des maux de la société, si, en abordant sur les rivages de l'Europe, votre oreille eût été frappée de ce long cri de douleur, qui s'élève de cette vieille terre ? L'habitant de la cabane, et celui des palais, tout souffre, tout gémit ici-bas ; les reines ont été vues pleurant comme de simples femmes, et l'on s'est étonné de la quantité de larmes que contiennent les yeux des rois !

« "Est-ce votre amour que vous regrettez ? Ma fille, il faudrait autant pleurer un songe. Connaissez-vous le cœur de l'homme, et pourriez-vous compter les inconstances de son désir ? Vous calculeriez plutôt le

sophie » qu'à une pastorale de la bonne mort (voir le commentaire de ce passage dans la préface de 1805, p. 48-49).

nombre des vagues que la mer roule dans une tempête. Atala, les sacrifices, les bienfaits ne sont pas des liens éternels : un jour, peut-être, le dégoût fût venu avec la satiété, le passé eût été compté pour rien, et l'on n'eût plus aperçu que les inconvénients d'une union pauvre et méprisée. Sans doute, ma fille, les plus belles amours furent celles de cet homme et de cette femme, sortis de la main du Créateur. Un paradis avait été formé pour eux, ils étaient innocents et immortels. Parfaits de l'âme et du corps, ils se convenaient en tout : Ève avait été créée pour Adam, et Adam pour Ève. S'ils n'ont pu toutefois se maintenir dans cet état de bonheur, quels couples le pourront après eux ? Je ne vous parlerai point des mariages des premiers-nés des hommes, de ces unions ineffables, alors que la sœur était l'épouse du frère, que l'amour et l'amitié fraternelle se confondaient dans le même cœur, et que la pureté de l'une augmentait les délices de l'autre [1]. Toutes ces unions ont été troublées ; la jalousie s'est glissée à l'autel de gazon où l'on immolait le chevreau, elle a régné sous la tente d'Abraham, et dans ces couches mêmes où les patriarches goûtaient tant de joie, qu'ils oubliaient la mort de leurs mères [2].

« "Vous seriez-vous donc flattée, mon enfant, d'être plus innocente et plus heureuse dans vos liens, que ces saintes familles dont Jésus-Christ a voulu descendre ? Je vous épargne les détails des soucis du ménage, les disputes, les reproches mutuels, les inquiétudes et toutes ces peines secrètes qui veillent sur l'oreiller du lit conjugal. La femme renouvelle ses douleurs chaque fois qu'elle est mère, et elle se marie en pleurant. Que de maux dans la seule perte d'un nouveau-né à qui l'on donnait le lait, et qui meurt sur votre sein ! La

---

**1.** Voir la note 1, p. 103.     **2.** Genèse, IV, 1-8 ; XVI, 1-6 ; XXIV, 67.

montagne a été pleine de gémissements ; rien ne pouvait consoler Rachel, parce que ses fils n'étaient plus.
Ces amertumes attachées aux tendresses humaines
sont si fortes, que j'ai vu dans ma patrie de grandes
dames, aimées par des rois, quitter la cour pour s'ensevelir dans des cloîtres, et mutiler cette chair révoltée,
dont les plaisirs ne sont que des douleurs.

« "Mais peut-être direz-vous que ces derniers exemples ne vous regardent pas ; que toute votre ambition
se réduisait à vivre dans une obscure cabane avec
l'homme de votre choix ; que vous cherchiez moins
les douceurs du mariage, que les charmes de cette folie
que la jeunesse appelle amour ? Illusion, chimère,
vanité, rêve d'une imagination blessée ! Et moi aussi,
ma fille, j'ai connu les troubles du cœur[1] : cette tête
n'a pas toujours été chauve, ni ce sein aussi tranquille
qu'il vous le paraît aujourd'hui. Croyez-en mon expérience : si l'homme, constant dans ses affections, pouvait sans cesse fournir à un sentiment renouvelé sans
cesse, sans doute, la solitude et l'amour l'égaleraient
à Dieu même ; car ce sont là les deux éternels plaisirs
du Grand Être. Mais l'âme de l'homme se fatigue, et
jamais elle n'aime longtemps le même objet avec plénitude[2]. Il y a toujours quelques points par où deux
cœurs ne se touchent pas, et ces points suffisent à la
longue pour rendre la vie insupportable.

« "Enfin, ma chère fille, le grand tort des hommes,
dans leur songe de bonheur, est d'oublier cette infirmité de la mort attachée à leur nature : il faut finir.
Tôt ou tard, quelle qu'eût été votre félicité, ce beau
visage se fût changé en cette figure uniforme que le

---

**1.** Comme le vicaire savoyard de Rousseau, le père Aubry a
une expérience des passions. Application au médecin des âmes
du *Non ignara mali* de Virgile (cf. *Mémoires*, I, 1).  **2.** Cette
impuissance à aimer durablement obsède Chateaubriand : voir
*Mémoires*, XV, 7.

sépulcre donne à la famille d'Adam ; l'œil même de Chactas n'aurait pu vous reconnaître entre vos sœurs de la tombe. L'amour n'étend point son empire sur les vers du cercueil. Que dis-je ? (ô vanité des vanités !) Que parlé-je de la puissance des amitiés de la terre ? Voulez-vous, ma chère fille, en connaître l'étendue ? Si un homme revenait à la lumière, quelques années après sa mort, je doute qu'il fût revu avec joie, par ceux-là même qui ont donné le plus de larmes à sa mémoire[1] : tant on forme vite d'autres liaisons, tant on prend facilement d'autres habitudes, tant l'inconstance est naturelle à l'homme, tant notre vie est peu de chose même dans le cœur de nos amis !

« "Remerciez donc la Bonté divine, ma chère fille, qui vous retire si vite de cette vallée de misère. Déjà le vêtement blanc et la couronne éclatante des vierges se préparent pour vous sur les nuées ; déjà j'entends la Reine des Anges qui vous crie : 'Venez, ma digne servante, venez, ma colombe, venez vous asseoir sur un trône de candeur, parmi toutes ces filles qui ont sacrifié leur beauté et leur jeunesse au service de l'humanité, à l'éducation des enfants et aux chefs-d'œuvre de la pénitence. Venez, rose mystique[2], vous reposer sur le sein de Jésus-Christ. Ce cercueil, lit nuptial que vous vous êtes choisi, ne sera point trompé ; et les embrassements de votre céleste époux ne finiront jamais !' "

« Comme le dernier rayon du jour abat les vents et répand le calme dans le ciel, ainsi la parole tranquille du vieillard apaisa les passions dans le sein de mon amante. Elle ne parut plus occupée que de ma douleur, et des moyens de me faire supporter sa perte. Tantôt elle me disait qu'elle mourrait heureuse, si je lui pro-

---

**1.** Cf. *René*, p. 171. **2.** Une des formules par lesquelles on salue Marie dans les litanies de la Sainte Vierge.

mettais de sécher mes pleurs ; tantôt elle me parlait de ma mère, de ma patrie ; elle cherchait à me distraire de la douleur présente, en réveillant en moi une douleur passée. Elle m'exhortait à la patience, à la vertu. "Tu ne seras pas toujours malheureux, disait-elle : si le ciel t'éprouve aujourd'hui, c'est seulement pour te rendre plus compatissant aux maux des autres. Le cœur, ô Chactas, est comme ces sortes d'arbres qui ne donnent leur baume pour les blessures des hommes, que lorsque le fer les a blessés eux-mêmes."

« Quand elle avait ainsi parlé, elle se tournait vers le missionnaire, cherchait auprès de lui le soulagement qu'elle m'avait fait éprouver, et, tour à tour consolante et consolée, elle donnait et recevait la parole de vie sur la couche de la mort[1].

« Cependant l'ermite redoublait de zèle. Ses vieux os s'étaient ranimés par l'ardeur de la charité, et toujours préparant des remèdes, rallumant le feu, rafraîchissant la couche, il faisait d'admirables discours sur Dieu et sur le bonheur des justes. Le flambeau de la religion à la main, il semblait précéder Atala dans la tombe, pour lui en montrer les secrètes merveilles. L'humble grotte était remplie de la grandeur de ce trépas chrétien, et les esprits célestes étaient, sans doute, attentifs à cette scène où la religion luttait seule contre l'amour, la jeunesse et la mort.

« Elle triomphait cette religion divine, et l'on s'apercevait de sa victoire à une sainte tristesse qui succédait dans nos cœurs aux premiers transports des passions. Vers le milieu de la nuit, Atala sembla se ranimer pour répéter des prières que le religieux pro-

---

**1.** Cette scène est à replacer dans la série des morts, plus ou moins édifiantes, des héroïnes de roman du XVIIIᵉ siècle : Manon, Julie, mais aussi Mlle de Saint-Yves, en présence de son amant huron au désespoir.

nonçait au bord de sa couche. Peu de temps après, elle me tendit la main, et avec une voix qu'on entendait à peine, elle me dit : "Fils d'Outalissi, te rappelles-tu cette première nuit où tu me pris pour la Vierge des dernières amours ? Singulier présage de notre destinée !" Elle s'arrêta ; puis elle reprit : "Quand je songe que je te quitte pour toujours, mon cœur fait un tel effort pour revivre, que je me sens presque le pouvoir de me rendre immortelle à force d'aimer. Mais, ô mon Dieu, que votre volonté soit faite !" Atala se tut pendant quelques instants ; elle ajouta : "Il ne me reste plus qu'à vous demander pardon des maux que je vous ai causés. Je vous ai beaucoup tourmenté par mon orgueil et mes caprices. Chactas, un peu de terre jetée sur mon corps va mettre tout un monde entre vous et moi, et vous délivrer pour toujours du poids de mes infortunes."

« "Vous pardonner, répondis-je noyé de larmes, n'est-ce pas moi qui ai causé tous vos malheurs ?" "Mon ami, dit-elle en m'interrompant, vous m'avez rendue très heureuse, et si j'étais à recommencer la vie, je préférerais encore le bonheur de vous avoir aimé quelques instants dans un exil infortuné, à toute une vie de repos dans ma patrie."

« Ici la voix d'Atala s'éteignit ; les ombres de la mort se répandirent autour de ses yeux et de sa bouche ; ses doigts errants cherchaient à toucher quelque chose ; elle conversait tout bas avec des esprits invisibles. Bientôt, faisant un effort, elle essaya, mais en vain, de détacher de son cou le petit crucifix ; elle me pria de le dénouer moi-même, et elle me dit :

« "Quand je te parlai pour la première fois, tu vis cette croix briller à la lueur du feu sur mon sein ; c'est le seul bien que possède Atala. Lopez, ton père et le mien, l'envoya à ma mère, peu de jours après ma naissance. Reçois donc de moi cet héritage, ô mon frère, conserve-le en mémoire de mes malheurs [1]. Tu auras recours à ce Dieu des infortunés dans les chagrins de ta vie. Chactas, j'ai une dernière prière à te faire. Ami, notre union aurait été courte sur la terre, mais il est après cette vie une plus longue vie. Qu'il serait affreux d'être séparée de toi pour jamais ! Je ne fais que te devancer aujourd'hui, et je te vais attendre dans l'empire céleste. Si tu m'as aimée, fais-toi instruire dans la religion chrétienne, qui préparera notre réunion. Elle fait sous tes yeux un grand miracle cette religion, puisqu'elle me rend capable de te quitter, sans mourir dans les angoisses du désespoir. Cependant, Chactas, je ne veux de toi qu'une simple promesse, je sais trop ce qu'il en coûte, pour te demander un serment. Peut-être ce vœu te séparerait-il de quelque femme plus heureuse que moi... Ô ma mère, pardonne à ta fille. Ô Vierge, retenez votre courroux. Je retombe dans mes faiblesses, et je te dérobe, ô mon Dieu, des pensées qui ne devraient être que pour toi !"

« Navré de douleur, je promis à Atala d'embrasser un jour la religion chrétienne. À ce spectacle, le Solitaire se levant d'un air inspiré, et étendant les bras vers la voûte de la grotte : "Il est temps, s'écria-t-il, il est temps d'appeler Dieu ici !"

« À peine a-t-il prononcé ces mots, qu'une force surnaturelle me contraint de tomber à genoux, et m'incline la tête au pied du lit d'Atala. Le prêtre ouvre un lieu secret où était renfermée une urne d'or, couverte d'un voile de soie ; il se prosterne et adore profondément. La grotte parut soudain illuminée ; on entendit dans les airs les paroles des anges et les frémissements des harpes célestes ; et lorsque le Solitaire tira le vase

---

**1.** Bijou symétrique du « manitou d'or » qu'Outougamiz reçoit de René dans *Les Natchez* et qu'il conservera précieusement, comme Chactas la croix d'Atala.

sacré de son tabernacle, je crus voir Dieu lui-même
sortir du flanc de la montagne.

« Le prêtre ouvrit le calice ; il prit entre ses deux
doigts une hostie blanche comme la neige, et s'approcha d'Atala, en prononçant des mots mystérieux. Cette
sainte avait les yeux levés au ciel, en extase. Toutes
ses douleurs parurent suspendues, toute sa vie se ras-
sembla sur sa bouche ; ses lèvres s'entrouvrirent, et
vinrent avec respect chercher le Dieu caché sous le
pain mystique. Ensuite le divin vieillard trempe un peu
de coton dans une huile consacrée ; il en frotte les
tempes d'Atala, il regarde un moment la fille mou-
rante, et tout à coup ces fortes paroles lui échappent[1] :
"Partez, âme chrétienne : allez rejoindre votre Créateur !" Relevant alors ma tête abattue, je m'écriai, en
regardant le vase où était l'huile sainte : "Mon père,
ce remède rendra-t-il la vie à Atala ?" "Oui, mon fils,
dit le vieillard en tombant dans mes bras, la vie éternelle !" Atala venait d'expirer. »

Dans cet endroit, pour la seconde fois depuis le
commencement de son récit, Chactas fut obligé de
s'interrompre. Ses pleurs l'inondaient, et sa voix ne
laissait échapper que des mots entrecoupés. Le Sachem
aveugle ouvrit son sein, il en tira le crucifix d'Atala.
« Le voilà, s'écria-t-il, ce gage de l'adversité ! Ô René,
ô mon fils, tu le vois ; et moi, je ne le vois plus !
Dis-moi, après tant d'années, l'or n'en est-il point
altéré ? N'y vois-tu point la trace de mes larmes ?
Pourrais-tu reconnaître l'endroit qu'une sainte a touché de ses lèvres ? Comment Chactas n'est-il point
encore chrétien[2] ? Quelles frivoles raisons de politique

---

1. Suit le début des prières pour les agonisants. Sur le sacrement
des malades ou extrême-onction, évoqué dans ce passage sous
forme elliptique, voir *Génie*, I, I, 11.    2. C'est évidemment la
question qu'on se pose. Mais la stratégie narrative des *Natchez*

et de patrie l'ont jusqu'à présent retenu dans les erreurs de ses pères ? Non, je ne veux pas tarder plus longtemps. La terre me crie : "Quand donc descendras-tu dans la tombe, et qu'attends-tu pour embrasser une religion divine ?"... Ô terre, vous ne m'attendrez pas longtemps : aussitôt qu'un prêtre aura rajeuni dans l'onde cette tête blanchie par les chagrins, j'espère me réunir à Atala... Mais achevons ce qui me reste à conter de mon histoire :

## LES FUNÉRAILLES

« Je n'entreprendrai point, ô René, de te peindre aujourd'hui le désespoir qui saisit mon âme, lorsque Atala eut rendu le dernier soupir. Il faudrait avoir plus de chaleur qu'il ne m'en reste ; il faudrait que mes yeux fermés se pussent rouvrir au soleil, pour lui demander compte des pleurs qu'ils versèrent à sa lumière. Oui, cette lune qui brille à présent sur nos têtes se lassera d'éclairer les solitudes du Kentucky ; oui, le fleuve qui porte maintenant nos pirogues suspendra le cours de ses eaux, avant que mes larmes cessent de couler pour Atala ! Pendant deux jours entiers, je fus insensible aux discours de l'ermite. En essayant de calmer mes peines, cet excellent homme ne se servait point des vaines raisons de la terre, il se contentait de me dire : "Mon fils, c'est la volonté de Dieu", et il me pressait dans ses bras. Je n'aurais jamais cru qu'il y eût tant de consolation dans ce peu de mots du chrétien résigné, si je ne l'avais éprouvé moi-même.

« La tendresse, l'onction, l'inaltérable patience du vieux serviteur de Dieu, vainquirent enfin l'obstina-

---

implique que le personnage de Chactas soit pleinement indien. Il ne recevra le baptême (« de désir ») que sur son lit de mort.

tion de ma douleur. J'eus honte des larmes que je lui faisais répandre. "Mon père, lui dis-je, c'en est trop : que les passions d'un jeune homme ne troublent plus la paix de tes jours. Laisse-moi emporter les restes de mon épouse ; je les ensevelirai dans quelque coin du désert, et si je suis encore condamné à la vie, je tâcherai de me rendre digne de ces noces éternelles qui m'ont été promises par Atala."

« À ce retour inespéré de courage, le bon père tressaillit de joie ; il s'écria : "Ô sang de Jésus-Christ, sang de mon divin maître, je reconnais là tes mérites ! Tu sauveras sans doute ce jeune homme. Mon Dieu, achève ton ouvrage. Rends la paix à cette âme troublée, et ne lui laisse de ses malheurs, que d'humbles et utiles souvenirs."

« Le juste refusa de m'abandonner le corps de la fille de Lopez, mais il me proposa de faire venir ses néophytes, et de l'enterrer avec toute la pompe chrétienne ; je m'y refusai à mon tour. "Les malheurs et les vertus d'Atala, lui dis-je, ont été inconnus des hommes ; que sa tombe, creusée furtivement par nos mains, partage cette obscurité." Nous convînmes que nous partirions le lendemain au lever du soleil pour enterrer Atala sous l'arche du pont naturel, à l'entrée des Bocages de la mort. Il fut aussi résolu que nous passerions la nuit en prières auprès du corps de cette sainte.

« Vers le soir, nous transportâmes ses précieux restes à une ouverture de la grotte, qui donnait vers le nord. L'ermite les avait roulés dans une pièce de lin d'Europe, filé par sa mère : c'était le seul bien qui lui restât de sa patrie, et depuis longtemps il le destinait à son propre tombeau[1]. Atala était couchée sur un

---

1. Ce geste de charité donne la touche finale au portrait du missionnaire.

gazon de sensitives de montagnes ; ses pieds, sa tête, ses épaules et une partie de son sein étaient découverts. On voyait dans ses cheveux une fleur de magnolia fanée... celle-là même que j'avais déposée sur le lit de la vierge, pour la rendre féconde. Ses lèvres, comme un bouton de rose cueilli depuis deux matins, semblaient languir et sourire. Dans ses joues d'une blancheur éclatante, on distinguait quelques veines bleues. Ses beaux yeux étaient fermés, ses pieds modestes étaient joints, et ses mains d'albâtre pressaient sur son cœur un crucifix d'ébène ; le scapulaire de ses vœux était passé à son cou. Elle paraissait enchantée par l'Ange de la mélancolie, et par le double sommeil de l'innocence et de la tombe. Je n'ai rien vu de plus céleste. Quiconque eût ignoré que cette jeune fille avait joui de la lumière, aurait pu la prendre pour la statue de la Virginité endormie.

« Le religieux ne cessa de prier toute la nuit. J'étais assis en silence au chevet du lit funèbre de mon Atala. Que de fois, durant son sommeil, j'avais supporté sur mes genoux cette tête charmante ! Que de fois je m'étais penché sur elle, pour entendre et pour respirer son souffle ! Mais à présent aucun bruit ne sortait de ce sein immobile, et c'était en vain que j'attendais le réveil de la beauté !

« La lune prêta son pâle flambeau à cette veillée funèbre. Elle se leva au milieu de la nuit, comme une blanche vestale qui vient pleurer sur le cercueil d'une compagne. Bientôt elle répandit dans les bois ce grand secret de mélancolie, qu'elle aime à raconter aux vieux chênes et aux rivages antiques des mers. De temps en temps, le religieux plongeait un rameau fleuri dans une eau consacrée, puis secouant la branche humide, il parfumait la nuit des baumes du ciel. Parfois il répétait sur un air antique quelques vers d'un vieux poète nommé Job ; il disait :

« "J'ai passé comme une fleur ; j'ai séché comme l'herbe des champs.

« "Pourquoi la lumière a-t-elle été donnée à un misérable, et la vie à ceux qui sont dans l'amertume du cœur ?"

« Ainsi chantait l'ancien des hommes. Sa voix grave et un peu cadencée, allait roulant dans le silence des déserts. Le nom de Dieu et du tombeau sortait de tous les échos, de tous les torrents, de toutes les forêts. Les roucoulements de la colombe de Virginie, la chute d'un torrent dans la montagne, les tintements de la cloche qui appelait les voyageurs, se mêlaient à ces chants funèbres, et l'on croyait entendre dans les Bocages de la mort le chœur lointain des décédés, qui répondait à la voix du Solitaire.

« Cependant une barre d'or se forma dans l'Orient. Les éperviers criaient sur les rochers, et les martres rentraient dans le creux des ormes : c'était le signal du convoi d'Atala. Je chargeai le corps sur mes épaules ; l'ermite marchait devant moi, une bêche à la main. Nous commençâmes à descendre de rochers en rochers ; la vieillesse et la mort ralentissaient également nos pas. À la vue du chien qui nous avait trouvés dans la forêt, et qui maintenant, bondissant de joie, nous traçait une autre route, je me mis à fondre en larmes. Souvent la longue chevelure d'Atala, jouet des brises matinales, étendait son voile d'or sur mes yeux ; souvent pliant sous le fardeau, j'étais obligé de le déposer sur la mousse, et de m'asseoir auprès, pour reprendre des forces. Enfin, nous arrivâmes au lieu marqué par ma douleur ; nous descendîmes sous l'arche du pont. Ô mon fils, il eût fallu voir un jeune Sauvage et un vieil ermite, à genoux l'un vis-à-vis de l'autre dans un désert, creusant avec leurs mains un tombeau pour une pauvre fille dont le corps était étendu près de là, dans la ravine desséchée d'un torrent !

« Quand notre ouvrage fut achevé, nous transportâmes la beauté dans son lit d'argile [1]. Hélas, j'avais espéré de préparer une autre couche pour elle ! Prenant alors un peu de poussière dans ma main, et gardant un silence effroyable, j'attachai, pour la dernière fois, mes yeux sur le visage d'Atala. Ensuite je répandis la terre du sommeil sur un front de dix-huit printemps ; je vis graduellement disparaître les traits de ma sœur, et ses grâces se cacher sous le rideau de l'éternité ; son sein surmonta quelque temps le sol noirci, comme un lis blanc s'élève du milieu d'une sombre argile : "Lopez, m'écriai-je alors, vois ton fils inhumer ta fille !" et j'achevai de couvrir Atala de la terre du sommeil.

« Nous retournâmes à la grotte, et je fis part au missionnaire du projet que j'avais formé de me fixer près de lui. Le saint, qui connaissait merveilleusement le cœur de l'homme, découvrit ma pensée et la ruse de ma douleur. Il me dit : "Chactas, fils d'Outalissi, tandis qu'Atala a vécu, je vous ai sollicité moi-même de demeurer auprès de moi ; mais à présent votre sort est changé : vous vous devez à votre patrie. Croyez-moi, mon fils, les douleurs ne sont point éternelles ; il faut tôt ou tard qu'elles finissent, parce que le cœur de l'homme est fini ; c'est une de nos grandes misères : nous ne sommes pas même capables d'être longtemps malheureux [2]. Retournez au Meschacebé : allez consoler votre mère, qui vous pleure tous les jours, et qui a besoin de votre appui. Faites-vous instruire dans

---

1. C'est le moment qu'a voulu illustrer Girodet dans son célèbre « Atala au tombeau ». Exposé au salon de 1808, le tableau fut acheté par Louis XVIII, pour le Louvre, en 1818.   2. Cf. la préface de 1805, p. 50, et la note 1.

la religion de votre Atala, lorsque vous en trouverez l'occasion, et souvenez-vous que vous lui avez promis d'être vertueux et chrétien. Moi, je veillerai ici sur son tombeau. Partez, mon fils. Dieu, l'âme de votre sœur, et le cœur de votre vieil ami vous suivront."

« Telles furent les paroles de l'homme du rocher ; son autorité était trop grande, sa sagesse trop profonde, pour ne lui obéir pas. Dès le lendemain, je quittai mon vénérable hôte qui, me pressant sur son cœur, me donna ses derniers conseils, sa dernière bénédiction et ses dernières larmes. Je passai au tombeau ; je fus surpris d'y trouver une petite croix qui se montrait au-dessus de la mort, comme on aperçoit encore le mât d'un vaisseau qui a fait naufrage. Je jugeai que le Solitaire était venu prier au tombeau, pendant la nuit ; cette marque d'amitié et de religion fit couler mes pleurs en abondance. Je fus tenté de rouvrir la fosse, et de voir encore une fois ma bien-aimée ; une crainte religieuse me retint. Je m'assis sur la terre, fraîchement remuée. Un coude appuyé sur mes genoux, et la tête soutenue dans ma main, je demeurai enseveli dans la plus amère rêverie. Ô René, c'est là que je fis, pour la première fois, des réflexions sérieuses sur la vanité de nos jours, et la plus grande vanité de nos projets ! Eh ! mon enfant, qui ne les a point faites ces réflexions ! Je ne suis plus qu'un vieux cerf blanchi par les hivers ; mes ans le disputent à ceux de la corneille : eh bien ! malgré tant de jours accumulés sur ma tête, malgré une si longue expérience de la vie, je n'ai point encore rencontré d'homme qui n'eût été trompé dans ses rêves de félicité, point de cœur qui n'entretînt une plaie cachée. Le cœur le plus serein en apparence ressemble au puits naturel de la savane Alachua : la surface en paraît calme et pure, mais quand vous regardez au fond du bassin, vous apercevez un large crocodile, que le puits nourrit dans ses eaux[1].

« Ayant ainsi vu le soleil se lever et se coucher sur ce lieu de douleur, le lendemain au premier cri de la cigogne, je me préparai à quitter la sépulture sacrée. J'en partis comme de la borne d'où je voulais m'élancer dans la carrière de la vertu. Trois fois j'évoquai l'âme d'Atala ; trois fois le Génie du désert répondit à mes cris sous l'arche funèbre. Je saluai ensuite l'Orient, et je découvris au loin, dans les sentiers de la montagne, l'ermite qui se rendait à la cabane de quelque infortuné. Tombant à genoux et embrassant étroitement la fosse, je m'écriai : "Dors en paix dans cette terre étrangère, fille trop malheureuse ! Pour prix de ton amour, de ton exil et de ta mort, tu vas être abandonnée, même de Chactas !" Alors, versant des flots de larmes, je me séparai de la fille de Lopez, alors je m'arrachai de ces lieux, laissant au pied du monument de la nature, un monument plus auguste : l'humble tombeau de la vertu. »

## *Épilogue*[2]

Chactas, fils d'Outalissi, le Natché, a fait cette histoire à René l'Européen. Les pères l'ont redite aux enfants, et moi, voyageur aux terres lointaines, j'ai fidèlement rapporté ce que des Indiens m'en ont

---

**1.** Cette comparaison se trouve déjà textuellement dans la « Lettre au citoyen Fontanes » (voir *Génie*, p. 1279). Sur les puits naturels des Florides, voir la note 1, p. 75.    **2.** Pas plus que le prologue (voir la note 1, p. 61), cet épilogue ne se rattache structurellement à *Atala*. Cet « adieu à la vie sauvage » servait sans doute primitivement de conclusion à la totalité des *Natchez* ; il introduit un nouveau narrateur : voyageur-témoin qui ressemble fort à Chateaubriand, sans se confondre complètement avec lui.

appris. Je vis dans ce récit le tableau du peuple chasseur et du peuple laboureur, la religion, première législatrice des hommes, les dangers de l'ignorance et de l'enthousiasme religieux, opposés aux lumières, à la charité et au véritable esprit de l'Évangile, les combats des passions et des vertus dans un cœur simple, enfin le triomphe du christianisme sur le sentiment le plus fougueux et la crainte la plus terrible, l'amour et la mort.

Quand un Siminole me raconta cette histoire, je la trouvai fort instructive et parfaitement belle, parce qu'il y mit la fleur du désert, la grâce de la cabane, et une simplicité à conter la douleur, que je ne me flatte pas d'avoir conservées. Mais une chose me restait à savoir. Je demandais ce qu'était devenu le père Aubry, et personne ne me le pouvait dire. Je l'aurais toujours ignoré, si la Providence qui conduit tout, ne m'avait découvert ce que je cherchais. Voici comment la chose se passa :

J'avais parcouru les rivages du Meschacebé, qui formaient autrefois la barrière méridionale de la Nouvelle-France, et j'étais curieux de voir au nord l'autre merveille de cet empire, la cataracte de Niagara. J'étais arrivé tout près de cette chute, dans l'ancien pays des Agonnonsioni [a], lorsqu'un matin, en traversant une plaine, j'aperçus une femme assise sous un arbre, et tenant un enfant mort sur ses genoux [1]. Je m'approchai doucement de la jeune mère, et je l'entendis qui disait :

« Si tu étais resté parmi nous, cher enfant, comme ta main eût bandé l'arc avec grâce ! Ton bras eût

---

a. Les Iroquois.

---

1. La rencontre suivante paraît inspirée par un passage de Carver.

dompté l'ours en fureur ; et sur le sommet de la montagne, tes pas auraient défié le chevreuil à la course.
Blanche hermine du rocher, si jeune être allé dans le
pays des âmes ! Comment feras-tu pour y vivre ! Ton
père n'y est point, pour t'y nourrir de sa chasse. Tu
auras froid, et aucun Esprit ne te donnera des peaux
pour te couvrir. Oh ! il faut que je me hâte de t'aller
rejoindre, pour te chanter des chansons, et te présenter
mon sein. »

Et la jeune mère chantait d'une voix tremblante,
balançait l'enfant sur ses genoux, humectait ses lèvres
du lait maternel, et prodiguait à la mort tous les soins
qu'on donne à la vie.

Cette femme voulait faire sécher le corps de son
fils sur les branches d'un arbre, selon la coutume
indienne, afin de l'emporter ensuite aux tombeaux de
ses pères. Elle dépouilla donc le nouveau-né, et res-
pirant quelques instants sur sa bouche, elle dit : « Âme
de mon fils, âme charmante, ton père t'a créée jadis
sur mes lèvres par un baiser ; hélas, les miens n'ont
pas le pouvoir de te donner une seconde naissance ! »
Ensuite elle découvrit son sein, et embrassa ces restes
glacés, qui se fussent ranimés au feu du cœur maternel,
si Dieu ne s'était réservé le souffle qui donne la vie.

Elle se leva, et chercha des yeux un arbre sur les
branches duquel elle pût exposer son enfant. Elle choisit un érable à fleurs rouges, festonné de guirlandes
d'apios, et qui exhalait les parfums les plus suaves.
D'une main elle en abaissa les rameaux inférieurs, de
l'autre elle y plaça le corps ; laissant alors échapper
la branche, la branche retourna à sa position naturelle,
emportant la dépouille de l'innocence, cachée dans un
feuillage odorant[1]. Oh ! que cette coutume indienne
est touchante ! Je vous ai vus dans vos campagnes

---

**1.** Sur ces pratiques funéraires, voir la note 1, p. 81.

désolées, pompeux monuments des Crassus et des Césars [1], et je vous préfère encore ces tombeaux aériens du Sauvage, ces mausolées de fleurs et de verdure que parfume l'abeille, que balance le zéphyr, et où le rossignol bâtit son nid et fait entendre sa plaintive mélodie. Si c'est la dépouille d'une jeune fille que la main d'un amant a suspendue à l'arbre de la mort ; si ce sont les restes d'un enfant chéri qu'une mère a placés dans la demeure des petits oiseaux, le charme redouble encore. Je m'approchai de celle qui gémissait au pied de l'érable ; je lui imposai les mains sur la tête, en poussant les trois cris de douleur. Ensuite, sans lui parler, prenant comme elle un rameau, j'écartai les insectes qui bourdonnaient autour du corps de l'enfant. Mais je me donnai de garde d'effrayer une colombe voisine. L'Indienne lui disait : « Colombe, si tu n'es pas l'âme de mon fils qui s'est envolée, tu es, sans doute, une mère qui cherche quelque chose pour faire un nid. Prends de ces cheveux, que je ne laverai plus dans l'eau d'esquine ; prends-en pour coucher tes petits : puisse le grand Esprit te les conserver ! »

Cependant la mère pleurait de joie en voyant la politesse de l'étranger. Comme nous faisions ceci, un jeune homme approcha, et dit : « Fille de Céluta [2], retire notre enfant, nous ne séjournerons pas plus longtemps ici et nous partirons au premier soleil. » Je dis alors : « Frère, je te souhaite un ciel bleu, beaucoup de chevreuils, un manteau de castor, et l'espérance. Tu n'es donc pas de ce désert ? » « Non, répondit le jeune homme, nous sommes des exilés, et nous allons chercher une patrie. » En disant cela, le guerrier baissa

---

1. Cette allusion de Chateaubriand à son séjour en Italie, du mois de juin 1803 au mois de janvier 1804, est une adjonction de la quatrième édition du *Génie*. Elle renforce la crédibilité autobiographique du narrateur. 2. En réalité « petite-fille », comme il est précisé p. 148.

la tête dans son sein, et avec le bout de son arc, il abattait la tête des fleurs. Je vis qu'il y avait des larmes au fond de cette histoire, et je me tus. La femme retira son fils des branches de l'arbre, et elle le donna à porter à son époux. Alors je dis : « Voulez-vous me permettre d'allumer votre feu cette nuit ? » « Nous n'avons point de cabane, reprit le guerrier ; si vous voulez nous suivre, nous campons au bord de la chute. » « Je le veux bien », répondis-je, et nous partîmes ensemble.

Nous arrivâmes bientôt au bord de la cataracte[1], qui s'annonçait par d'affreux mugissements. Elle est formée par la rivière Niagara, qui sort du lac Érié, et se jette dans le lac Ontario ; sa hauteur perpendiculaire est de cent quarante-quatre pieds. Depuis le lac Érié jusqu'au Saut, le fleuve accourt, par une pente rapide, et au moment de la chute, c'est moins un fleuve qu'une mer, dont les torrents se pressent à la bouche béante d'un gouffre. La cataracte se divise en deux branches, et se courbe en fer à cheval. Entre les deux chutes s'avance une île creusée en dessous, qui pend avec tous ses arbres sur le chaos des ondes. La masse du fleuve qui se précipite au midi, s'arrondit en un vaste cylindre, puis se déroule en nappe de neige, et brille au soleil de toutes les couleurs. Celle qui tombe au levant descend dans une ombre effrayante ; on dirait une colonne d'eau du déluge. Mille arcs-en-ciel se courbent et se croisent sur l'abîme. Frappant le roc ébranlé, l'eau rejaillit en tourbillons d'écume, qui s'élèvent au-dessus des forêts, comme les fumées d'un vaste embrasement. Des pins, des noyers sauvages,

---

**1.** Cette description des chutes de Niagara rectifie sur quelques points une description antérieure (*Essai historique*, p. 354). On en trouve une dernière version dans les *Mémoires*, VII, 8. Dans les deux cas, Chateaubriand évoque sa rencontre avec une famille indienne, mais de façon très différente.

des rochers taillés en forme de fantômes, décorent la scène. Des aigles entraînés par le courant d'air, descendent en tournoyant au fond du gouffre ; et des carcajous se suspendent par leurs queues flexibles au bout d'une branche abaissée, pour saisir dans l'abîme, les cadavres brisés des élans et des ours.

Tandis qu'avec un plaisir mêlé de terreur je contemplais ce spectacle, l'Indienne et son époux me quittèrent. Je les cherchai en remontant le fleuve au-dessus de la chute, et bientôt je les trouvai dans un endroit convenable à leur deuil. Ils étaient couchés sur l'herbe avec des vieillards, auprès de quelques ossements humains enveloppés dans des peaux de bêtes. Étonné de tout ce que je voyais depuis quelques heures, je m'assis auprès de la jeune mère, et je lui dis : « Qu'est-ce que tout ceci, ma sœur ? » Elle me répondit : « Mon frère, c'est la terre de la patrie ; ce sont les cendres de nos aïeux, qui nous suivent dans notre exil. » « Et comment, m'écriai-je, avez-vous été réduits à un tel malheur ? » La fille de Céluta repartit : « Nous sommes les restes des Natchez. Après le massacre que les Français firent de notre nation pour venger leurs frères, ceux de nos frères qui échappèrent aux vainqueurs trouvèrent un asile chez les Chikassas nos voisins. Nous y sommes demeurés assez longtemps tranquilles ; mais il y a sept lunes que les blancs de la Virginie se sont emparés de nos terres, en disant qu'elles leur ont été données par un roi d'Europe. Nous avons levé les yeux au ciel, et chargés des restes de nos aïeux, nous avons pris notre route à travers le désert. Je suis accouchée pendant la marche ; et comme mon lait était mauvais, à cause de la douleur, il a fait mourir mon enfant. » En disant cela, la jeune mère essuya ses yeux avec sa chevelure ; je pleurais aussi.

Or, je dis bientôt : « Ma sœur, adorons le grand Esprit, tout arrive par son ordre. Nous sommes tous voyageurs ; nos pères l'ont été comme nous ; mais il y a un lieu où nous nous reposerons. Si je ne craignais d'avoir la langue aussi légère que celle d'un blanc, je vous demanderais si vous avez entendu parler de Chactas, le Natché ? » À ces mots, l'Indienne me regarda et me dit : « Qui est-ce qui vous a parlé de Chactas, le Natché ? » Je répondis : « C'est la sagesse. » L'Indienne reprit : « Je vous dirai ce que je sais, parce que vous avez éloigné les mouches du corps de mon fils, et que vous venez de dire de belles paroles sur le grand Esprit. Je suis la fille de la fille de René l'Européen, que Chactas avait adopté. Chactas, qui avait reçu le baptême, et René mon aïeul si malheureux, ont péri dans le massacre. » « L'homme va toujours de douleur en douleur, répondis-je en m'inclinant. Vous pourriez donc aussi m'apprendre des nouvelles du père Aubry ? » « Il n'a pas été plus heureux que Chactas, dit l'Indienne. Les Chéroquois, ennemis des Français, pénétrèrent à sa Mission ; ils y furent conduits par le son de la cloche qu'on sonnait pour secourir les voyageurs. Le père Aubry se pouvait sauver ; mais il ne voulut pas abandonner ses enfants, et il demeura pour les encourager à mourir, par son exemple. Il fut brûlé avec de grandes tortures ; jamais on ne put tirer de lui un cri qui tournât à la honte de son Dieu, ou au déshonneur de sa patrie. Il ne cessa, durant le supplice, de prier pour ses bourreaux, et compatir au sort des victimes. Pour lui arracher une marque de faiblesse, les Chéroquois amenèrent à ses pieds un Sauvage chrétien, qu'ils avaient horriblement mutilé. Mais ils furent bien surpris, quand ils virent le jeune homme se jeter à genoux, et baiser les plaies du vieil ermite qui lui criait : "Mon enfant, nous avons été mis en spectacle aux anges et aux hommes." Les

Indiens furieux lui plongèrent un fer rouge dans la gorge, pour l'empêcher de parler. Alors ne pouvant plus consoler les hommes, il expira.

« On dit que les Chéroquois, tout accoutumés qu'ils étaient à voir des Sauvages souffrir avec constance, ne purent s'empêcher d'avouer qu'il y avait dans l'humble courage du père Aubry, quelque chose qui leur était inconnu, et qui surpassait tous les courages de la terre [1]. Plusieurs d'entre eux, frappés de cette mort, se sont faits chrétiens.

« Quelques années après, Chactas, à son retour de la terre des blancs, ayant appris les malheurs du chef de la prière, partit pour aller recueillir ses cendres et celles d'Atala. Il arriva à l'endroit où était située la Mission, mais il put à peine le reconnaître. Le lac s'était débordé, et la savane était changée en un marais ; le pont naturel, en s'écroulant, avait enseveli sous ses débris le tombeau d'Atala et les Bocages de la mort. Chactas erra longtemps dans ce lieu ; il visita la grotte du Solitaire qu'il trouva remplie de ronces et de framboisiers, et dans laquelle une biche allaitait son faon. Il s'assit sur le rocher de la Veillée de la mort, où il ne vit que quelques plumes tombées de l'aile de l'oiseau de passage. Tandis qu'il y pleurait, le serpent familier du missionnaire sortit des broussailles voisines, et vint s'entortiller à ses pieds. Chactas réchauffa dans son sein ce fidèle ami, resté seul au milieu de ces ruines. Le fils d'Outalissi a raconté que plusieurs fois aux approches de la nuit, il avait cru voir les ombres d'Atala et du père Aubry s'élever dans la vapeur du crépuscule. Ces visions le remplirent d'une religieuse frayeur et d'une joie triste.

« Après avoir cherché vainement le tombeau de sa

---

**1.** Sur le martyre des missionnaires de la Nouvelle-France, voir *Génie*, IV, IV, 8.

sœur et celui de l'ermite, il était près d'abandonner
ces lieux, lorsque la biche de la grotte se mit à bondir
devant lui. Elle s'arrêta au pied de la croix de la
Mission. Cette croix était alors à moitié entourée
d'eau ; son bois était rongé de mousse, et le pélican
du désert aimait à se percher sur ses bras vermoulus.
Chactas jugea que la biche reconnaissante l'avait
conduit au tombeau de son hôte. Il creusa sous la roche
qui jadis servait d'autel, et il y trouva les restes d'un
homme et d'une femme. Il ne douta point que ce ne
fussent ceux du prêtre et de la vierge, que les anges
avaient peut-être ensevelis dans ce lieu ; il les enve-
loppa dans des peaux d'ours, et reprit le chemin de
son pays emportant les précieux restes, qui résonnaient
sur ses épaules comme le carquois de la mort[1]. La
nuit, il les mettait sous sa tête, et il avait des songes
d'amour et de vertu. Ô étranger, tu peux contempler
ici cette poussière avec celle de Chactas lui-même ! »

Comme l'Indienne achevait de prononcer ces mots,
je me levai ; je m'approchai des cendres sacrées, et
me prosternai devant elles en silence. Puis m'éloignant
à grands pas, je m'écriai : « Ainsi passe sur la terre
tout ce qui fut bon, vertueux, sensible ! Homme, tu
n'es qu'un songe rapide, un rêve douloureux[2] ; tu
n'existes que par le malheur ; tu n'es quelque chose
que par la tristesse de ton âme et l'éternelle mélancolie
de ta pensée ! »

Ces réflexions m'occupèrent toute la nuit. Le lendemain, au point du jour, mes hôtes me quittèrent. Les
jeunes guerriers ouvraient la marche, et les épouses la
fermaient ; les premiers étaient chargés des saintes

---

1. On ne trouve aucune allusion à ce voyage dans la suite du
récit de Chactas (cf. la fin du livre VIII des *Natchez*). Ce dernier
pèlerinage supposé rend possible la confusion finale de tous les
personnages dans la même cendre. 2. Cf. Pindare, *Huitième
Pythique*, vers 96, et la note 3, p. 118.

reliques ; les secondes portaient leurs nouveau-nés ; les vieillards cheminaient lentement au milieu, placés entre leurs aïeux et leur postérité, entre les souvenirs et l'espérance, entre la patrie perdue et la patrie à venir. Oh ! que de larmes sont répandues, lorsqu'on abandonne ainsi la terre natale, lorsque du haut de la colline de l'exil, on découvre pour la dernière fois le toit où l'on fut nourri et le fleuve de la cabane, qui continue de couler tristement à travers les champs solitaires de la patrie !

Indiens infortunés que j'ai vus errer dans les déserts du Nouveau-Monde, avec les cendres de vos aïeux, vous qui m'aviez donné l'hospitalité malgré votre misère, je ne pourrais vous la rendre aujourd'hui, car j'erre, ainsi que vous, à la merci des hommes ; et moins heureux dans mon exil, je n'ai point emporté les os de mes pères.

René

En arrivant chez les Natchez, René [1] avait été obligé de prendre une épouse, pour se conformer aux mœurs des Indiens, mais il ne vivait point avec elle [2]. Un penchant mélancolique l'entraînait au fond des bois ; il y passait seul des journées entières [3], et semblait sauvage parmi des Sauvages. Hors Chactas, son père adoptif, et le père Souël [4], missionnaire au fort Rosalie [a], il avait renoncé au commerce des hommes. Ces

---

**a.** Colonie française aux Natchez.

**1.** Sur le personnage de René, voir le Dossier, p. 223-226. **2.** Le récit de 1802 censure doublement la sexualité de René : son mariage est présenté à la fois comme une contrainte sociale et comme un mariage blanc. *Les Natchez* au contraire nous apprennent que René a épousé Céluta par reconnaissance envers Outougamiz, et qu'elle lui a donné une fille, du reste déjà mentionnée dans *Atala*. **3.** Dans *Les Natchez*, c'est Céluta que René avait commencé par emmener « au fond des forêts », pour tenter de réaliser en sa compagnie ses « anciennes chimères ». Depuis qu'elle est devenue mère, il y retourne seul, rebelle à toute insertion sociale. **4.** Le père Souël a réellement existé. Ce jésuite, né en 1695, arriva en Louisiane au début de 1726 ; il fut massacré par les Yazous révoltés, en 1729 (Charlevoix). Chateaubriand transforme en vieillard ce jeune prêtre de trente-quatre ans, parce qu'il est destiné à prendre en charge la morale finale. Le récit de René a donc pour destinataire une double instance paternelle : la première (Chactas) librement choisie, par adoption, incarne une écoute indulgente, presque complice ; la seconde (le père Souël) représente au contraire un sur-moi sans faiblesse.

deux vieillards avaient pris beaucoup d'empire sur son
cœur : le premier, par une indulgence aimable ; l'autre,
au contraire, par une extrême sévérité. Depuis la
chasse du castor[1], où le Sachem aveugle raconta ses
aventures à René, celui-ci n'avait jamais voulu parler
des siennes. Cependant Chactas et le missionnaire
désiraient vivement connaître par quel malheur un
Européen bien né avait été conduit à l'étrange résolution de s'ensevelir dans les déserts de la Louisiane[2].
René avait toujours donné pour motifs de ses refus, le
peu d'intérêt de son histoire qui se bornait, disait-il, à
celle de ses pensées et de ses sentiments. « Quant à
l'événement qui m'a déterminé à passer en Amérique,
ajoutait-il, je le dois ensevelir dans un éternel oubli. »

Quelques années s'écoulèrent de la sorte, sans que
les deux vieillards lui pussent arracher son secret. Une
lettre qu'il reçut d'Europe, par le bureau des Missions
étrangères, redoubla tellement sa tristesse, qu'il fuyait
jusqu'à ses vieux amis. Ils n'en furent que plus ardents
à le presser de leur ouvrir son cœur ; ils y mirent tant
de discrétion, de douceur et d'autorité, qu'il fut enfin
obligé de les satisfaire. Il prit donc jour avec eux, pour
leur raconter, non les aventures de sa vie, puisqu'il
n'en avait point éprouvé, mais les sentiments secrets
de son âme.

Le 21 de ce mois que les Sauvages appellent *la
lune des fleurs*[3], René se rendit à la cabane de Chactas.
Il donna le bras au Sachem, et le conduisit sous un
sassafras, au bord du Meschacebé. Le père Souël ne
tarda pas à arriver au rendez-vous. L'aurore se levait :

---

**1.** Voir p. 67.      **2.** René est un contemporain du chevalier des
Grieux. De bonne famille comme lui (« bien né »), il est déplacé
au milieu de la population de déclassés qui émigre alors en Amérique. Sa présence est donc suspecte : aurait-il quelque chose à
cacher ? Il lui faut se justifier : c'est la raison du récit qui commence.      **3.** Voir *Atala*, p. 68.

à quelque distance dans la plaine, on apercevait le village des Natchez, avec son bocage de mûriers, et ses cabanes qui ressemblent à des ruches d'abeilles. La colonie française et le fort Rosalie se montraient sur la droite, au bord du fleuve. Des tentes, des maisons à moitié bâties, des forteresses commencées, des défrichements couverts de Nègres, des groupes de blancs et d'Indiens, présentaient dans ce petit espace, le contraste des mœurs sociales et des mœurs sauvages. Vers l'Orient, au fond de la perspective, le soleil commençait à paraître entre les sommets brisés des Apalaches[1], qui se dessinaient comme des caractères d'azur, dans les hauteurs dorées du ciel ; à l'occident, le Meschacebé roulait ses ondes dans un silence magnifique, et formait la bordure du tableau avec une inconcevable grandeur.

Le jeune homme et le missionnaire admirèrent quelque temps cette belle scène, en plaignant le Sachem qui ne pouvait plus en jouir ; ensuite le père Souël et Chactas s'assirent sur le gazon, au pied de l'arbre ; René prit sa place au milieu d'eux, et après un moment de silence, il parla de la sorte à ses vieux amis :

« Je ne puis, en commençant mon récit, me défendre d'un mouvement de honte. La paix de vos cœurs, respectables vieillards, et le calme de la nature autour

---

1. Cette « bordure » du tableau est tout imaginaire, puisque les Appalaches ne commencent qu'à des centaines de kilomètres du Mississippi. Mais Chateaubriand a besoin de cette vaste perspective pour servir de cadre à un récit qui est mis en scène sur le modèle de la profession de foi du vicaire savoyard dans *Émile*. Il souligne ici le caractère idyllique du paysage, malgré quelques indications précises qui renvoient à la situation tendue des *Natchez* (esclavage, spoliation des terres, violence militaire).

de moi, me font rougir du trouble et de l'agitation de mon âme.

« Combien vous aurez pitié de soi ! Que mes éternelles inquiétudes vous paraîtront misérables ! Vous qui avez épuisé tous les chagrins de la vie, que penserez-vous d'un jeune homme sans force et sans vertu, qui trouve en lui-même son tourment, et ne peut guère se plaindre que des maux qu'il se fait à lui-même ? Hélas, ne le condamnez pas ; il a été trop puni !

« J'ai coûté la vie à ma mère en venant au monde [1], j'ai été tiré de son sein avec le fer. J'avais un frère que mon père bénit, parce qu'il voyait en lui son fils aîné [2]. Pour moi, livré de bonne heure à des mains étrangères, je fus élevé loin du toit paternel [3].

« Mon humeur était impétueuse, mon caractère inégal. Tour à tour bruyant et joyeux, silencieux et triste, je rassemblais autour de moi mes jeunes compagnons ; puis, les abandonnant tout à coup, j'allais m'asseoir à l'écart, pour contempler la nue fugitive, ou entendre la pluie tomber sur le feuillage [4].

« Chaque automne, je revenais au château paternel,

---

**1.** Cf. le début des *Confessions d*e Rousseau : « Je coûtai la vie à ma mère, et ma naissance fut le premier de mes malheurs. » **2.** C'est à sa mère que Chateaubriand attribue, dans ses *Mémoires*, une « préférence aveugle » pour son frère aîné Jean-Baptiste. **3.** Cf. *Mémoires*, I, 3 : « En sortant du sein de ma mère je subis mon premier exil : on me relégua à Plancouët. » Mais Chateaubriand pense aussi à ses années de collège. **4.** Dans la première édition (1802), le paragraphe se présente ainsi : « Ma mémoire était heureuse, je fis de rapides progrès ; mais je portais le désordre parmi mes compagnons. *Mon humeur était impétueuse, mon caractère inégal ; tour à tour bruyant et joyeux, silencieux et triste ;* tantôt rassemblant *autour de moi mes jeunes* amis, *puis les abandonnant tout à coup pour* aller me livrer à des jeux solitaires. » À cette version plus explicite, mais aussi plus autobiographique (voir *Mémoires*, livres II et III), Chateaubriand a substitué une rédaction

situé au milieu des forêts, près d'un lac, dans une province reculée[1].

« Timide et contraint devant mon père, je ne trouvais l'aise et le contentement qu'auprès de ma sœur Amélie. Une douce conformité d'humeur et de goûts m'unissait étroitement à cette sœur, elle était un peu plus âgée que moi[2]. Nous aimions à gravir les coteaux ensemble, à voguer sur le lac, à parcourir les bois à la chute des feuilles : promenades dont le souvenir remplit encore mon âme de délices. Ô illusions de l'enfance et de la patrie, ne perdez-vous jamais vos douceurs !

« Tantôt nous marchions en silence, prêtant l'oreille au sourd mugissement de l'automne, ou au bruit des feuilles séchées que nous traînions tristement sous nos pas[3] ; tantôt, dans nos jeux innocents, nous poursuivions l'hirondelle dans la prairie, l'arc-en-ciel sur les collines pluvieuses ; quelquefois aussi nous murmurions des vers que nous inspirait le spectacle de la nature. Jeune, je cultivais les Muses ; il n'y a rien de plus poétique, dans la fraîcheur de ses passions, qu'un cœur de seize années. Le matin de la vie est comme le matin du jour, plein de pureté, d'images et d'harmonies.

« Les dimanches et les jours de fête, j'ai souvent entendu, dans le grand bois, à travers les arbres, les

---

plus « littéraire » : cf. le livre I des *Confessions*, et surtout un fragment de Beattie qu'il avait traduit dans un article du *Mercure de France* (« Beattie », 21 messidor an X/10 juillet 1802). **1.** Première apparition, chez Chateaubriand, du *site* de Combourg. On le retrouve, sous le voile de la fiction, au livre IX des *Martyrs*, avant que les *Mémoires* ne viennent le célébrer sous son véritable nom. **2.** La sœur préférée de Chateaubriand, Lucile, née le 7 août 1764, avait quatre ans de plus que lui. **3.** Cf. Delille, *Les Jardins* (1782), chant III : « J'aime à mêler mon deuil au deuil de la nature. / De ces bois desséchés, de ces rameaux flétris, / Seul, errant, je me plais à fouler les débris. »

sons de la cloche lointaine qui appelait au temple l'homme des champs [1]. Appuyé contre le tronc d'un ormeau, j'écoutais en silence le pieux murmure. Chaque frémissement de l'airain portait à mon âme naïve l'innocence des mœurs champêtres, le calme de la solitude, le charme de la religion, et la délectable mélancolie des souvenirs de ma première enfance. Oh ! quel cœur si mal fait n'a tressailli au bruit des cloches de son lieu natal, de ces cloches qui frémirent de joie sur son berceau, qui annoncèrent son avènement à la vie, qui marquèrent le premier battement de son cœur, qui publièrent dans tous les lieux d'alentour la sainte allégresse de son père, les douleurs et les joies encore plus ineffables de sa mère ! Tout se trouve dans les rêveries enchantées où nous plonge le bruit de la cloche natale : religion, famille, patrie [2], et le berceau et la tombe, et le passé et l'avenir.

« Il est vrai qu'Amélie et moi nous jouissions plus que personne de ces idées graves et tendres, car nous

---

**1.** Dans une lettre à Fontanes du 19 août 1799 (*Correspondance générale*, t. 1, 1977, p. 94), Chateaubriand évoque, parmi les fragments des *Natchez* qu'il a décidé de transposer dans le *Génie*, un « morceau sur les cloches » (cf. *Génie*, IV, I, 1). Les cloches villageoises sont un sujet de prédilection pour la poésie anglaise du XVIIIe siècle : cf. Beattie : « Quand la cloche du soir, balancée dans les airs, chargeait de ses gémissements la brise solitaire, le jeune Edwin, marchant avec lenteur, et prêtant une oreille attentive, se plongeait dans le fond des vallées » ; ou Gray, que Chateaubriand avait aussi traduit *(Les Tombeaux champêtres)* : « Dans les airs frémissants j'entends le long murmure / De la cloche du soir qui tinte avec lenteur. » En France, une loi du 22 germinal an IV/ 11 avril 1796 avait interdit leur usage. Le Lyonnais Camille Jordan avait prononcé au Conseil des Cinq-Cents, dans la séance du 29 prairial an V/17 juin 1797, un *Rapport sur la police des cultes*, où il préconisait leur rétablissement.    **2.** Chateaubriand a corrigé ici, de manière significative, le texte de 1802 : « Tout se trouve dans les réminiscences enchantées que donne le bruit de la cloche natale : philosophie, pitié, tendresse, et le berceau... »

avions tous les deux un peu de tristesse au fond du cœur : nous tenions cela de Dieu ou de notre mère.

« Cependant mon père fut atteint d'une maladie qui le conduisit en peu de jours au tombeau. Il expira dans mes bras [1]. J'appris à connaître la mort sur les lèvres de celui qui m'avait donné la vie. Cette impression fut grande ; elle dure encore. C'est la première fois que l'immortalité de l'âme s'est présentée clairement à mes yeux. Je ne pus croire que ce corps inanimé était en moi l'auteur de la pensée : je sentis qu'elle me devait venir d'une autre source ; et dans une sainte douleur qui approchait de la joie, j'espérai me rejoindre un jour à l'esprit de mon père.

« Un autre phénomène me confirma dans cette haute idée. Les traits paternels avaient pris au cercueil quelque chose de sublime [2]. Pourquoi cet étonnant mystère ne serait-il pas l'indice de notre immortalité ? Pourquoi la mort, qui sait tout, n'aurait-elle pas gravé sur le front de sa victime les secrets d'un autre univers ? Pourquoi n'y aurait-il pas dans la tombe quelque grande vision de l'éternité ?

« Amélie, accablée de douleur, était retirée au fond d'une tour, d'où elle entendit retentir, sous les voûtes du château gothique, le chant des prêtres du convoi, et les sons de la cloche funèbre.

« J'accompagnai mon père à son dernier asile ; la terre se referma sur sa dépouille ; l'éternité et l'oubli le pressèrent de tout leur poids : le soir même l'indifférent passait sur sa tombe ; hors pour sa fille et pour son fils, c'était déjà comme s'il n'avait jamais été.

---

**1.** En réalité, le comte de Chateaubriand mourut le 6 septembre 1786, alors que son fils venait de quitter Combourg.   **2.** Cf. la méditation sur la mort dans les *Mémoires*, XXII, 25. On retrouve cette vision spiritualiste du cadavre chez Lamartine *(Le Crucifix)* et Victor Hugo interrogera de la même façon, dans *Cadaver (Contemplations*, VI, 13), « cette sérénité formidable des morts ».

« Il fallut quitter le toit paternel, devenu l'héritage de mon frère : je me retirai avec Amélie chez de vieux parents.

« Arrêté à l'entrée des voies trompeuses de la vie, je les considérais l'une après l'autre sans m'y oser engager[1]. Amélie m'entretenait souvent du bonheur de la vie religieuse ; elle me disait que j'étais le seul lien qui la retînt dans le monde, et ses yeux s'attachaient sur moi avec tristesse.

« Le cœur ému par ces conversations pieuses, je portais souvent mes pas vers un monastère voisin de mon nouveau séjour ; un moment même j'eus la tentation d'y cacher ma vie. Heureux ceux qui ont fini leur voyage sans avoir quitté le port[2], et qui n'ont point, comme moi, traîné d'inutiles jours sur la terre !

« Les Européens, incessamment agités, sont obligés de se bâtir des solitudes[3]. Plus notre cœur est tumultueux et bruyant, plus le calme et le silence nous attirent. Ces hospices de mon pays, ouverts aux malheureux et aux faibles, sont souvent cachés dans des vallons qui portent au cœur le vague sentiment de l'infortune et l'espérance d'un abri ; quelquefois aussi on les découvre sur de hauts sites où l'âme religieuse, comme une plante des montagnes, semble s'élever vers le ciel pour lui offrir ses parfums[4].

---

**1.** Cette indécision correspond à celle de Chateaubriand qui, vers sa dix-septième année, songea lui aussi au sacerdoce.   **2.** À propos de voisins de ses parents, à Combourg, Chateaubriand déclare dans ses *Mémoires* (II, 2) : « Plus sages et plus heureux que moi, [...] ils ne sont point sortis du port dans lequel je ne rentrerai plus. »   **3.** Sur cette fonction des monastères, voir *Génie*, II, III, 9.   **4.** Cf. *Génie*, III, V, 2. Dans son *Voyage au Mont-Blanc* (1805), après avoir mis en garde contre le matérialisme implicite de Rousseau, qui consiste à faire « de l'âme une espèce de plante soumise aux variations de l'air », Chateaubriand reconnaît néanmoins que « l'instinct des hommes a toujours été d'adorer l'Éternel

« Je vois encore le mélange majestueux des eaux et des bois de cette antique abbaye où je pensai dérober ma vie aux caprices du sort ; j'erre encore au déclin du jour dans ces cloîtres retentissants et solitaires. Lorsque la lune éclairait à demi les piliers des arcades, et dessinait leur ombre sur le mur opposé, je m'arrêtais à contempler la croix qui marquait le champ de la mort, et les longues herbes qui croissaient entre les pierres des tombes. Ô hommes, qui ayant vécu loin du monde avez passé du silence de la vie au silence de la mort, de quel dégoût de la terre[1] vos tombeaux ne remplissaient-ils point mon cœur !

« Soit inconstance naturelle, soit préjugé contre la vie monastique, je changeai mes desseins ; je me résolus à voyager[2]. Je dis adieu à ma sœur ; elle me serra dans ses bras avec un mouvement qui ressemblait à de la joie, comme si elle eût été heureuse de me quitter ; je ne pus me défendre d'une réflexion amère sur l'inconséquence des amitiés humaines.

« Cependant, plein d'ardeur, je m'élançai seul sur cet orageux océan du monde, dont je ne connaissais ni les ports, ni les écueils. Je visitai d'abord les peuples qui ne sont plus : je m'en allai m'asseyant sur les débris de Rome et de la Grèce, pays de forte et d'ingénieuse mémoire, où les palais sont ensevelis dans la poudre, et les mausolées des rois cachés sous les

---

sur les lieux élevés : plus près du ciel, il semble que la prière ait moins d'espace à franchir pour arriver au trône de Dieu ».

1. Texte de 1802 : « de quelle philosophie mélancolique... »
2. Le désir de voyager pour « sortir de soi » est alors assez banal. Il caractérise par exemple, dans *Abufar*, le personnage de Farhan (voir la fin de la note 1, p. 57). Dans *Le Mercure de France* du 5 juillet 1801, Chateaubriand écrivait déjà : « Si un instinct sublime n'attachait l'homme à sa patrie, sa condition la plus naturelle sur la terre serait celle de voyageur. Une certaine inquiétude le pousse sans cesse hors de lui ; il veut tout voir, et puis il se plaint quand il a tout vu. »

ronces. Force de la nature, et faiblesse de l'homme ! un brin d'herbe perce souvent le marbre le plus dur de ces tombeaux, que tous ces morts, si puissants, ne soulèveront jamais !

« Quelquefois une haute colonne se montrait seule debout dans un désert, comme une grande pensée s'élève, par intervalles, dans une âme que le temps et le malheur ont dévastée.

« Je méditai sur ces monuments dans tous les accidents et à toutes les heures de la journée. Tantôt ce même soleil qui avait vu jeter les fondements de ces cités, se couchait majestueusement, à mes yeux, sur leurs ruines ; tantôt la lune se levant dans un ciel pur, entre deux urnes cinéraires à moitié brisées, me montrait les pâles tombeaux. Souvent aux rayons de cet astre qui alimente les rêveries, j'ai cru voir le Génie des souvenirs [1], assis tout pensif à mes côtés.

« Mais je me lassai de fouiller dans des cercueils, où je ne remuais trop souvent qu'une poussière criminelle.

« Je voulus voir si les races vivantes m'offriraient plus de vertus, ou moins de malheurs que les races évanouies. Comme je me promenais un jour dans une grande cité, en passant derrière un palais, dans une cour retirée et déserte, j'aperçus une statue qui indiquait du doigt un lieu fameux par un sacrifice [a]. Je fus

a. À Londres, derrière White-Hall, la statue de Jacques II.

1. Au chapitre III des *Ruines* de Volney (1791), on voit apparaître « le Génie des tombeaux et des ruines », mais loin de rester « pensif », il exhorte les hommes à prendre leur destin en main. En revanche, le livre de Volney a pour épigraphe : « J'irai vivre dans la solitude parmi les ruines ; j'interrogerai les monuments anciens sur la sagesse des temps passés », tandis que son frontispice représente un voyageur qui médite sur les ruines de Palmyre. C'est bien le programme de René.

frappé du silence de ces lieux ; le vent seul gémissait autour du marbre tragique. Des manœuvres étaient couchés avec indifférence au pied de la statue, ou taillaient des pierres en sifflant. Je leur demandai ce que signifiait ce monument : les uns purent à peine me le dire, les autres ignoraient la catastrophe qu'il retraçait [1]. Rien ne m'a plus donné la juste mesure des événements de la vie, et du peu que nous sommes. Que sont devenus ces personnages qui firent tant de bruit ? Le temps a fait un pas, et la face de la terre a été renouvelée.

« Je recherchai surtout dans mes voyages les artistes et ces hommes divins qui chantent les dieux sur la lyre [2], et la félicité des peuples qui honorent les lois, la religion et les tombeaux.

« Ces chantres sont de race divine, ils possèdent le seul talent incontestable dont le ciel ait fait présent à la terre. Leur vie est à la fois naïve et sublime ; ils célèbrent les dieux avec une bouche d'or, et sont les plus simples des hommes ; ils causent comme des immortels ou comme de petits enfants ; ils expliquent les lois de l'univers, et ne peuvent comprendre les affaires les plus innocentes de la vie ; ils ont des idées merveilleuses de la mort, et meurent sans s'en apercevoir, comme des nouveau-nés [3].

---

**1.** Voir M. Duchemin, « Chateaubriand à White-Hall. Note critique sur un passage de *René* », in *Chateaubriand. Essais de critique et d'histoire littéraire*, Vrin, 1938, p. 59-76. Cette statue a obsédé Chateaubriand (voir *Essai historique*, II, 16 ; *Le Mercure de France* du 5 juillet 1801) mais il a presque toujours cru qu'elle représentait Charles II. Seul le texte de 1805 (que nous suivons) a rectifié cette fausse attribution. **2.** René ne désigne pas ainsi des pèlerinages littéraires, mais des visites réelles à des hommes vivants, sur le modèle du *Jeune Anacharsis*. **3.** Cf. *Le Ménestrel* de Beattie, traduit par Chateaubriand (*Le Mercure de France*, 10 juillet 1802) : « Salut, savants maîtres de la lyre, poètes, enfants

« Sur les monts de la Calédonie[1], le dernier barde qu'on ait ouï dans ces déserts me chanta les poèmes dont un héros consolait jadis sa vieillesse. Nous étions assis sur quatre pierres rongées de mousse ; un torrent coulait à nos pieds ; le chevreuil paissait à quelque distance parmi les débris d'une tour, et le vent des mers sifflait sur la bruyère de Cona. Maintenant la religion chrétienne, fille aussi des hautes montagnes, a placé des croix sur les monuments des héros de Morven, et touché la harpe de David[2], au bord du même torrent où Ossian fit gémir la sienne. Aussi pacifique que les divinités de Selma étaient guerrières, elle garde des troupeaux où Fingal livrait des combats, et elle a répandu des anges de paix dans les nuages qu'habitaient des fantômes homicides.

« L'ancienne et riante Italie m'offrit la foule de ses chefs-d'œuvre. Avec quelle sainte et poétique horreur j'errais dans ces vastes édifices consacrés par les arts à la religion ! Quel labyrinthe de colonnes ! Quelle succession d'arches et de voûtes[3] ! Qu'ils sont beaux ces bruits qu'on entend autour des dômes, semblables

_____

de la nature... » Cette association du poète divin et du génie-enfant aura, dans le romantisme, une longue postérité.
**1.** C'est-à-dire en Écosse, principal théâtre des poésies que Macpherson avait attribuées à Ossian. Dans la préface de *Mélanges et Poésies* (t. XXII des *Œuvres complètes*, 1828), Chateaubriand écrit : « Lorsqu'en 1793 la révolution me jeta en Angleterre, j'étais grand partisan du Barde écossais. » Cf. « Lettre au citoyen Fontanes » (*Le Mercure de France* du 22 décembre 1800) et *Génie*, III, v, 5. On retrouve dans la suite du paragraphe les éléments de son décor habituel.     **2.** Le roi David, représenté à maintes reprises, dans la Bible, en train de jouer de la harpe, est le symbole de la poésie lyrique.     **3.** Évocation aussi banale qu'abstraite. Chateaubriand avouera dans ses *Mémoires* (XIII, 11) : « Sous le rapport des arts, je sais ce qui manque au *Génie du christianisme* ; cette partie de ma composition est défectueuse parce qu'en 1800, je ne connaissais pas les arts : je n'avais vu ni l'Italie, ni la Grèce, ni l'Égypte. »

aux rumeurs des flots dans l'Océan, aux murmures des vents dans les forêts, ou à la voix de Dieu dans son temple ! L'architecte bâtit, pour ainsi dire, les idées du poète, et les fait toucher aux sens.

« Cependant qu'avais-je appris jusqu'alors avec tant de fatigue ? Rien de certain parmi les anciens, rien de beau parmi les modernes [1]. Le passé et le présent sont deux statues incomplètes : l'une a été retirée toute mutilée du débris des âges ; l'autre n'a pas encore reçu sa perfection de l'avenir.

« Mais peut-être, mes vieux amis, vous surtout, habitants du désert [2], êtes-vous étonnés que, dans ce récit de mes voyages, je ne vous aie pas une seule fois entretenus des monuments de la nature ?

« Un jour, j'étais monté au sommet de l'Etna, volcan qui brûle au milieu d'une île [3]. Je vis le soleil se lever dans l'immensité de l'horizon au-dessous de moi, la Sicile resserrée comme un point à mes pieds, et la mer déroulée au loin dans les espaces. Dans cette vue perpendiculaire du tableau, les fleuves ne me semblaient plus que des lignes géographiques tracées sur

---

**1.** C'est le type même du voyage *sans* apprentissage. **2.** Cette formule a subi une évolution significative au cours des premières éditions du texte : « et vous surtout, sage Chactas » (originale de 1802) se transforme en : « et vous surtout, sage habitant du désert » (*Génie*, 1802-1804). En 1805, Chateaubriand remplace ce singulier par un pluriel, c'est-à-dire qu'il cesse de privilégier Chactas et de le dissocier du père Souël. Il renforce ainsi leur solidarité « paternelle », qu'on retrouve un peu plus loin dans : « Ô vieillards » (1802-1804 : « vertueux vieillards »). **3.** C'est le Vésuve que Chateaubriand gravira, le 5 janvier 1804. Il commente ainsi cette ascension dans ses *Mémoires* (XV, 7) : « Je montai au Vésuve et descendis dans son cratère. Je me pillais : je jouais une scène de *René*. » Dans le texte de 1802, il utilise des récits de voyage, en particulier celui de Brydone, qui évoque Empédocle (voir H. Tuzet, *Voyageurs français en Sicile au temps du romantisme*, Boivin, 1945, p. 223-241).

une carte ; mais tandis que d'un côté mon œil apercevait ces objets, de l'autre il plongeait dans le cratère de l'Etna, dont je découvrais les entrailles brûlantes, entre les bouffées d'une noire vapeur.

« Un jeune homme plein de passions, assis sur la bouche d'un volcan, et pleurant sur les mortels dont à peine il voyait à ses pieds les demeures, n'est sans doute, ô vieillards, qu'un objet digne de votre pitié ; mais quoi que vous puissiez penser de René, ce tableau vous offre l'image de son caractère et de son existence : c'est ainsi que toute ma vie j'ai eu devant les yeux une création à la fois immense et imperceptible, et un abîme ouvert à mes côtés [1]. »

En prononçant ces derniers mots, René se tut et tomba subitement dans la rêverie. Le père Souël le regardait avec étonnement, et le vieux Sachem aveugle, qui n'entendait plus parler le jeune homme, ne savait que penser de ce silence.

René avait les yeux attachés sur un groupe d'Indiens qui passaient gaiement dans la plaine. Tout à coup sa physionomie s'attendrit, des larmes coulent de ses yeux, il s'écrie :

« Heureux Sauvages ! Oh ! que ne puis-je jouir de la paix qui vous accompagne toujours ! Tandis qu'avec si peu de fruit je parcourais tant de contrées, vous, assis tranquillement sous vos chênes, vous laissiez couler les jours sans les compter. Votre raison n'était que vos besoins, et vous arriviez, mieux que moi, au résultat de la sagesse, comme l'enfant, entre les jeux et le sommeil. Si cette mélancolie qui s'en-

---

1. Double allusion au célèbre fragment des *Pensées* de Pascal intitulé « Disproportion de l'homme » (Brunschvicg 72, Lafuma 390) et à ses hallucinations morbides. Sur cet « effrayant génie », voir *Génie*, III, II, 6, p. 824-830.

gendre de l'excès du bonheur atteignait quelquefois votre âme, bientôt vous sortiez de cette tristesse passagère, et votre regard levé vers le ciel cherchait avec attendrissement ce je ne sais quoi inconnu, qui prend pitié du pauvre Sauvage [1]. »

Ici la voix de René expira de nouveau, et le jeune homme pencha la tête sur sa poitrine. Chactas, étendant le bras dans l'ombre, et prenant le bras de son fils, lui cria d'un ton ému : « Mon fils ! mon cher fils ! » À ces accents, le frère d'Amélie, revenant à lui, et rougissant de son trouble, pria son père de lui pardonner.

Alors le vieux Sauvage : « Mon jeune ami, les mouvements d'un cœur comme le tien ne sauraient être égaux ; modère seulement ce caractère qui t'a déjà fait tant de mal. Si tu souffres plus qu'un autre des choses de la vie, il ne faut pas t'en étonner ; une grande âme doit contenir plus de douleurs qu'une petite. Continue ton récit. Tu nous as fait parcourir une partie de l'Europe, fais-nous connaître ta patrie. Tu sais que j'ai vu la France, et quels liens m'y ont attaché ; j'aimerai à entendre parler de ce grand Chef[a], qui n'est plus, et dont j'ai visité la superbe cabane. Mon enfant, je ne vis plus que par la mémoire. Un vieillard avec ses souvenirs ressemble au chêne décrépit de nos bois : ce chêne ne se décore plus de son propre feuillage, mais il couvre quelquefois sa nudité des plantes étrangères qui ont végété sur ses antiques rameaux [2]. »

---

**a.** Louis XIV.

**1.** Cf. *Essai historique*, I, 46, à propos des Scythes. En reprenant, sous une forme plus concise, ce passage dans *René*, Chateaubriand oublie complètement le contexte des *Natchez*, aussi peu irénique que possible. **2.** Cette image se retrouve dans un « Fragment » du *Génie*. Chactas a raconté sa visite à Versailles au livre VI des *Natchez*.

Le frère d'Amélie, calmé par ces paroles, reprit ainsi l'histoire de son cœur :

« Hélas ! mon père, je ne pourrai t'entretenir de ce grand siècle dont je n'ai vu que la fin dans mon enfance, et qui n'était plus lorsque je rentrai dans ma patrie[1]. Jamais un changement plus étonnant et plus soudain ne s'est opéré chez un peuple. De la hauteur du génie, du respect pour la religion, de la gravité des mœurs, tout était subitement descendu à la souplesse de l'esprit, à l'impiété, à la corruption[2].

« C'était donc bien vainement que j'avais espéré retrouver dans mon pays de quoi calmer cette inquiétude, cette ardeur de désir qui me suit partout. L'étude du monde ne m'avait rien appris, et pourtant je n'avais plus la douceur de l'ignorance.

« Ma sœur, par une conduite inexplicable, semblait se plaire à augmenter mon ennui ; elle avait quitté Paris[3] quelques jours avant mon arrivée. Je lui écrivis que je comptais l'aller rejoindre ; elle se hâta de me répondre pour me détourner de ce projet, sous prétexte qu'elle était incertaine du lieu où l'appelleraient ses

---

1. La lettre de René à Céluta, dans *Les Natchez*, nous apprend que René a trente et ans révolus à la veille de sa mort, que Chateaubriand situe en 1727 (*Atala*, préface de la première édition). Il est donc né vers 1696. Le « grand siècle » désigne le règne de Louis XIV, terminé en 1715 : René rentre en France au début de la Régence.    2. La réaction qui a suivi la mort de Louis XIV représente pour Chateaubriand un « esprit de décadence » qu'il a maintes fois stigmatisé dans le XVIIIe siècle. Mais ce « changement » correspond aussi, dans une certaine mesure, à celui qu'il a pu constater en France, dans les premiers mois de 1792, au retour de son voyage en Amérique. Quelle que soit la signification précise de cette périodisation, elle marque une évolution du genre romanesque : le sort du héros se trouve désormais lié à une « révolution » historique, les contradictions du « cœur humain » ne sont plus séparables de la crise de la société.    3. Que faisait Amélie à Paris, ville que nous rencontrons pour la première fois dans le récit ? Nous ne le saurons jamais...

affaires. Quelles tristes réflexions ne fis-je point alors sur l'amitié, que la présence attiédit, que l'absence efface, qui ne résiste point au malheur, et encore moins à la prospérité[1] !

« Je me trouvai bientôt plus isolé dans ma patrie que je ne l'avais été sur une terre étrangère. Je voulus me jeter pendant quelque temps dans un monde qui ne me disait rien et qui ne m'entendait pas. Mon âme, qu'aucune passion n'avait encore usée, cherchait un objet qui pût l'attacher ; mais je m'aperçus que je donnais plus que je ne recevais. Ce n'était ni un langage élevé, ni un sentiment profond qu'on demandait de moi. Je n'étais occupé qu'à rapetisser ma vie, pour la mettre au niveau de la société. Traité partout d'esprit romanesque, honteux du rôle que je jouais, dégoûté de plus en plus des choses et des hommes, je pris le parti de me retirer dans un faubourg pour y vivre totalement ignoré[2].

« Je trouvai d'abord assez de plaisir dans cette vie obscure et indépendante. Inconnu, je me mêlais à la foule : vaste désert d'hommes[3] !

« Souvent assis dans une église peu fréquentée, je passais des heures entières en méditation. Je voyais de

---

1. Cf. les propos tenus par le père Aubry, dans *Atala*, p. 131.
2. C'est-à-dire dégagé de toute obligation sociale.  3. Le texte original de 1802 est plus développé : « ... vastes déserts d'hommes, bien plus tristes que ceux des bois, car leur solitude est toute pour le cœur ». Cette image frappante ne manque pas de références littéraires. La Marianne de Marivaux pouvait déjà dire : « Plus je voyais de monde et de mouvement dans cette prodigieuse ville de Paris, plus j'y trouvais de silence et de solitude pour moi : une forêt m'aurait paru moins déserte, je m'y serais sentie moins seule, moins égarée », etc. Mais c'est dans une lettre célèbre de *La Nouvelle Héloïse* (II, 14) que Rousseau a vraiment prélude à ce thème de la solitude au milieu des villes : « J'entre avec une secrète horreur dans ce vaste désert du monde », etc. Cf. le chapitre des *Mémoires* (IV, 8) intitulé : « Ma vie solitaire à Paris ».

pauvres femmes venir se prosterner devant le Très-Haut, ou des pécheurs s'agenouiller au tribunal de la pénitence. Nul ne sortait de ces lieux sans un visage plus serein, et les sourdes clameurs qu'on entendait au-dehors semblaient être les flots des passions et les orages du monde, qui venaient expirer au pied du temple du Seigneur. Grand Dieu, qui vis en secret couler mes larmes dans ces retraites sacrées, tu sais combien de fois je me jetai à tes pieds, pour te supplier de me décharger du poids de l'existence, ou de changer en moi le vieil homme [1] ! Ah ! qui n'a senti quelquefois le besoin de se régénérer, de se rajeunir aux eaux du torrent, de retremper son âme à la fontaine de vie ? Qui ne se trouve quelquefois accablé du fardeau de sa propre corruption [2], et incapable de rien faire de grand, de noble, de juste ?

« Quand le soir était venu, reprenant le chemin de ma retraite, je m'arrêtais sur les ponts pour voir se coucher le soleil. L'astre, enflammant les vapeurs de la cité, semblait osciller lentement dans un fluide d'or, comme le pendule de l'horloge des siècles. Je me retirais ensuite avec la nuit, à travers un labyrinthe de rues solitaires. En regardant les lumières qui brillaient dans la demeure des hommes, je me transportais par la pensée au milieu des scènes de douleur et de joie qu'elles éclairaient [3] ; et je songeais que sous tant de

---

1. Cf. la prière de René, au bord du Mississippi, dans *Les Natchez*. « Le vieil homme » est une expression de saint Paul (Éphésiens, IV, 22 ; Colossiens, III, 9), qui désigne la créature, soumise au péché, avant que la grâce de Dieu ne vienne illuminer son âme, pour la « convertir ». La phrase suivante utilise aussi des images bibliques (Psaumes, XXXV, 9-10).   2. Ce terme renvoie conjointement, dans *René*, à une anthropologie de type rousseauiste. (corruption = aliénation) et à une théologie de la Chute (corruption = péché originel). René est un être déchu à qui la Grâce « manque » pour se régénérer.   3. Cf. *Essai historique*, II, 13, avec une conclusion inverse. Musset reprendra ce mouvement dans

toits habités je n'avais pas un ami. Au milieu de mes réflexions, l'heure venait frapper à coups mesurés dans la tour de la cathédrale gothique ; elle allait se répétant sur tous les tons et à toutes les distances d'église en église. Hélas ! chaque heure dans la société ouvre un tombeau, et fait couler des larmes.

« Cette vie, qui m'avait d'abord enchanté, ne tarda pas à me devenir insupportable. Je me fatiguai de la répétition des mêmes scènes et des mêmes idées. Je me mis à sonder mon cœur, à me demander ce que je désirais. Je ne le savais pas ; mais je crus tout à coup que les bois me seraient délicieux. Me voilà soudain résolu d'achever, dans un exil champêtre, une carrière à peine commencée, et dans laquelle j'avais déjà dévoré des siècles.

« J'embrassai ce projet avec l'ardeur que je mets à tous mes desseins ; je partis précipitamment pour m'ensevelir dans une chaumière [1], comme j'étais parti autrefois pour faire le tour du monde.

« On m'accuse d'avoir des goûts inconstants, de ne pouvoir jouir longtemps de la même chimère, d'être la proie d'une imagination qui se hâte d'arriver au fond de mes plaisirs, comme si elle était accablée de leur durée ; on m'accuse de passer toujours le but que je puis atteindre : hélas ! je cherche seulement un bien inconnu, dont l'instinct me poursuit [2]. Est-ce ma faute, si je trouve partout les bornes, si ce qui est fini n'a pour moi aucune valeur ? Cependant je sens que j'aime

---

*La Confession d'un enfant du siècle* : « Alors je rentrais dans la ville ; je me perdais dans les rués obscures ; je regardais les lumières de toutes ces croisées », etc.

**1.** C'est le nom que Chateaubriand aime donner à sa propriété de la Vallée-aux-Loups. La formule désigne simplement une installation à la campagne, dans une maison toutefois assez grande pour que René puisse offrir à sa sœur un « appartement » séparé (voir p. 181). **2.** Voir le Dossier, p. 230.

la monotonie des sentiments de la vie, et si j'avais
encore la folie de croire au bonheur, je le chercherais
dans l'habitude.

« La solitude absolue, le spectacle de la nature, me
plongèrent bientôt dans un état presque impossible à
décrire. Sans parents, sans amis, pour ainsi dire seul
sur la terre [1], n'ayant point encore aimé, j'étais accablé
d'une surabondance de vie. Quelquefois je rougissais
subitement, et je sentais couler dans mon cœur comme
des ruisseaux d'une lave ardente ; quelquefois je pous-
sais des cris involontaires, et la nuit était également
troublée de mes songes et de mes veilles. Il me man-
quait quelque chose pour remplir l'abîme de mon existence : je descendais dans la vallée, je m'élevais sur
la montagne, appelant de toute la force de mes désirs
l'idéal objet d'une flamme future ; je l'embrassais
dans les vents ; je croyais l'entendre dans les gémissements du fleuve : tout était ce fantôme imaginaire,
et les astres dans les cieux, et le principe même de vie
dans l'univers [2].

« Toutefois cet état de calme et de trouble, d'indigence et de richesse, n'était pas sans quelques charmes [3]. Un jour je m'étais amusé à effeuiller une

---

1. C'est à peu près la formule de Rousseau, dans la « Première
Promenade » des *Rêveries* : « Me voici donc seul sur la terre,
n'ayant plus de frère, de prochain, d'ami, de société, que moi-
même. » Le texte original (1802-1804) donne ensuite : « n'ayant
point encore aimé, *mais cherchant à aimer*, j'étais... ». C'était rendre plus explicite la référence à saint Augustin : « *Nondum amabam, sed amare amabam, et amans amare* quod amarem quaere-
bam. »     2. On retrouve des formules voisines dans un « Fragment » du *Génie* (p. 1350) où Chateaubriand analyse curieusement
la passion comme un phénomène de classe.     3. Le texte original,
maintenu jusqu'en 1804, comporte une allusion plus précise :
« ... charmes. J'aimais les rêveries dans lesquelles il me plongeait,
même en usant les ressorts de ma vie. Un jour... » Cf. la note 4,
p. 158.

branche de saule sur un ruisseau, et à attacher une idée
à chaque feuille que le courant entraînait. Un roi qui
craint de perdre sa couronne par une révolution subite,
ne ressent pas des angoisses plus vives que les miennes, à chaque accident qui menaçait les débris de mon
rameau. Ô faiblesse des mortels ! Ô enfance du cœur
humain qui ne vieillit jamais ! Voilà donc à quel degré
de puérilité notre superbe raison peut descendre ! Et
encore est-il vrai que bien des hommes attachent leur
destinée à des choses d'aussi peu de valeur que mes
feuilles de saule.

« Mais comment exprimer cette foule de sensations
fugitives que j'éprouvais dans mes promenades ? Les
sons que rendent les passions dans le vide d'un cœur
solitaire, ressemblent au murmure que les vents et les
eaux font entendre dans le silence d'un désert : on en
jouit, mais on ne peut les peindre.

« L'automne[1] me surprit au milieu de ces incertitudes : j'entrai avec ravissement dans les mois des
tempêtes. Tantôt j'aurais voulu être un de ces guerriers
errant au milieu des vents, des nuages et des fantômes ; tantôt j'enviais jusqu'au sort du pâtre que je
voyais réchauffer ses mains à l'humble feu de broussailles qu'il avait allumé au coin d'un bois. J'écoutais
ses chants mélancoliques, qui me rappelaient que dans
tout pays, le chant naturel de l'homme est triste, lors
même qu'il exprime le bonheur. Notre cœur est
un instrument incomplet, une lyre où il manque des

---

1. À la saison heureuse, et gorgée de fruits, de la poésie tradi-
tionnelle (septembre-octobre), qu'on retrouve encore dans *La Nouvelle Héloïse* (les vendanges à Clarens), Chateaubriand va substituer pour longtemps un tableau plus mélancolique, centré sur les
mois de novembre ou décembre : le paysage se dépouille, la scène
se vide, le cœur se morfond. Cf. *Mémoires*, III, 10.

cordes[1], et où nous sommes forcés de rendre les accents de la joie sur le ton consacré aux soupirs.

« Le jour, je m'égarais sur de grandes bruyères terminées par des forêts. Qu'il fallait peu de choses à ma rêverie ! une feuille séchée que le vent chassait devant moi, une cabane dont la fumée s'élevait dans la cime dépouillée des arbres, la mousse qui tremblait au souffle du nord sur le tronc d'un chêne, une roche écartée, un étang désert où le jonc flétri murmurait ! Le clocher solitaire, s'élevant au loin dans la vallée, a souvent attiré mes regards ; souvent j'ai suivi des yeux les oiseaux de passage qui volaient au-dessus de ma tête. Je me figurais les bords ignorés, les climats lointains où ils se rendent ; j'aurais voulu être sur leurs ailes. Un secret instinct me tourmentait ; je sentais que je n'étais moi-même qu'un voyageur ; mais une voix du ciel semblait me dire : "Homme, la saison de ta migration n'est pas encore venue ; attends que le vent de la mort se lève, alors tu déploieras ton vol vers ces régions inconnues que ton cœur demande[2]."

« "Levez-vous vite, orages désirés, qui devez emporter René dans les espaces d'une autre vie[3] !" Ainsi

---

**1.** Peut-être inspiré par Pascal : « On croit toucher des orgues ordinaires, en touchant l'homme. Ce sont des orgues, à la vérité, mais bizarres, changeantes, variables » (*Pensées*, Brunschvicg 111, Lafuma 103). **2.** Cf. « Fragments » du *Génie*, p. 1305, où ces réflexions sont attribuées au pâtre qui regarde passer la file des canards sauvages : la seule migration possible, pour les hommes, c'est la mort. **3.** Cette invocation à la mort exprime moins une aspiration au néant qu'un obscur espoir de palingénésie : la mort de la nature est le prélude à sa résurrection. La formulation remonte peut-être au Cantique des Cantiques, IV, 16 (« Lève-toi, aquilon, accours, autan ! soufflez sur mon jardin... »), mais elle se rattache aussi à Ossian : « Levez-vous, ô vents orageux d'Erin ; mugissez, ouragans des bruyères ; puissé-je mourir au milieu de la tempête, enlevé dans un nuage par les fantômes irrités des morts » (*Fingal*, chant 1, trad. Letourneur). Dans la scène la plus dramatique de

disant, je marchais à grands pas, le visage enflammé, le vent sifflant dans ma chevelure, ne sentant ni pluie ni frimas, enchanté, tourmenté, et comme possédé par le démon de mon cœur.

« La nuit, lorsque l'aquilon ébranlait ma chaumière, que les pluies tombaient en torrent sur mon toit, qu'à travers ma fenêtre je voyais la lune sillonner les nuages amoncelés, comme un pâle vaisseau qui laboure les vagues, il me semblait que la vie redoublait au fond de mon cœur, que j'aurais eu la puissance de créer des mondes. Ah ! si j'avais pu faire partager à une autre les transports que j'éprouvais ! Ô Dieu ! si tu m'avais donné une femme selon mes désirs ; si, comme à notre premier père, tu m'eusses amené par la main une Ève tirée de moi-même... Beauté céleste ! je me serais prosterné devant toi ; puis, te prenant dans mes bras, j'aurais prié l'Éternel de te donner le reste de ma vie.

« Hélas ! j'étais seul, seul sur la terre ! Une langueur secrète s'emparait de mon corps. Ce dégoût de la vie que j'avais ressenti dès mon enfance revenait avec une force nouvelle. Bientôt mon cœur ne fournit plus d'aliment à ma pensée, et je ne m'apercevais de mon existence que par un profond sentiment d'ennui.

« Je luttai quelque temps contre mon mal, mais avec indifférence et sans avoir la ferme résolution de le vaincre. Enfin, ne pouvant trouver de remède à cette étrange blessure de mon cœur, qui n'était nulle part et qui était partout, je résolus de quitter la vie [1].

---

*Werther* (Goethe, *Les Souffrances du jeune Werther*, Le Livre de Poche, n° 9640, p. 170-177), le héros lit à Charlotte des passages analogues de ce même Ossian, en particulier : « ... le temps de ma flétrissure est proche ; proche est l'orage qui abattra mes feuilles. »

[1]. Chateaubriand raconte dans ses *Mémoires* (III, 12) comment, vers sa dix-septième année, il tenta de se tuer avec un fusil de chasse. Mais le pari fataliste de sa jeunesse (une sorte de mise en

« Prêtre du Très-Haut, qui m'entendez, pardonnez à un malheureux que le ciel avait presque privé de la raison. J'étais plein de religion, et je raisonnais en impie ; mon cœur aimait Dieu, et mon esprit le méconnaissait ; ma conduite, mes discours, mes sentiments, mes pensées, n'étaient que contradiction, ténèbres, mensonges. Mais l'homme sait-il bien toujours ce qu'il veut, est-il toujours sûr de ce qu'il pense ?

« Tout m'échappait à la fois, l'amitié, le monde, la retraite. J'avais essayé de tout, et tout m'avait été fatal. Repoussé par la société, abandonné d'Amélie, quand la solitude vint à me manquer, que me restait-il ? C'était la dernière planche sur laquelle j'avais espéré me sauver, et je la sentais encore s'enfoncer dans l'abîme !

« Décidé que j'étais à me débarrasser du poids de la vie, je résolus de mettre toute ma raison dans cet acte insensé. Rien ne me pressait : je ne fixai point le moment du départ, afin de savourer à longs traits les derniers moments de l'existence, et de recueillir toutes mes forces, à l'exemple d'un ancien, pour sentir mon âme s'échapper[1].

« Cependant je crus nécessaire de prendre des arrangements concernant ma fortune, et je fus obligé d'écrire à Amélie. Il m'échappa quelques plaintes sur son oubli, et je laissai sans doute percer l'attendrissement qui surmontait peu à peu mon cœur. Je m'imaginais pourtant avoir bien dissimulé mon secret ; mais ma sœur, accoutumée à lire dans les replis de mon

---

scène de roulette russe) ne ressemble pas à la détermination suicidaire de René.

**1.** Propos de Canus Julius, rapportés par Sénèque (*De tranquillitate animi*, XIV, 9) : « *Observare* [...] *proposui illo velocissirno momento an sensurus sit animus exire se.* » Chateaubriand a peut-être emprunté cette allusion à Montaigne qui cite cette histoire dans les *Essais* (II, 6).

âme, le devina sans peine. Elle fut alarmée du ton de contrainte qui régnait dans ma lettre, et de mes questions sur des affaires dont je ne m'étais jamais occupé. Au lieu de me répondre, elle me vint tout à coup surprendre.

« Pour bien sentir quelle dut être dans la suite l'amertume de ma douleur, et quels furent mes premiers transports en revoyant Amélie, il faut vous figurer que c'était la seule personne au monde que j'eusse aimée, que tous mes sentiments se venaient confondre en elle, avec la douceur des souvenirs de mon enfance. Je reçus donc Amélie dans une sorte d'extase de cœur. Il y avait si longtemps que je n'avais trouvé quelqu'un qui m'entendît, et devant qui je pusse ouvrir mon âme !

« Amélie se jetant dans mes bras, me dit : "Ingrat, tu veux mourir, et ta sœur existe ! Tu soupçonnes son cœur ! Ne t'explique point, ne t'excuse point, je sais tout ; j'ai tout compris, comme si j'avais été avec toi. Est-ce moi que l'on trompe, moi, qui ai vu naître tes premiers sentiments ? Voilà ton malheureux caractère, tes dégoûts, tes injustices. Jure, tandis que je te presse sur mon cœur, jure que c'est la dernière fois que tu te livreras à tes folies ; fais le serment de ne jamais attenter à tes jours."

« En prononçant ces mots, Amélie me regardait avec compassion et tendresse, et couvrait mon front de ses baisers ; c'était presque une mère, c'était quelque chose de plus tendre [1]. Hélas ! mon cœur se rouvrit à toutes les joies ; comme un enfant, je ne demandais qu'à être consolé ; je cédai à l'empire d'Amélie ; elle exigea un serment solennel ; je le fis sans hésiter, ne

---

1. Cf. *Mémoires*, III, 7 : « La tendresse filiale et maternelle me trompait sur une tendresse moins désintéressée. »

soupçonnant même pas que désormais je pusse être malheureux.

« Nous fûmes plus d'un mois à nous accoutumer à l'enchantement d'être ensemble. Quand le matin, au lieu de me trouver seul, j'entendais la voix de ma sœur, j'éprouvais un tressaillement de joie et de bonheur. Amélie avait reçu de la nature quelque chose de divin ; son âme avait les mêmes grâces innocentes que son corps ; la douceur de ses sentiments était infinie ; il n'y avait rien que de suave et d'un peu rêveur dans son esprit ; on eût dit que son cœur, sa pensée et sa voix soupiraient comme de concert ; elle tenait de la femme la timidité et l'amour, et de l'ange la pureté et la mélodie [1].

« Le moment était venu où j'allais expier toutes mes inconséquences. Dans mon délire j'avais été jusqu'à désirer d'éprouver un malheur, pour avoir du moins un objet réel de souffrance : épouvantable souhait que Dieu, dans sa colère, a trop exaucé !

« Que vais-je vous révéler, ô mes amis ! Voyez les pleurs qui coulent de mes yeux. Puis-je même... Il y a quelques jours, rien n'aurait pu m'arracher ce secret... À présent tout est fini !

« Toutefois, ô vieillards, que cette histoire soit à jamais ensevelie dans le silence : souvenez-vous qu'elle n'a été racontée que sous l'arbre du désert.

« L'hiver finissait, lorsque je m'aperçus qu'Amélie

---

1. *Concert... mélodie* : ce sont des métaphores musicales qui harmonisent toutes les qualités désirables chez Amélie. Dans un fragment retranché des *Mémoires* (B.N., nouv. acq. fr. 12 454, f° 7, verso), Chateaubriand avait écrit : « Je me perdais dans ces sentiments indécis que fait naître la musique, art qui tient le milieu entre la nature matérielle et la nature intellectuelle, qui peut dépouiller l'amour de son enveloppe terrestre ou donner un corps à l'ange du ciel. Selon les dispositions de celui qui les écoute, ces mélodies sont des pensées ou des caresses. »

perdait le repos et la santé qu'elle commençait à me rendre. Elle maigrissait ; ses yeux se creusaient ; sa démarche était languissante, et sa voix troublée[1]. Un jour, je la surpris tout en larmes au pied d'un crucifix. Le monde, la solitude, mon absence, ma présence, la nuit, le jour, tout l'alarmait. D'involontaires soupirs venaient expirer sur ses lèvres ; tantôt elle soutenait, sans se fatiguer, une longue course ; tantôt elle se traînait à peine ; elle prenait et laissait son ouvrage, ouvrait un livre sans pouvoir lire, commençait une phrase qu'elle n'achevait pas, fondait tout à coup en pleurs, et se retirait pour prier.

« En vain je cherchais à découvrir son secret. Quand je l'interrogeais, en la pressant dans mes bras, elle me répondait, avec un sourire, qu'elle était comme moi, qu'elle ne savait pas ce qu'elle avait.

« Trois mois se passèrent de la sorte, et son état devenait pire chaque jour. Une correspondance mystérieuse me semblait être la cause de ses larmes, car elle paraissait ou plus tranquille ou plus émue, selon les lettres qu'elle recevait. Enfin, un matin, l'heure à laquelle nous déjeunions ensemble étant passée, je monte[2] à son appartement ; je frappe ; on ne me répond point ; j'entrouvre la porte, il n'y avait personne dans la chambre. J'aperçois sur la cheminée un paquet à mon adresse. Je le saisis en tremblant, je l'ouvre, et je lis cette lettre, que je conserve pour m'ôter à l'avenir tout mouvement de joie.

---

**1.** Ce sont les symptômes que le narrateur des *Mémoires* (III, 9) attribue à sa propre personne. Mais, de Didon à Phèdre, les cautions littéraires ne manquent pas.     **2.** C'est seulement en 1805 que Chateaubriand généralisa le présent historique dans la fin de ce paragraphe primitivement au passé simple.

## À RENÉ

« "Le Ciel m'est témoin, mon frère, que je donnerais mille fois ma vie pour vous épargner un moment de peine ; mais, infortunée que je suis, je ne puis rien pour votre bonheur. Vous me pardonnerez donc de m'être dérobée de chez vous comme une coupable ; je n'aurais pu résister à vos prières, et cependant il fallait partir... Mon Dieu, ayez pitié de moi !

« "Vous savez, René, que j'ai toujours eu du penchant pour la vie religieuse ; il est temps que je mette à profit les avertissements du Ciel. Pourquoi ai-je attendu si tard ! Dieu m'en punit. J'étais restée pour vous dans le monde... Pardonnez, je suis toute troublée par le chagrin que j'ai de vous quitter.

« "C'est à présent, mon cher frère, que je sens bien la nécessité de ces asiles, contre lesquels je vous ai vu souvent vous élever[1]. Il est des malheurs qui nous séparent pour toujours des hommes ; que deviendraient alors de pauvres infortunées !... Je suis persuadée que vous-même, mon frère, vous trouveriez le repos dans ces retraites de la religion : la terre n'offre rien qui soit digne de vous.

« "Je ne vous rappellerai point votre serment : je connais la fidélité de votre parole. Vous l'avez juré, vous vivrez pour moi. Y a-t-il rien de plus misérable

---

1. Le débat sur la vie conventuelle a été très vif avant, pendant et après la Révolution. On sait que la Constituante avait cru pouvoir interdire les vœux monastiques, comme contraires à la nature, aussi bien qu'à une saine vie sociale. Dans le cadre du renouveau catholique amorcé sous le Consulat, Chateaubriand cherche à les réhabiliter, non sans indiquer discrètement, à travers le personnage de René (qui est ici désigné comme un « esprit fort » potentiel), ses propres réserves : voir sa « Lettre au citoyen Fontanes » ; la *Défense du Génie du christianisme*, citée dans la préface de 1805 (p. 55-56) ; enfin, *René*, p. 162-163, et note 3, p. 162.

que de songer sans cesse à quitter la vie ? Pour un homme de votre caractère, il est si aisé de mourir ! Croyez-en votre sœur, il est plus difficile de vivre.

« "Mais, mon frère, sortez au plus vite de la solitude, qui ne vous est pas bonne ; cherchez quelque occupation. Je sais que vous riez amèrement de cette nécessité où l'on est en France de *prendre un état*[1]. Ne méprisez pas tant l'expérience et la sagesse de nos pères. Il vaut mieux, mon cher René, ressembler un peu plus au commun des hommes, et avoir un peu moins de malheur.

« "Peut-être trouveriez-vous dans le mariage un soulagement à vos ennuis. Une femme, des enfants occuperaient vos jours. Et quelle est la femme qui ne chercherait pas à vous rendre heureux ! L'ardeur de votre âme, la beauté de votre génie, votre air noble et passionné, ce regard fier et tendre, tout vous assurerait de son amour et de sa fidélité. Ah ! avec quelles délices ne te presserait-elle pas dans ses bras et sur son cœur ! Comme tous ses regards, toutes ses pensées seraient attachés sur toi pour prévenir tes moindres peines ! Elle serait tout amour, toute innocence devant toi ; tu croirais retrouver une sœur.

« "Je pars pour le couvent de... Ce monastère, bâti au bord de la mer, convient à la situation de mon âme. La nuit, du fond de ma cellule, j'entendrai le murmure des flots qui baignent les murs du couvent ; je songerai à ces promenades que je faisais avec vous, au milieu des bois, alors que nous croyions retrouver le bruit des mers dans la cime agitée des pins. Aimable compagnon de mon enfance, est-ce que je ne vous

---

1. C'est-à-dire de choisir une profession, une responsabilité sociale. Milord Édouard donne le même conseil à Saint-Preux désespéré (*La Nouvelle Héloïse*, III, 23). Le père Souël agira de la même façon à la fin du récit.

verrai plus ? À peine plus âgée que vous, je vous balançais dans votre berceau ; souvent nous avons dormi ensemble. Ah ! si un même tombeau nous réunissait un jour ! Mais non : je dois dormir seule sous les marbres glacés de ce sanctuaire où reposent pour jamais ces filles qui n'ont point aimé.

« "Je ne sais si vous pourrez lire ces lignes à demi effacées par mes larmes. Après tout, mon ami, un peu plus tôt, un peu plus tard, n'aurait-il pas fallu nous quitter ? Qu'ai-je besoin de vous entretenir de l'incertitude et du peu de valeur de la vie ? Vous vous rappelez le jeune M[1]... qui fit naufrage à l'Isle-de-France. Quand vous reçûtes sa dernière lettre, quelques mois après sa mort, sa dépouille terrestre n'existait même plus, et l'instant où vous commenciez son deuil en Europe était celui où on le finissait aux Indes. Qu'est-ce donc que l'homme, dont la mémoire périt si vite ? Une partie de ses amis ne peut apprendre sa mort, que l'autre n'en soit déjà consolée ! Quoi, cher et trop cher René, mon souvenir s'effacera-t-il si promptement de ton cœur ? Ô mon frère, si je m'ar-

---

**1.** Cette initiale remplace en 1805 celle du « jeune du T... » des premières éditions. Peut-être est-ce une allusion à Auguste de Montmorin, jeune frère de Pauline de Beaumont, qui avait péri dans une tempête, en 1793, au retour de l'île de France (aujourd'hui Maurice), sur les côtes de laquelle, on le sait, Bernardin situe le naufrage de *Paul et Virginie*. Chateaubriand évoque aussi dans ses *Mémoires* le souvenir de son cousin Stanislas-Pierre de Chateaubriand du Plessis qui « entra dans la marine et se noya à la côte d'Afrique ». On ignore la cause de sa mort, survenue en réalité à bord du *Marquis de Castries*, le 15 mars 1785, au large de Madagascar, après une révolte des esclaves que le navire transportait. Il avait dix-huit ans et son corps fut jeté à la mer, selon la coutume des marins. Il est permis de penser que Lucile et François-René, alors à Combourg, furent très affectés par cette disparition, et peut-être plus encore par le rapide oubli qui la suivit dans le cercle familial.

rache à vous dans le temps, c'est pour n'être pas séparée de vous dans l'éternité.

AMÉLIE.

« "P.-S. Je joins ici l'acte de la donation de mes biens ; j'espère que vous ne refuserez pas cette marque de mon amitié."

« La foudre qui fût tombée à mes pieds ne m'eût pas causé plus d'effroi que cette lettre. Quel secret Amélie me cachait-elle ? Qui la forçait si subitement à embrasser la vie religieuse ? Ne m'avait-elle rattaché à l'existence par le charme de l'amitié, que pour me délaisser tout à coup ? Oh ! pourquoi était-elle venue me détourner de mon dessein ! Un mouvement de pitié l'avait rappelée auprès de moi, mais bientôt fatiguée d'un pénible devoir, elle se hâte de quitter un malheureux qui n'avait qu'elle sur la terre. On croit avoir tout fait quand on a empêché un homme de mourir ! Telles étaient mes plaintes. Puis faisant un retour sur moi-même : "Ingrate Amélie, disais-je, si tu avais été à ma place, si, comme moi, tu avais été perdue dans le vide de tes jours, ah ! tu n'aurais pas été abandonnée de ton frère."

« Cependant, quand je relisais la lettre, j'y trouvais je ne sais quoi de si triste et de si tendre, que tout mon cœur se fondait. Tout à coup il me vint une idée qui me donna quelque espérance : je m'imaginai qu'Amélie avait peut-être conçu une passion pour un homme qu'elle n'osait avouer[1]. Ce soupçon sembla m'expliquer sa mélancolie, sa correspondance mysté-

---

1. C'est-à-dire : pour un homme dont elle avait honte, à cause de sa situation sociale. Le texte des premières éditions (1802-1804) est plus explicite : « ... une passion pour un homme d'un rang inférieur, et qu'elle n'osait avouer à cause de l'orgueil de notre famille ».

rieuse, et le ton passionné qui respirait dans sa lettre. Je lui écrivis aussitôt pour la supplier de m'ouvrir son cœur[1].

« Elle ne tarda pas à me répondre, mais sans me découvrir son secret : elle me mandait seulement qu'elle avait obtenu les dispenses du noviciat, et qu'elle allait prononcer ses vœux[2].

« Je fus révolté de l'obstination d'Amélie, du mystère de ses paroles, et de son peu de confiance en mon amitié.

« Après avoir hésité un moment sur le parti que j'avais à prendre, je résolus d'aller à B... pour faire un dernier effort auprès de ma sœur. La terre où j'avais été élevé se trouvait sur la route. Quand j'aperçus les bois où j'avais passé les seuls moments heureux de ma vie, je ne pus retenir mes larmes, et il me fut impossible de résister à la tentation de leur dire un dernier adieu[3].

---

**1.** Le texte des premières éditions (1802-1804) est plus circonstancié : « Je lui écrivis aussitôt pour lui faire les plus tendres reproches, pour la supplier de m'ouvrir son cœur, et de ne pas sacrifier le bonheur de sa vie à des parents qui lui étaient presque étrangers. »     **2.** Dans les premières éditions (1802-1804), Amélie va plus loin : « Elle ajoutait en finissant : "Je n'ai que trop négligé notre famille ; c'est vous que j'ai uniquement aimé : mon ami, Dieu n'approuve point ces préférences, il m'en punit aujourd'hui." Ce billet me donna un mouvement de rage, je fus révolté... » Les variantes de cette note et des deux précédentes font système. Dans le texte original, c'est pour répondre à des soupçons ou à des reproches injustifiés de son frère qu'Amélie est contrainte à un aveu explicite. En vain : René ne comprend pas (et ne peut pas comprendre) ; c'est un aveu pour rien (sinon pour le lecteur). Dans la version définitive, Chateaubriand supprime ces passages sans fonction narrative véritable ; il préfère entretenir le suspens. **3.** Chateaubriand transpose dans ce passage le souvenir de sa dernière visite à Combourg, au mois de mars 1791 (voir *Mémoires*, III, 14).

« Mon frère aîné avait vendu l'héritage paternel, et le nouveau propriétaire ne l'habitait pas. J'arrivai au château par la longue avenue de sapins ; je traversai à pied les cours désertes ; je m'arrêtai à regarder les fenêtres fermées ou demi-brisées, le chardon qui croissait au pied des murs, les feuilles qui jonchaient le seuil des portes et ce perron solitaire où j'avais vu si souvent mon père et ses fidèles serviteurs. Les marches étaient déjà couvertes de mousse ; le violier[1] jaune croissait entre leurs pierres déjointes et tremblantes. Un gardien inconnu m'ouvrit brusquement les portes. J'hésitais à franchir le seuil ; cet homme s'écria : "Eh bien ! allez-vous faire comme cette étrangère qui vint ici il y a quelques jours ? Quand ce fut pour entrer, elle s'évanouit, et je fus obligé de la reporter à sa voiture." Il me fut aisé de reconnaître l'*étrangère* qui, comme moi, était venue chercher dans ces lieux des pleurs et des souvenirs !

« Couvrant un moment mes yeux de mon mouchoir, j'entrai sous le toit de mes ancêtres. Je parcourus les appartements sonores où l'on n'entendait que le bruit de mes pas. Les chambres étaient à peine éclairées par la faible lumière qui pénétrait entre les volets fermés : je visitai celle où ma mère avait perdu la vie en me mettant au monde, celle où se retirait mon père, celle où j'avais dormi dans mon berceau, celle enfin où l'amitié avait reçu mes premiers vœux dans le sein d'une sœur. Partout les salles étaient détendues[2], et l'araignée filait sa toile dans les couches abandonnées. Je sortis précipitamment de ces lieux, je m'en éloignai à grands pas, sans oser tourner la tête. Qu'ils sont doux, mais qu'ils sont rapides, les moments que les frères et les sœurs passent dans leurs jeunes années,

---

**1.** C'est le nom ancien de la giroflée. **2.** C'est-à-dire que les *tentures* (rideaux, tapisseries) avaient été déposées et enlevées.

réunis sous l'aile de leurs vieux parents ! La famille de l'homme n'est que d'un jour ; le souffle de Dieu la disperse comme une fumée. À peine le fils connaît-il le père, le père le fils, le frère la sœur, la sœur le frère ! Le chêne voit germer ses glands autour de lui ; il n'en est pas ainsi des enfants des hommes !

« En arrivant à B..., je me fis conduire au couvent ; je demandai à parler à ma sœur, On me dit qu'elle ne recevait personne. Je lui écrivis : elle me répondit que, sur le point de se consacrer à Dieu, il ne lui était pas permis de donner une pensée au monde ; que si je l'aimais, j'éviterais de l'accabler de ma douleur. Elle ajoutait : "Cependant si votre projet est de paraître à l'autel le jour de ma profession, daignez m'y servir de père ; ce rôle est le seul digne de votre courage, le seul qui convienne à notre amitié et à mon repos."

« Cette froide fermeté qu'on opposait à l'ardeur de mon amitié me jeta dans de violents transports. Tantôt j'étais près de retourner sur mes pas ; tantôt je voulais rester, uniquement pour troubler le sacrifice. L'enfer me suscitait jusqu'à la pensée de me poignarder dans l'église, et de mêler mes derniers soupirs aux vœux qui m'arrachaient ma sœur. La supérieure du couvent me fit prévenir qu'on avait préparé un banc dans le sanctuaire, et elle m'invitait à me rendre à la cérémonie qui devait avoir lieu dès le lendemain.

« Au lever de l'aube, j'entendis le premier son des cloches... Vers dix heures, dans une sorte d'agonie, je me traînai au monastère. Rien ne peut plus être tragique quand on a assisté à un pareil spectacle ; rien ne peut plus être douloureux quand on y a survécu [1].

---

**1.** Des *Lettres portugaises* à *La Duchesse de Langeais*, la vie conventuelle des femmes, en particulier le moment décisif de la prise de voile, a été maintes fois abordée par le roman, au point de constituer un véritable thème littéraire : ainsi celle de Nadine, au tome 6 des *Mémoires et aventures d'un homme de qualité*, de

« Un peuple immense remplissait l'église. On me conduit au banc du sanctuaire ; je me précipite à genoux sans presque savoir où j'étais, ni à quoi j'étais résolu. Déjà le prêtre attendait à l'autel ; tout à coup la grille mystérieuse s'ouvre, et Amélie s'avance, parée de toutes les pompes du monde. Elle était si belle, il y avait sur son visage quelque chose de si divin, qu'elle excita un mouvement de surprise et d'admiration. Vaincu par la glorieuse douleur de la sainte, abattu par les grandeurs de la religion, tous mes projets de violence s'évanouirent ; ma force m'abandonna ; je me sentis lié par une main toute-puissante, et au lieu de blasphèmes et de menaces, je ne trouvai dans mon cœur que de profondes adorations et les gémissements de l'humilité.

« Amélie se place sous un dais. Le sacrifice commence à la lueur des flambeaux, au milieu des fleurs et des parfums, qui devaient rendre l'holocauste [1] agréable. À l'offertoire, le prêtre se dépouilla de ses ornements, ne conserva qu'une tunique de lin, monta en chaire, et dans un discours simple et pathétique, peignit le bonheur de la vierge qui se consacre au Seigneur. Quand il prononça ces mots : "Elle a paru

---

Prévost. On pense aussi à *La Vie de Marianne* ou à *La Religieuse*, pour ne citer que les écrivains du premier rang. Quelques mois après *René*, en décembre 1802, Mme de Staël devait publier *Delphine*, où figure une évocation du même genre (V, lettre XXIX). La description de Chateaubriand est précise comme un rituel et comme un chapitre détaché du *Génie du christianisme*. Rappelons que le 5 mai 1780 (à onze ans et demi), il avait assisté, avec toute la famille, à la prise de voile de sa cousine Marie-Anne-Renée de Chateaubriand du Plessis (la sœur du garçon évoqué à la note 1, p. 184). La cérémonie avait eu lieu au couvent des ursulines de Saint-Malo, ou de la Victoire (voir *Mémoires*, I, 4), situé en bordure des remparts, du côté de la pleine mer.

**1.** La consécration religieuse, présentée comme une offrande sacrificielle.

comme l'encens qui se consume dans le feu[1]", un
grand calme et des odeurs célestes semblèrent se
répandre dans l'auditoire ; on se sentit comme à l'abri
sous les ailes de la colombe mystique[2], et l'on eût cru
voir les anges descendre sur l'autel et remonter vers
les cieux avec des parfums et des couronnes.

« Le prêtre achève son discours, reprend ses vêtements, continue le sacrifice[3]. Amélie, soutenue de deux
jeunes religieuses, se met à genoux sur la dernière
marche de l'autel. On vient alors me chercher, pour
remplir les fonctions paternelles. Au bruit de mes pas
chancelants dans le sanctuaire, Amélie est prête à
défaillir. On me place à côté du prêtre, pour lui présenter les ciseaux. En ce moment je sens renaître mes
transports ; ma fureur va éclater, quand Amélie, rap-
pelant son courage, me lance un regard où il y a tant
de reproche et de douleur, que j'en suis atterré. La
religion triomphe. Ma sœur profite de mon trouble ;
elle avance hardiment la tête. Sa superbe chevelure
tombe de toutes parts sous le fer sacré ; une longue
robe d'étamine remplace pour elle les ornements du
siècle, sans la rendre moins touchante ; les ennuis de
son front se cachent sous un bandeau de lin ; et le
voile mystérieux, double symbole de la virginité et de
la religion, accompagne sa tête dépouillée. Jamais elle
n'avait paru si belle. L'œil de la pénitente était attaché
sur la poussière du monde, et son âme était dans le
ciel.

« Cependant Amélie n'avait point encore prononcé
ses vœux ; et pour mourir au monde[4], il fallait qu'elle
passât à travers le tombeau. Ma sœur se couche sur le

---

**1.** Ecclésiastique, L, 9 : « *Apparuit* [...] *quasi ignis effulgens et
thus ardens in igne.* »    **2.** La colombe mystique désigne le Saint-
Esprit, tel qu'il se manifesta, par exemple, au baptême de Jésus.
**3.** C'est-à-dire qu'il continue de célébrer la messe.    **4.** C'est-
à-dire : renoncer à toutes les prérogatives de la vie « naturelle ».

marbre ; on étend sur elle un drap mortuaire ; quatre
flambeaux en marquent les quatre coins. Le prêtre,
l'étole au cou, le livre à la main, commence l'Office
des morts ; de jeunes vierges le continuent. Ô joies de
la religion, que vous êtes grandes, mais que vous êtes
terribles ! On m'avait contraint de me placer à genoux,
près de ce lugubre appareil[1]. Tout à coup un murmure
confus sort de dessous le voile sépulcral ; je m'incline,
et ces paroles épouvantables (que je fus seul à entendre) viennent frapper mon oreille : "Dieu de miséricorde, fais que je ne me relève jamais de cette couche
funèbre, et comble de tes biens un frère qui n'a point
partagé ma criminelle passion !"

« À ces mots échappés du cercueil, l'affreuse vérité
m'éclaire ; ma raison s'égare, je me laisse tomber sur
le linceul de la mort, je presse ma sœur dans mes bras,
je m'écrie : "Chaste épouse de Jésus-Christ, reçois
mes derniers embrassements à travers les glaces du
trépas et les profondeurs de l'éternité, qui te séparent
déjà de ton frère !"

« Ce mouvement, ce cri, ces larmes, troublent la
cérémonie : le prêtre s'interrompt, les religieuses fer-
ment la grille, la foule s'agite et se presse vers l'autel ;
on m'emporte sans connaissance. Que je sus peu de
gré à ceux qui me rappelèrent au jour ! J'appris, en
rouvrant les yeux, que le sacrifice était consommé, et
que ma sœur avait été saisie d'une fièvre ardente. Elle
me faisait prier de ne plus chercher à la voir. Ô misère
de ma vie ! une sœur craindre de parler à un frère, et
un frère craindre de faire entendre sa voix à une sœur !
Je sortis du monastère comme de ce lieu d'expiation
où des flammes nous préparent pour la vie céleste, où
l'on a tout perdu comme aux enfers, hors l'espérance[2].

---

**1.** Disposition, mise en scène.     **2.** Cette définition du Purgatoire (voir *Génie*, I, VI, 6, et II, IV, 15) se termine par une allusion

« On peut trouver des forces dans son âme contre
un malheur personnel ; mais devenir la cause involontaire du malheur d'un autre, cela est tout à fait insupportable. Éclairé sur les maux de ma sœur, je me
figurais ce qu'elle avait dû souffrir. Alors s'expliquèrent pour moi plusieurs choses que je n'avais pu
comprendre : ce mélange de joie et de tristesse,
qu'Amélie avait fait paraître au moment de mon départ
pour mes voyages, le soin qu'elle prit de m'éviter à
mon retour, et cependant cette faiblesse qui l'empêcha
si longtemps d'entrer dans un monastère ; sans doute
la fille malheureuse s'était flattée de guérir ! Ses projets de retraite, la dispense du noviciat, la disposition de ses biens en ma faveur, avaient apparemment
produit cette correspondance secrète qui servit à me
tromper[1].

---

*a contrario*, donc un peu alambiquée, au célèbre vers de Dante
(*Enfer*, III, 9) : « *Lasciate ogni speranza, voi ch'entrate* » (« Aban-
donnez toute espérance, vous qui entrez »). Le Purgatoire est un
lieu de souffrance, mais c'est un séjour provisoire.

1. Le texte original (1802) est beaucoup plus long : « Un malheur personnel, quel qu'il soit, se supporte ; mais un malheur dont
on est la cause involontaire, et qui frappe une victime innocente,
est la plus grande des calamités. *Éclairé sur les maux de ma sœur,
je me figurais* tout *ce qu'elle avait dû souffrir* auprès de moi, victime d'autant plus malheureuse, que la pureté de ma tendresse
devait lui être à la fois odieuse et chère, et qu'appelée dans mes
bras par un sentiment, elle en était repoussée par un autre. Que de
combats dans son sein ! que d'efforts n'avait-elle point faits ! Tantôt voulant s'éloigner de moi, et n'en ayant pas la force ; craignant
pour ma vie, et tremblant pour elle et pour moi. Je me reprochais
mes plus innocentes caresses, je me faisais horreur. En relisant la
lettre de l'infortunée (qui n'avait plus de mystères !), je m'aperçus
que ses lèvres humides y avaient laissé d'autres traces que celles
de ses pleurs. *Alors s'expliquèrent pour moi plusieurs choses que
je n'avais pu comprendre : ce mélange de joie et de tristesse
qu'Amélie* fit *paraître lors de mon départ pour mes voyages, le
soin qu'elle prit de m'éviter à mon retour, et cependant cette faiblesse qui l'empêcha si longtemps d'entrer dans un monastère ;*

« Ô mes amis, je sus donc ce que c'était que de verser des larmes pour un mal qui n'était point imaginaire ! Mes passions, si longtemps indéterminées, se précipitèrent sur cette première proie avec fureur. Je trouvai même une sorte de satisfaction inattendue dans la plénitude de mon chagrin, et je m'aperçus, avec un secret mouvement de joie, que la douleur n'est pas une affection qu'on épuise comme le plaisir.

« J'avais voulu quitter la terre avant l'ordre du Tout-Puissant ; c'était un grand crime : Dieu m'avait envoyé Amélie à la fois pour me sauver et pour me punir. Ainsi, toute pensée coupable, toute action criminelle entraîne après elle des désordres et des malheurs. Amélie me priait de vivre, et je lui devais bien de ne pas aggraver ses maux. D'ailleurs (chose étrange !) je n'avais plus envie de mourir depuis que j'étais réellement malheureux. Mon chagrin était devenu une occupation qui remplissait tous mes moments : tant mon cœur est naturellement pétri d'ennui et de misère !

« Je pris donc subitement une autre résolution ; je me déterminai à quitter l'Europe, et à passer en Amérique.

« On équipait, dans ce moment même, au port de B... une flotte pour la Louisiane ; je m'arrangeai avec un des capitaines de vaisseau ; je fis savoir mon projet à Amélie, et je m'occupai de mon départ.

« Ma sœur avait touché aux portes de la mort ; mais Dieu, qui lui destinait la première palme des vierges, ne voulut pas la rappeler si vite à lui ; son épreuve ici-bas fut prolongée. Descendue une seconde fois dans la pénible carrière de la vie, l'héroïne, courbée

---

*sans doute la fille malheureuse s'était flattée de guérir ! Ses projets de retraite, et la disposition de ses biens en ma faveur, avaient apparemment produit cette correspondance secrète qui servit à me tromper. »*

sous la croix, s'avança courageusement à l'encontre des douleurs, ne voyant plus que le triomphe dans le combat, et dans l'excès des souffrances, l'excès de la gloire.

« La vente du peu de bien qui me restait, et que je cédai à mon frère, les longs préparatifs d'un convoi, les vents contraires, me retinrent longtemps dans le port. J'allais chaque matin m'informer des nouvelles d'Amélie, et je revenais toujours avec de nouveaux motifs d'admiration et de larmes.

« J'errais sans cesse autour du monastère, bâti au bord de la mer [1]. J'apercevais souvent à une petite fenêtre grillée qui donnait sur une plage déserte, une religieuse assise dans une attitude pensive ; elle rêvait à l'aspect de l'océan où apparaissait quelque vaisseau, cinglant aux extrémités de la terre. Plusieurs fois, à la clarté de la lune, j'ai revu la même religieuse aux barreaux de la même fenêtre : elle contemplait la mer, éclairée par l'astre de la nuit, et semblait prêter l'oreille au bruit des vagues qui se brisaient tristement sur des grèves solitaires.

« Je crois encore entendre la cloche qui, pendant la nuit, appelait les religieuses aux veilles et aux prières. Tandis qu'elle tintait avec lenteur, et que les vierges s'avançaient en silence à l'autel du Tout-Puissant, je courais au monastère : là, seul au pied des murs, j'écoutais dans une sainte extase les derniers sons des cantiques, qui se mêlaient sous les voûtes du temple au faible bruissement des flots.

« Je ne sais comment toutes ces choses qui auraient dû nourrir mes peines, en émoussaient au contraire l'aiguillon. Mes larmes avaient moins d'amertume

---

1. « Le couvent au bord de la mer » est un des passages du futur *Génie du christianisme* que Chateaubriand mentionne dans ses lettres de 1799 (voir *Correspondance*, t. 1, 1977, p. 94 et 96).

lorsque je les répandais sur les rochers et parmi les vents. Mon chagrin même, par sa nature extraordinaire, portait avec lui quelque remède : on jouit de ce qui n'est pas commun, même quand cette chose est un malheur. J'en conçus presque l'espérance que ma sœur deviendrait à son tour moins misérable.

« Une lettre que je reçus d'elle avant mon départ, sembla me confirmer dans ces idées. Amélie se plaignait tendrement de ma douleur, et m'assurait que le temps diminuait la sienne. "Je ne désespère pas de mon bonheur, me disait-elle. L'excès même du sacrifice, à présent que le sacrifice est consommé, sert à me rendre quelque paix. La simplicité de mes compagnes, la pureté de leurs vœux, la régularité de leur vie, tout répand du baume sur mes jours. Quand j'entends gronder les orages, et que l'oiseau de mer vient battre des ailes à ma fenêtre, moi, pauvre colombe du ciel, je songe au bonheur que j'ai eu de trouver un abri contre la tempête[1]. C'est ici la sainte montagne, le sommet élevé d'où l'on entend les derniers bruits de la terre et les premiers concerts du ciel ; c'est ici que la religion trompe doucement une âme sensible : aux plus violentes amours elle substitue une sorte de chasteté brûlante où l'amante et la vierge sont unies ; elle épure les soupirs ; elle change en une flamme incorruptible une flamme périssable[2] ; elle mêle divinement

---

**1.** Le texte original (1802-1804) intercale une autre phrase : « On respire ici quelque chose de divin, un air tranquille que ne trouble point le souffle des passions. » La vie religieuse représente, au XVIIIᵉ siècle, un avatar majeur de ce thème lucrétien du *Suave mari magno*, qui exprime un idéal de « bonheur négatif », alors maintes fois discuté (voir Michel Delon, « Naufrages vus de loin... », in *Rivista di letteratura moderne e comparate*, XLI, 1988, fasc. 2, p. 91-119).     **2.** Avec Héloïse, *Le Génie du christianisme* (II, III, 5) donne un exemple littéraire de cette sublimation passionnée : « Il faut qu'elle choisisse entre Dieu et un amant fidèle, dont elle a causé les malheurs ! », etc.

son calme et son innocence à ce reste de trouble et de volupté d'un cœur qui cherche à se reposer, et d'une vie qui se retire."

« Je ne sais ce que le ciel me réserve, et s'il a voulu m'avertir que les orages accompagneraient partout mes pas. L'ordre était donné pour le départ de la flotte ; déjà plusieurs vaisseaux avaient appareillé au baisser du soleil ; je m'étais arrangé pour passer la dernière nuit à terre, afin d'écrire ma lettre d'adieux à Amélie. Vers minuit, tandis que je m'occupe de ce soin, et que je mouille mon papier de mes larmes, le bruit des vents vient frapper mon oreille. J'écoute ; et au milieu de la tempête, je distingue les coups de canon d'alarme, mêlés au glas de la cloche monastique. Je vole sur le rivage où tout était désert, et où l'on n'entendait que le rugissement des flots. Je m'assieds sur un rocher. D'un côté s'étendent les vagues étincelantes, de l'autre les murs sombres du monastère se perdent confusément dans les cieux. Une petite lumière paraissait à la fenêtre grillée. Était-ce toi, ô mon Amélie, qui, prosternée au pied du crucifix, priais le Dieu des orages d'épargner ton malheureux frère ! La tempête sur les flots, le calme dans ta retraite ; des hommes brisés sur des écueils, au pied de l'asile que rien ne peut troubler ; l'infini de l'autre côté du mur d'une cellule ; les fanaux agités des vaisseaux, le phare immobile du couvent ; l'incertitude des destinées du navigateur, la vestale connaissant dans un seul jour tous les jours futurs de sa vie ; d'une autre part, une âme telle que la tienne, ô Amélie, orageuse comme l'océan ; un naufrage plus affreux que celui du marinier : tout ce tableau est encore profondément gravé dans ma mémoire. Soleil de ce ciel nouveau, maintenant témoin de mes larmes, écho du rivage américain qui répétez les accents de René, ce fut le lendemain de cette nuit terrible qu'appuyé sur le gaillard de mon

vaisseau, je vis s'éloigner pour jamais ma terre natale !
Je contemplai longtemps sur la côte les derniers balan-
cements des arbres de la patrie, et les faîtes du monastère qui s'abaissaient à l'horizon. »

Comme René achevait de raconter son histoire, il
tira un papier de son sein, et le donna au père Souël ;
puis, se jetant dans les bras de Chactas, et étouffant
ses sanglots, il laissa le temps au missionnaire de parcourir la lettre qu'il venait de lui remettre.

Elle était de la Supérieure de... Elle contenait le
récit des derniers moments de la sœur Amélie de la
Miséricorde, morte victime de son zèle et de sa charité,
en soignant ses compagnes attaquées d'une maladie
contagieuse. Toute la communauté était inconsolable,
et l'on y regardait Amélie comme une sainte. La Supérieure ajoutait que depuis trente ans qu'elle était à la
tête de la maison, elle n'avait jamais vu de religieuse
d'une humeur aussi douce et aussi égale, ni qui fût
plus contente d'avoir quitté les tribulations du monde.

Chactas pressait René dans ses bras ; le vieillard
pleurait. « Mon enfant, dit-il à son fils, je voudrais que
le père Aubry fût ici ; il tirait du fond de son cœur je
ne sais quelle paix qui, en les calmant, ne semblait
cependant point étrangère aux tempêtes ; c'était la
lune dans une nuit orageuse ; les nuages errants ne
peuvent l'emporter dans leur course ; pure et inaltérable, elle s'avance tranquille au-dessus d'eux. Hélas,
pour moi, tout me trouble et m'entraîne[1] ! »

---

1. À cette double *dérive* de la complaisance envers soi-même,
le père Souël va opposer la fermeté de sa certitude : il joue son
rôle de directeur de conscience, après avoir, pour ainsi dire, entendu René en confession. Son discours, que Sainte-Beuve considère comme une « moralité plaquée », exprime en réalité une au-
thentique morale chrétienne de la vie dans le siècle, qui finit par
rejoindre la morale sociale des Lumières : dans son appréciation

Jusqu'alors le père Souël, sans proférer une parole, avait écouté d'un air austère l'histoire de René. Il portait en secret un cœur compatissant, mais il montrait au-dehors un caractère inflexible ; la sensibilité du Sachem le fit sortir du silence :

« Rien, dit-il au frère d'Amélie, rien ne mérite, dans cette histoire, la pitié qu'on vous montre ici. Je vois un jeune homme entêté de chimères, à qui tout déplaît, et qui s'est soustrait aux charges de la société pour se livrer à d'inutiles rêveries. On n'est point, monsieur, un homme supérieur parce qu'on aperçoit le monde sous un jour odieux. On ne hait les hommes et la vie, que faute de voir assez loin. Étendez un peu plus votre regard, et vous serez bientôt convaincu que tous ces maux dont vous vous plaignez sont de purs néants. Mais quelle honte de ne pouvoir songer au seul malheur réel de votre vie, sans être forcé de rougir ! Toute la pureté, toute la vertu, toute la religion, toutes les couronnes d'une sainte rendent à peine tolérable la seule idée de vos chagrins. Votre sœur a expié sa faute ; mais, s'il faut ici dire ma pensée, je crains que, par une épouvantable justice, un aveu sorti du sein de la tombe n'ait troublé votre âme à son tour. Que faites-vous seul au fond des forêts où vous consumez vos jours, négligeant tous vos devoirs ? Des saints, me direz-vous, se sont ensevelis dans les déserts ? Ils y

---

sévère du cas René, on retrouve curieusement un écho des reproches que les Encyclopédistes pouvaient adresser à Rousseau.

En proposant, par la bouche du prêtre, ce ralliement à un ordre social acceptable (par exemple celui qu'offre, en 1802, le Premier Consul de la République à ses concitoyens), sans doute est-ce le sur-moi de Chateaubriand qui parle. Mais la suite des *Natchez* ne verra pas le fils prodige « revenir à la maison » : les propos du père Souël resteront sans effet, dévalorisés qu'ils auront été au préalable par la référence nostalgique faite par Chactas au père Aubry, si efficace « ensevelisseur » des passions humaines.

étaient avec leurs larmes, et employaient à éteindre leurs passions le temps que vous perdez peut-être à allumer les vôtres. Jeune présomptueux qui avez cru que l'homme se peut suffire à lui-même ! La solitude est mauvaise à celui qui n'y vit pas avec Dieu[1] ; elle redouble les puissances de l'âme, en même temps qu'elle leur ôte tout sujet pour s'exercer. Quiconque a reçu des forces doit les consacrer au service de ses semblables ; s'il les laisse inutiles, il en est d'abord puni par une secrète misère, et tôt ou tard le ciel lui envoie un châtiment effroyable. »

Troublé par ces paroles, René releva du sein de Chactas sa tête humiliée. Le Sachem aveugle se prit à sourire ; et ce sourire de la bouche, qui ne se mariait plus à celui des yeux, avait quelque chose de mystérieux et de céleste. « Mon fils, dit le vieil amant d'Atala, il nous parle sévèrement ; il corrige et le vieillard et le jeune homme, et il a raison. Oui, il faut que tu renonces à cette vie extraordinaire qui n'est pleine que de soucis ; il n'y a de bonheur que dans les voies communes.

« Un jour le Meschacebé, encore assez près de sa source, se lassa de n'être qu'un limpide ruisseau. Il demande des neiges aux montagnes, des eaux aux torrents, des pluies aux tempêtes, il franchit ses rives, et désole ses bords charmants. L'orgueilleux ruisseau s'applaudit d'abord de sa puissance ; mais voyant que tout devenait désert sur son passage ; qu'il coulait, abandonné dans la solitude ; que ses eaux étaient toujours troublées, il regretta l'humble lit que lui avait creusé la nature, les oiseaux, les fleurs, les arbres et les ruisseaux, jadis modestes compagnons de son paisible cours[2]. »

---

1. Cf. Ecclésiaste, IV, 10 : « *Vae soli* (malheur au solitaire) ! »
2. Chateaubriand avait utilisé une comparaison voisine dans son

Chactas cessa de parler, et l'on entendit la voix du
*flamant* qui, retiré dans les roseaux du Meschacebé,
annonçait un orage pour le milieu du jour[1]. Les trois
amis reprirent la route de leurs cabanes : René marchait en silence entre le missionnaire qui priait Dieu,
et le Sachem aveugle qui cherchait sa route. On dit
que, pressé par les deux vieillards, il retourna chez son
épouse, mais sans y trouver le bonheur. Il périt peu
de temps après avec Chactas et le père Souël, dans le
massacre des Français et des Natchez à la Louisiane.
On montre encore un rocher où il allait s'asseoir au
soleil couchant[2].

---

*Essai historique* (II, 22) : « Une vie heureuse n'est ni un torrent
rapide, ni une eau léthargique, mais un ruisseau qui passe lentement et en silence, répétant dans son onde limpide les fleurs et la
verdure de ses rivages. » À son tour, Chactas paraît souhaiter la
fin des révolutions et le retour à une vie civile normale.
   **1.** Orage prémonitoire des catastrophes qui vont marquer la suite
des *Natchez*, dont la seconde moitié du paragraphe donne un bref
résumé.     **2.** Cf. les *Mémoires de ma vie* : « Il y avait au nord du
château une lande semée de grosses pierres. J'allais m'asseoir sur
une de ces pierres au soleil couchant. » René disparaît, sans laisser
plus de traces qu'Atala : ne subsiste qu'une légende.

# Dossier

# HISTOIRE ET GÉOGRAPHIE

## La géographie ancienne

On ne saurait comprendre quoi que ce soit à la « littérature américaine » de Chateaubriand sans se référer à la géographie ancienne du continent, ni se rappeler quelles furent les ambitions coloniales de la France dans la région jusqu'au traité de Paris en 1763. Au milieu du XVIII$^e$ siècle, cette « Amérique septentrionale » échappe encore, dans une large mesure, à la domination des Européens. Ces derniers sont implantés au Canada (France), sur la bordure atlantique (Angleterre), en Floride (Espagne), enfin en Louisiane (France). Au-delà du Mississippi commence en principe une zone de souveraineté espagnole (le Nouveau-Mexique) ; mais en réalité la partie comprise entre le fleuve et la côte du Pacifique demeure inexplorée ; on ne soupçonne même pas son immensité. En revanche, des Grands Lacs au golfe du Mexique, les Blancs sont en contact avec les Indiens sur un très vaste espace, encore mal délimité. Dans *Les Natchez*, les Cherokees, installés dans la région du Tennessee, sont censés faire partie des « nations confédérées de la Floride », à propos de laquelle Raynal écrit : « Sous ce nom, l'ambition espagnole comprenait anciennement toutes les terres de l'Amérique qui s'étendaient depuis le golfe du Mexique jusqu'aux régions les plus septentrionales » (t. VII, p. 199 ; il signale en note la restriction récente du sens). Le même auteur considère encore les Illinois comme « placés dans la partie la plus septentrionale de la Louisiane » (t. VII, p. 239). Ainsi, dans la topographie de cette époque, Floride, Louisiane et Canada se partagent-ils le vaste espace peu habité compris entre le golfe du Mexique (où la présence espagnole est réduite), le Mississippi, les Grands Lacs et les colonies anglaises de la bordure atlantique. Représentés sur le papier comme contigus, ils ont vocation à se rejoindre dans la réalité pour former une continuité territoriale à laquelle on a déjà donné le nom de Nouvelle-France. À propos du gouverneur du Canada, Raynal observe par exemple : « Cet administrateur commandait au loin sur un vaste continent, dont la Louisiane formait la portion la plus intéressante » (t. VII, p. 213). C'est précisément ce virtuel espace « français » qui constitue celui de la fiction, au sein duquel les personnages des *Natchez* se meuvent, malgré les distances, ave une déconcertante facilité ; comme s'il fallait, sur un plan imaginaire, rapprocher davantage encore la Louisiane du Canada, voire du Labrador.

*La Louisiane française*

Son histoire assez brève (à peine un siècle) est assez paradoxale : c'est en effet à partir du Canada que, dans le dernier tiers du XVIIe siècle, fut exploré le cours du Mississippi. La première expédition date de 1673. Cette année-là, le Québécois Joliet et le père Jacques Marquette (1637-1675), de la Compagnie de Jésus, « partent ensemble du lac Michigan, entrent dans la rivière des Renards [...], la remontent jusque vers sa source, et malgré les courants qui en rendent la navigation difficile. Après quelques jours de marche, ils se réembarquent sur le Ouisconsing, et naviguant toujours à l'ouest, ils se trouvent sur le Mississippi, qu'ils descendent jusqu'aux Akansas, vers les trois degrés de latitude. Leur zèle les poussait plus loin ; mais ils manquaient de subsistances ; mais ils se trouvaient dans des régions inconnues [...]. Ces considérations les déterminèrent à reprendre la route du Canada, à travers le pays des Illinois » (Raynal, t. VII, p. 214). En 1679-1680, c'est au tour de Robert Cavelier de La Salle (1643-1687), établi à Montréal, de descendre le Mississippi, cette fois jusqu'à son embouchure ; il regagne ensuite le Canada, puis la France. C'est là qu'en 1682, il organise une expédition de quatre navires qui se donne pour objectif de retrouver cette embouchure par mer : mais il la dépasse, et débarque au-delà du fleuve ; il ne tardera pas à être massacré par les Indiens. Enfin, en 1699, le premier établissement de la future Louisiane est fondé à Biloxi, par Le Moyne d'Iberville, un autre « Canadien ».

C'est alors la Compagnie des Indes qui va prendre en charge la nouvelle colonie. Si la ville de Biloxi végète, un comptoir est établi dès 1713 sur le territoire des Natchez, au bord du Mississippi, à plus de 200 kilomètres en amont. Mais les relations avec les Indiens sont difficiles. Après le meurtre de quatre Français, une expédition militaire fut organisée ; il en résulta la construction du fort Rosalie (1716) où devait être maintenue une petite garnison. Peu de temps après, La Nouvelle-Orléans est fondée (1718), tandis qu'en France une active propagande est faite pour accélérer le peuplement de la Louisiane. Un roman comme *Manon Lescaut* (1731) nous en donne, pour cette époque, une assez piètre idée que confirme Raynal : « Le Mississippi fut la terreur des hommes libres, on ne lui trouva plus de colons que dans les prisons, que dans les lieux de débauche. Ce fut un cloaque où aboutirent toutes les immondices du royaume » (XVI, 5 ; t. VII, p. 222).

En 1722, le gouverneur Bienville installa près de sept cents colons autour du fort Rosalie. Les Natchez reprirent alors les hostilités, mais sans succès. Ils furent néanmoins loin de se soumettre, puisqu'en 1726, le nouveau gouverneur Périer demande des troupes supplémentaires pour prévenir une éventuelle insurrection, que finirent par déclencher, à la fin de 1729, les exactions du chef de poste Chépar. Cette nouvelle révolte des Natchez fut aussi la dernière ; ils furent écrasés, obligés de céder leurs terres, et de se disperser parmi les tribus voisines.

Le monopole de la Compagnie fut alors transféré à la Couronne. Sous son administration directe, la colonie prospéra dans les années 1740. Au milieu du siècle, elle compta jusqu'à sept mille Blancs, « dispersés, nous dit Raynal, dans un espace de 500 lieues » (2 000 kilomètres). Mais la souveraineté française ne devait guère survivre à la perte du Canada. La Louisiane passa peu après sous contrôle espagnol. Elle fut restituée à la France en 1802, mais vendue presque aussitôt par le Premier Consul à la confédération des États-Unis pour 80 millions de francs-or. Chateaubriand avait terminé *Les Natchez* quatre ans plus tôt ; il venait de publier *Atala* et *René*.

On lui a parfois reproché la minceur de son sujet. C'est méconnaître le contexte politique que nous venons de rappeler. Raynal lui avait peut-être suggéré les ressources épiques de ce modeste épisode de nos guerres coloniales lorsqu'il écrivait : « [Les Natchez] avaient réussi à former sur la fin de 1729 une ligue presque universelle dont le but était d'exterminer en un seul jour la race entière de leurs oppresseurs » (t. VII, p. 232). Après tout, sur le plan historique, la

guerre de Troie ne représente guère plus. Chateaubriand condense néanmoins en une seule histoire les
hostilités de 1722 (livres IX et X) et la révolte finale
(seconde partie). Peut-être est-ce la raison pour
laquelle il date de 1727 (préface d'*Atala*, p. 35) un
événement que toutes ses sources (y compris Raynal)
situent en 1729.

## *Chronologie fictive des* Natchez

1653. – Naissance de Chactas.

1670. – À dix-sept ans, il est recueilli par Lopez
(p. 68).

1673. – Son aventure avec Atala : il a vingt ans.

Vers 1680. – Chactas à Paris.

1686. – Retour de Chactas parmi les Natchez : il a
trente-trois ans.

1696. – Naissance de René. Son enfance est contemporaine des dernières années du règne de
Louis XIV, qui meurt tandis qu'il voyage. Il ne
rentre en France que sous la Régence.

1725. – René arrive en Louisiane (p. 66-67), Chactas
a soixante-douze ans ; Mila, à peine quatorze.
Automne : chasse au castor ; guerre avec les
Illinois ; René épouse Céluta.

1726. – Fête de la moisson. Naissance avant terme
(sept mois) de la petite Amélie. Procès de René
à La Nouvelle-Orléans.

1727. – Retour de Céluta : sa fille a dix ou onze mois.
Absence de René : automne ; il a trente et un ans
révolus. Mort de Chactas. Révolte des Natchez
(p. 34-35).

1728. – Disparition de tous les personnages (Mila a
dix-sept ans), sauf Amélie.

Vers 1748. – Amélie a une fille.

Vers 1768. – Cette fille, « plus malheureuse encore
que sa mère », donne naissance à un fils, qui ne
vit pas. C'est elle qui rencontre à Niagara le
narrateur « voyageur aux terres lointaines »
(p. 142).

1768. – 4 septembre. – Naissance de François-René
de Chateaubriand à Saint-Malo.

Pour la vie de Chateaubriand, voir la Chronologie,
p. 233.

# LES SOURCES ET LA DOCUMENTATION

On a depuis longtemps recensé les sources des *Natchez*. Les modèles littéraires de Chateaubriand ne manquent pas : épiques (Homère, Virgile, le Tasse, Milton), « philosophiques » (Voltaire, Rousseau, Marmontel, Diderot), lyriques (Ossian, le Cantique des Cantiques, Parny) ou exotiques (Bernardin de Saint-Pierre), ils correspondent à la culture de sa génération, avec une prédilection pour un certain primitivisme (la Bible, Homère, Ossian) et pour la littérature anglaise : poésie descriptive (Thomson) ou élégiaque (Gray), roman noir, théâtre de Shakespeare.

## *Odérahi*

Parmi ces sources, il faut mettre à part un roman anonyme, au style plutôt terne, qui présente avec *Les Natchez* des analogies de situations assez troublantes. En 1795 paraissait à Paris un recueil de *Veillées américaines* en trois volumes, préfacé par un certain « P. B. » (dans lequel Paul Hazard a voulu reconnaître, sans preuves décisives, le botaniste Palisot de Beauvois) ; les rares exemplaires connus sont présentés comme « seconde édition », mais il a été jusqu'à présent impossible de retrouver la première. Le tome II débute par une histoire intitulée *Eugénie*. C'est un récit à la première personne, dans lequel un jeune homme raconte ses infortunes. Après une adolescence contrariée par des parents « barbares », il rencontre plus de compréhension auprès de son grand-père. Ce vieillard philosophe favorise son goût pour la littérature, ainsi que sa passion naissante pour une certaine Eugénie. Hélas ! surpris par sa mère alors qu'il lui dérobe un innocent baiser, le jeune homme est envoyé au-delà des mers, pour éprouver la constance de son désir. Jeté par une tempête sur les côtes du Labrador avec son vaisseau, il passe un long hiver dans ces régions polaires en compagnie du grossier équipage. Le printemps venu, il est abandonné par ses compagnons, puis recueilli par des chasseurs canadiens.

C'est alors que commence un autre épisode qui a cette fois pour titre *Odéraï*, dans lequel notre héros continue son récit, qu'il destine à Eugénie. Prisonnier des Indiens, il a été sauvé de la mort par la jeune Odéraï, « belle comme un sassafras en fleurs », qui le réclame, selon la coutume, « comme son frère ». Il est adopté par son père Ourahou, puis intronisé membre des Nadouëssis, sous un nouveau nom : Ontérée. Malgré sa mélancolie qui le pousse sans cesse à « errer dans les forêts », il se laisse peu à peu gagner par le charme de la vie sauvage, « sur les bords du Méchassipi » (le village est situé sur le cours supérieur du fleuve). Odéraï ne tarde pas à éprouver pour le bel étranger un amour grandissant, auquel ce dernier oppose une résistance inexplicable. Néanmoins, la cellule familiale se renforce lorsqu'on voit réapparaître Oumourayou, le frère perdu qu'Ontérée a remplacé, et qui lui offre son amitié. Un certain nombre de péripéties viennent alors relancer le récit (Odéraï est enlevée, puis retrouvée ; une guerre sans merci éclate entre les tribus, entrecoupée de scènes de mœurs). Mais Ontérée, obsédé par son Eugénie, continue de se refuser à sa bienfaitrice, malgré les objurgations de son entourage. Lorsqu'il se résigne enfin au mariage, après de surprenantes avanies, il est trop tard. Odéraï a pris un poison. Son cadavre est transporté dans la grotte où les Indiens vont déposer, chaque année, les restes de leurs défunts. Tandis que la mort frappe tour à tour les autres personnages, Ontérée désespéré reste plus seul que jamais. Un sage vieillard le réconforte, mais il ne fera que se survivre en attendant la fin : « Ô mes amis, j'irai bientôt vous rejoindre ; j'ai parcouru le long et pénible sentier de la vie [...] ; le temps a fait tomber toutes les feuilles de l'arbre de vie, il n'en reste que l'écorce ; le chagrin a dévoré son cœur, le vent de la mort va le renverser, et mon âme se réunira à vos âmes. » On retrouvera cette image dans *René*.

Ce texte, qui remonte donc au moins à 1795, fut réimprimé en 1801, quelques mois après *Atala*, sous le titre : *Odérahi, histoire américaine*, précédé par un avis qui établissait un parallèle avec le roman de Chateaubriand non sans revendiquer pour *Odérahi* la préséance de « sœur aînée » ; cette expression est du reste reprise dans un compte rendu publié par *Le Moniteur* du 27 thermidor an IX/15 août 1801. Chateaubriand ne broncha pas, ni alors ni plus tard, pas plus que ses amis ou ennemis, bien qu'il soit exclu qu'il puisse avoir ignoré la parution de ce livre.

## Les récits de voyages

Chateaubriand a par ailleurs utilisé, pour camper son « décor indien », un certain nombre de voyageurs ou de naturalistes, répertoriés depuis le début du $XX^e$ siècle par J. Bédier, L. Hogu, G. Chinard, P. Martino. La liste suivante, sans être exhaustive, suffit à baliser largement le champ des sources « scientifiques ». On y trouvera les références des ouvrages cités dans les notes ; sont marquées par un astérisque les éditions que Chateaubriand possédait dans sa bibliothèque de la Vallée-aux-Loups :

— BARTRAM, William, *Travels through North and South Carolina, Georgia, East and West Florida, the Cherokee Country, the Extensive Territories of the Muscogulges, or Creek Confederacy, and the Country of the Chactaws*, Philadelphia, 1791, London, 1792, etc. – Traduction française par P. V. BENOIST : *Voyage dans les parties sud de l'Amérique septentrionale*, Paris, Carteret et Brosson, an VII (1799) ; Maradan, an IX (1801)*.

Dans son *Tableau des États-Unis* (1803), Volney le classe, avec son arrogance habituelle, parmi les « écrivains romanciers ». C'est à ce naturaliste « sensible » (le Bernardin de Saint-Pierre de la littérature anglaise) que Chateaubriand est le plus redevable, aussi bien pour la peinture du Sud, dans son exotique luxuriance, que pour la description des « harmonies » du paysage américain dans toutes ses composantes. Il emprunta au texte anglais jusqu'au rythme de certaines phrases, mais possédait aussi la traduction.

— CARVER, Jonathan, *Travels through the interior Parts of North America in the Years 1766, 1767 and 1768*, London, 1778, 1779*, etc. – Traduction française : *Voyages dans les parties intérieures de l'Amérique septentrionale*, Paris, Pissot, 1784.

C'est une compilation des voyageurs français plus anciens qui a eu beaucoup de succès. Carver privilégie la perspective ethnographique. Outre les nombreuses scènes de mœurs qu'il retrace (chants funèbres, rites de la moisson, visites nocturnes des amants), il accorde une grande importance au style figuré des

Indiens, mais colore aussi leur discours du ton emphatique propre à Thomson, Young ou Ossian.

— CHARLEVOIX, François-Xavier de, *Histoire et description de la Nouvelle-France, avec le journal historique d'un voyage fait par ordre du Roi dans l'Amérique septentrionale*, Paris, 1744*.

Ce jésuite a voyagé des Grands Lacs à la Louisiane dans les années 1720-1722. Sa documentation est très riche dans tous les domaines, mais un peu confuse. Le *Journal* constitue le tome III de cette édition in-4°. C'est le principal informateur, un peu ancien, de Chateaubriand (qui cite des extraits de son livre à la fin des *Natchez*).

— CHASTELLUX, marquis de, *Voyages dans l'Amérique septentrionale dans les années 1780, 1781 et 1782*, Paris, Prault, 1786.

Il donne la première description illustrée du pont naturel de la Virginie, qui a servi de modèle pour *Atala*.

— IMLAY, Gilbert, *A Topographical Description of the Western Territory of North America*, London, 1792. – Traduction française : Paris, 1793.

En particulier pour le réseau hydrographique (Ohio, Tennessee) et pour les « ruines indiennes ».

— LAFITAU, Joseph, *Mœurs des Sauvages américains, comparées aux mœurs des premiers temps*, Paris, Saugrain, 1724.

Ce missionnaire jésuite séjourna très jeune (vers 1715) chez les Iroquois. Son livre, illustré de nombreuses figures, représente la première tentative pour constituer une ethnographie comparée qui se fonde sur le mythe de la religion primitive et de la commune origine des différentes races. C'est lui qui oriente Chateaubriand vers un parallèle entre les sauvages, dont les gravures soulignent la nudité néoclassique, et les héros homériques. Mais il a aussi récolté de nombreuses informations sur tous les aspects de la vie des Indiens.

— LAHONTAN, Louis-Armand, baron de, *Nouveaux Voyages dans l'Amérique septentrionale*, comprenant des *Dialogues curieux entre l'auteur et un sauvage de bon sens qui a voyagé*, La Haye, 1703, nombreuses rééditions sous divers titres.

Ce militaire « esprit fort » séjourna au Canada à la fin du XVIIᵉ siècle. Ses *Dialogues* assez sceptiques sont une profession de déisme, et une violente satire de la société française. Dans ses *Voyages*, il évoque les cérémonies du mariage et des funérailles, la visite nocturne à la bien-aimée, etc. Son « Petit Dictionnaire de la langue des Sauvages » a fourni à Chateaubriand certains noms propres des *Natchez*.

— LE PAGE DU PRATZ, Antoine, *Histoire de la Louisiane*, Paris, 1758.

Ce colon avait passé huit ans chez les Natchez, où il avait obtenu vers 1725 une concession de terre. Son livre est un témoignage de première main sur leurs traditions religieuses, politiques, sociales. Il reproduit en outre le style imagé des discours indiens.

— PRÉVOST, abbé, *Histoire générale des voyages*, t. XV, 1769*.

On y trouve en particulier les chapitres XIV (« Caractères, usages, religion et mœurs des Indiens de l'Amérique septentrionale ») et XV (« Voyages au Nord-Ouest et au Nord-Est ») du livre VI, qui résument la littérature antérieure sur le sujet.

— RAYNAL, abbé Guillaume Thomas, *Histoire philosophique et politique des établissements et du commerce des Européens dans les deux Indes*,

Genève, Pellet, 1780. (Nous citons dans la réédition des Libraires associés, 1783 : les livres XV et XVI se trouvent au t. VII.)

Cette histoire mondiale de la colonisation, à laquelle Diderot a collaboré, était curieusement le livre de chevet du comte de Chateaubriand à Combourg, où son fils a pu la consulter dès son adolescence : les livres XV (« Établissements des Français dans l'Amérique septentrionale : Canada ») et XVI (« Mississippi-Louisiane ») font le bilan de la « Nouvelle France » en Amérique du Nord.

# LE MONTAGE, LES TECHNIQUES
# NARRATIVES ET LES PERSONNAGES

## Le récit

Les vicissitudes des *Natchez* (voir Introduction, p. 14-31) ont modifié leur architecture primitive après 1798. Il importe de la rétablir au moins « idéalement » (abstraction faite des corrections ultérieures) afin de restituer à chaque épisode sa fonction véritable : de sa place dépend le rôle, puis la signification de chacun.

Nous avons signalé (notes 1, p. 61, et 2, p. 142) que Chateaubriand avait sans doute, en 1801, utilisé, pour accompagner *Atala*, un « prologue » et un « épilogue » destinés auparavant à encadrer *Les Natchez*. Il en résulte la disposition suivante, pour la totalité du récit :

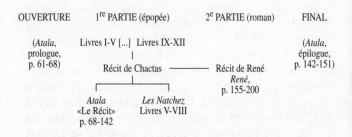

| OUVERTURE | 1re PARTIE (épopée) | 2e PARTIE (roman) | FINAL |
|---|---|---|---|
| (*Atala*, prologue, p. 61-68) | Livres I-V [...] Livres IX-XII | | (*Atala*, épilogue, p. 142-151) |

Cette organisation souligne la symétrie globale des deux « épisodes » qui implique néanmoins, sur le plan narratif, des distorsions importantes.

Chacun de ces récits enchâssés est un récit rétrospectif à la première personne, ressource habituelle de la tradition épique, qui fonctionne en corrélation avec la pratique non moins canonique du début *in medias res*. Ils sont obtenus par une permutation respective du couple narrateur-narrataire : dans *Atala*, Chactas raconte son histoire à René ; dans *René*, c'est René qui raconte son histoire à Chactas. Mais cette symétrie est superficielle. Si le vieillard parle en premier, c'est en particulier parce que la narration de ses aventures ne lui pose aucun problème : comme c'est la règle en pareil cas, il se dédouble pour commenter sa propre histoire, mais il ne laisse subsister dans son récit aucun mystère ; ce qui est énigmatique au début est progressivement expliqué. Chactas regarde son passé avec nostalgie, mais aussi une certaine sérénité. Comme le prouve la suite de son histoire, on peut dire que dans son cas, au moins dans une certaine mesure, le travail du deuil a été accompli. Bien qu'il soit parfois interpellé, René ne réagit pas au récit de Chactas ; c'est un pur auditeur. Lorsque *Atala* est publié séparément, avec un épilogue, celui-ci « court-circuite » même sa fonction de narrataire au profit de toute une tradition (les pères/les enfants/les Indiens). En définitive, le voyageur-témoin, véritable transmetteur du récit, ne rapporte que ce que les Indiens lui ont appris.

Le récit de René, lui, est adressé à un double destinataire (voir la note 4, p. 155). Loin de répondre à un pacte de réciprocité, il a commencé par être refusé à Chactas au début des *Natchez*. « Indien, ma vie est sans aventures, et le cœur de René ne se raconte point »), puis a été longtemps retardé. Il aura fallu en définitive une intervention extérieure pour le déclencher. Il se présente alors comme une confession (il faut donc un prêtre), mais publique (présence de Chactas) : aveu (dit) plein de réticences (non-dit). Du reste, le secret de René est un leurre. Sa révélation ne porte aucune lumière, c'est-à-dire aucune distance, dans la conscience de ce mélancolique. De toute évidence, Chactas, malgré sa ressemblance avec Œdipe (voir p. 66), ne saurait lui servir de psychanalyste. Le père Souël se montre plus perspicace : il diagnostique assez vite la complaisance de René envers sa propre faute, ainsi que son désir inconscient pour sa sœur, cas banal de régression narcissique. Mais sa clairvoyance est trop répressive pour être efficace. Il est du reste nécessaire de maintenir un point aveugle pour que fonctionne aussi bien dans le récit ce « théâtre » de la mauvaise foi, qui en constitue la principale modernité.

Autre différence : les aventures de Chactas, prises dans leur ensemble, sont un véritable roman de formation. Le héros quitte son lieu natal pour explorer le vaste monde (son histoire commence, comme celle de René, comme celle de Chateaubriand, par la mort du père de sang). Au cours de ses pérégrinations (de la plus extrême civilisation : Versailles, à la plus extrême sauvagerie : le Labrador), il a la possibilité de faire des expériences très diverses, qui le conduisent à remettre en cause sa propre croyance. Il a rencontré en la personne de Fénelon un véritable initiateur. Lorsqu'il rentre chez lui, il a les trente-trois ans symboliques de la maturité. C'est un « Sauvage qui a voyagé » comme celui de Lahontan, mais qui tire de ses voyages des conclusions moins « philosophiques ». On le vénère comme un sage parmi les Natchez. Mais Chactas, « aveugle et solitaire », ne laisse aucune descendance ; il meurt au moment où la patrie pour laquelle il a œuvré est en train de se désintégrer. Le vieil Indien ne figure pas mal Chateaubriand, ministre sincère du bien public, mais demeuré obstinément fidèle à sa sylphide.

René raconte, lui aussi, des voyages. Mais c'est une quête décevante, qui ne lui offre jamais la possibilité de saisir quoi que ce soit, parce qu'elle ne cesse de le *fixer* sur une enfance que figure une sœur interdite. Il oscille en permanence entre diverses formes de clôture et des velléités de fuite (le monastère au bord de la mer), mais ne trouve jamais de véritable altérité, donc pas de véritable société, même chez les Natchez. Il a un peu plus de trente et un ans lorsqu'il meurt, au seuil de la vie adulte.

Dans les divers commentaires qu'il lui est arrivé de faire sur *Les Natchez*, *Atala* ou *René* (par exemple dans les préfaces, ou dans les *Mémoires d'outre-tombe*), Chateaubriand a toujours insisté sur les aspects techniques de son travail, qu'il a voulu rattacher à des modèles génériques (épopée, roman, poème, etc.). En réalité, tous les genres se mêlent dans *Les Natchez*, que caractérise une extrême variété de tons : on passe du simple récit au lyrisme, du paisible tableau champêtre à la scène de terreur. Les descriptions ne sont jamais trop longues ou trop statiques : elles ont en général une valeur symbolique dans *Atala* ou *René* ; elles sont plus référentielles dans *Les Natchez*. Mais les paysages, ou les peintures des mœurs indiennes, sont toujours narrativisés, c'est-à-dire intégrés dans une mise en scène fluide des événements.

La perspective ethnographique autorise par ailleurs la présence de scènes collectives qui vont des cérémonies funèbres au jeu de ballon en passant par les rites de chasse, les danses ou les chansons. Il y avait là un risque de dispersion. Pour conjurer cette éventuelle inconsistance de la nomenclature romanesque, Chateaubriand a été obligé de recourir à des principes de structuration. Le modèle épique, malgré sa présence insistante, ne suffit pas à les lui donner. Car la guerre (des hommes comme des dieux) est en définitive secondaire dans *Les Natchez*, dans la mesure où leur principal enjeu demeure privé. Que ce soit Chactas ou, encore plus, René, les protagonistes ne sont pas véritablement intégrés à une communauté. Aussi est-ce plutôt le modèle dramatique qui marque le récit de son empreinte. Il se manifeste par une certaine théâtralisation, par le recours au pathétique des larmes, comme par la progression inéluctable du récit vers un dénouement fatal qui concentre en quelques heures la catastrophe. C'est à lui que se rattache aussi la revendication « racinienne » du « peu de matière » qu'on trouve aussi bien dans *Atala* que dans *René*. René est, du reste, le type même du héros tragique : personnage immobile, écrasé par une Faute indicible, voué à un Destin suicidaire qu'il ne maîtrise en aucune façon.

## Les personnages

Le système des personnages se fonde sur une duplication permanente, un peu vertigineuse. Il en résulte diverses configurations au sein desquelles les protagonistes entretiennent presque toujours des relations endogamiques, où la sexualité ne paraît pouvoir se vivre que dans une structure « familiale ».

Le héros masculin est dédoublé en un couple Chactas/René, chacun protagoniste des deux épisodes symétriques avant de se retrouver réunis par une relation de paternité dans *Les Natchez* où René est adopté par Chactas.

Dans *Atala*, la relation est incestueuse au moins sur le plan symbolique, puisque nous pouvons tracer le schéma suivant :

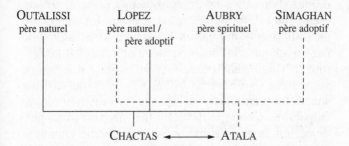

Le système est encore plus fermé dans *René*, au point qu'on a pu le définir comme un « octuor nucléaire ». Le couple René/Amélie représente une sorte de lien archétypal qui épuise en effet toutes les figures possibles, lieu utopique (hors du principe de réalité) de *nulle* contradiction :

RENÉ / AMÉLIE
1. frère / sœur
2. père / fille (la scène symbolique de la prise de voile)
3. fils / mère (« c'était presque une mère... »)
4. amant / amante (« ... c'était quelque chose de plus tendre »).

Enfin, Outougamiz représente pour René, dans *Les Natchez*, à la fois un frère (René a épousé sa sœur ; ils sont qualifiés de « jumeaux ») et un amant (dans une relation « objectivement » homosexuelle).

Du côté des personnages féminins, on retrouve un autre couple fonctionnel (Céluta/Mila) dédoublé selon une relation de parenté : Mila épouse Outougamiz, frère de Céluta, « ami » de René. La voilà donc à son tour devenue sœur de Céluta, comme de René.

Autrefois, donc, la passion réelle, mais interdite (Chactas/Atala, René/Amélie) ; aujourd'hui, la passion

permise, mais absente, sans objet : Céluta aime son
mari, mais René ne désire pas Céluta. En définitive,
un seul couple normal en apparence (c'est-à-dire lié
par un amour à la fois réciproque et licite) : Outougamiz et Mila. Mais il unit deux êtres qui ont aimé (en
vain) René. Néanmoins, Mila est la seule qui affirme
son autonomie, face au spectre envahissant de la
culpabilité. Contre toutes les forces de mort (dont participe, en dernière instance, le trop crédule Outougamiz), elle incarne le *désir vivant*, comme en témoigne
son admirable cri final : « Moi seule j'ai aimé René !
En vain tu feins de me croire un fantôme : j'existe... »

Il en résulte deux « systèmes » possibles :

— au commencement, la nature (Adam et Ève ?),
c'est-à-dire, en deçà de toute relation de parenté, un
inceste originel ;

— au commencement, le despotisme du père, qu'il
a fallu anéantir pour établir le règne de la *fraternité*,
c'est-à-dire un inceste historique, mais symbolique.


### Le cas René

René se présente comme un héros problématique ;
il est impénétrable, à lui-même comme à autrui : « Il
était possible de tout croire de lui, hors la vérité. »
Replié sur lui-même, incapable de communiquer avec
autrui sinon à distance, il incarne un certain autisme,
il paraît marqué par un traumatisme originel. Son
caractère « incompréhensible » exige une foi aveugle
qu'on ne lui ménage pas. En effet, René *fascine* ; il
suscite la bienveillance, pour ne pas dire le désir de
presque tous les personnages. Il en résulte un type de
relation irréductible à une analyse psychologique, puisqu'elle se développe sans cesse sur le mode du : *je sais*

*bien* (qu'il est malade, qu'il est fou, qu'il est coupable, qu'il porte malheur), *mais quand même...*

Le premier à donner le signal de cette acceptation sans conditions (car René se refuse à toute explication : c'est le secret de son prestige) est Chactas : il *adopte* René. Peu importe qu'il se conforme ainsi à une habitude indienne maintes fois attestée : il implique le lecteur dans une complicité qui ne tarde pas à se propager parmi les autres personnages.

Les critiques se sont posé très tôt le problème du caractère autobiographique de René, à la suite, convenons-en, des proches de Chateaubriand lui-même. Dès 1817, la duchesse de Duras pouvait écrire, à propos des *Mémoires de ma vie* : « C'est l'histoire dont *René* est le poème. » S'il est vrai que certains détails de *René* ou des *Natchez* sont empruntés à la vie de Chateaubriand (la recension serait longue, à commencer par le paysage natal de Combourg), la fiction ne se manifeste pas moins au niveau de la signification globale des personnages, pour nous inviter, au moins, à des rééquilibrages : Amélie par exemple (en réalité une simple esquisse) doit peut-être plus à Julie qu'à Lucile, etc. Il serait du reste aussi facile de trouver des modèles littéraires au personnage de René : le Dolbreuse de Loaisel de Tréogate, le héros de la mystérieuse *Odérahi*, ou même le Dorval de Diderot : « Ce cœur est flétri, et je suis, comme vous voyez, [...] sombre et mélancolique. J'ai de la vertu, mais elle est austère ; des mœurs, mais sauvages... une âme tendre, mais aigrie par de longues disgrâces. Je peux encore verser des larmes mais elles sont rares et cruelles... » C'est au héros du *Fils naturel* qu'on explique que seul le méchant recherche la solitude ou se trouve délaissé (allusion que Rousseau avait prise pour lui). Dorval a la même histoire familiale que René (« À peine ai-je connu ma mère. Une jeune infortunée, trop tendre, trop sensible, me donna la vie, et mourut peu de temps après »), la même aversion pour la procréation (« Quoi, je mettrais des enfants au monde ! »), etc.

## *Un nom énigmatique*

Une des principales raisons qui ont amené à identifier le héros de *René* avec son auteur serait la conformité de leur prénom. Les choses sont un peu plus complexes.

1° C'est un code essentiel de la tradition romanesque, en particulier au XVIII^e siècle, que de retenir comme titre des romans le nom ou le prénom de leur protagoniste. Après *La Vie de Marianne*, ou *Les Aventures de Manon Lescaut*, on est passé à : *Pamela*, *Clarissa*, *Tom Jones*, *Werther*, *Julie, ou la Nouvelle Héloïse*, *Justine* ou *Juliette*... La même année que *René*, Mme de Staël publie *Delphine*. Puis ce seront *Adolphe*, *Dominique*, etc. Dans tous ces romans, la forme narrative (récit rétrospectif à la première personne, ou correspondance) renforce une illusion autobiographique qui a contribué à répandre chez les critiques la curieuse expression de « roman personnel ».

2° Dans les *Mémoires d'outre-tombe* (I, 2), Chateaubriand cite son extrait de baptême : « François-René de Chateaubriand, fils de René de Chateaubriand [...], né le 4 septembre 1768 », etc. Dans ce chapitre qu'on peut dater de 1831, il répare, dit-il, une double erreur. Jusqu'alors il avait cru être né un 4 octobre, et avoir été baptisé François-Auguste. C'est ainsi que de 1801 à 1814, il signa tous ses livres, avant de recourir, à partir de 1815, à son titre de pair de France : « Le Vicomte de Chateaubriand ». En réalité le prénom usuel de Chateaubriand est François : c'est celui qu'on utilise dans sa famille ; il a donné lieu à des abréviations enfantines : Franchin, Francillon, etc. Jamais il ne fut appelé Auguste ni René. En croyant être né un 4 octobre, Chateaubriand ne faisait que surdéterminer ce prénom : le 4 octobre est en effet le jour de la fête de saint François. Toute sa vie Chateaubriand célébra ce jour-là ce qu'il croyait être son anniversaire et la fête de son saint patron (voir le début des *Mémoires*).

Pourquoi ce nom (imaginaire) de François-*Auguste* ? Parce que Chateaubriand avait été précédé dans la vie par un petit frère nommé Auguste-Louis, né le 28 mai 1766, mort à dix-neuf mois, le 30 décembre 1767, que littéralement il remplaça (il naquit exactement neuf mois après son décès), dans la mesure où son père voulait un deuxième garçon. C'est du reste ce qui explique le second prénom réel de René (c'est-à-dire re-né, le « double »), mais aussi que Chateaubriand puisse les avoir aisément confondus. Car Auguste, comme René, renvoyait à son père : le comte *René-Auguste* de Chateaubriand !

3° On le voit, René, c'est avant tout le nom du père. Peut-être est-ce à ce titre qu'il fut censuré dans la réalité, comme il fut choisi dans la fiction ? C'est de toute manière une identification ambiguë. Sans doute peut-on faire intervenir des éléments biographiques. La vie de René, dans *Les Natchez*, correspond (très en gros) à la jeunesse du comte de Chateaubriand, né le 23 septembre 1718, sous la Régence, puis engagé très tôt dans des courses lointaines qu'il lui arrivait de raconter à Combourg. Nous pourrions alors voir, dans la figure paternelle des *Mémoires*, une sorte de René vieilli, momie vivante enfermée dans son rêve, sans autre amour ni désir que de son nom. En réalité, le nom de René représente plutôt un phénomène de substitution : en prenant à travers son héros la place de son père, le fils se libère comme *écrivain*, il échappe à la loi de reproduction féodale, il *renaît*, mais sur un autre terrain, dans une autre France, etc. Nous aurions donc là une forme du meurtre du père. Comme le dit fort bien Pierre Barbéris (*Un nouveau roman*, p. 25 : « René est à la fois un prénom vrai et volé »).

4° Ce nom *figure* désormais Chateaubriand *littérairement*, dans la mesure où le *personnage* de René présente des caractères de généralité suffisants pour être devenu un type, dans lequel toute une génération a voulu se reconnaître.

## René et le mal du siècle

Il faut considérer le personnage dans la totalité de son histoire (*René* dans *Les Natchez*) pour que le héros de la fiction prenne son entière signification : héros déchiré, mais non dialectique, qui incarne une crise du sujet idéaliste à travers une histoire elle-même en crise.

### LA CRISE DU DÉSIR

René est un personnage exemplaire dans la mesure où il incarne un double dérèglement du désir : à la fois dans sa structure et dans son objet. La mise en scène de la passion incestueuse ne découle pas forcément de la peinture du « vague des passions ». Leur association apparaît même contradictoire, puisqu'elle revient à affirmer que le désir a un objet en même temps qu'il en est dépourvu. En réalité, Chateaubriand cherche à démontrer que le désir privé de son issue normale engendre des monstres. Il a voulu, dit-il, choisir un cas exemplaire « dans le cercle de ces malheurs épouvantables, qui appartiennent moins à l'individu qu'à la famille de l'homme, et que les anciens attribuaient à la fatalité ». Il distancie donc un inceste que nous aurions peut-être tort de privilégier dans *René*, si le système général des personnages des *Natchez* ne venait attester le caractère obsessionnel du thème. Néanmoins, la passion interdite « actualise » une insatisfaction plus générale. Le « vague des passions » ou la passion du vague ne représente pas autre chose qu'un désir voué à *errer* dans le *vide*, à ne rencontrer aucun objet, à la fois coupable et frustré.

Rousseau avait déjà étudié dans *Émile* le déséquilibre propre à toute adolescence entre la force du désir et ses possibilités concrètes de réalisation. Mais le drame de René, c'est qu'il fixe ce blocage au sein de la vie adulte : lorsqu'il arrive en Amérique, il a trente ans. Comme si, depuis *Atala*, le sujet du désir avait soudain vieilli. En réalité, il est nécessaire de dépasser la psychologie sous toutes ses formes.

## LA CRISE DE LA SOCIÉTÉ

Chateaubriand se moque, dans ses *Mémoires* (XIII, 10), des épigones de *René* qui ont voulu rendre universelle une « affection » dépourvue à ses yeux de « ces sentiments généraux qui composent le fond de l'humanité ». En réalité, cette « maladie de l'âme » ne se trouve pas dans la nature humaine, mais dans l'histoire : « Dans *René*, j'avais exposé une maladie de mon siècle. » Il faut oublier Musset pour prendre la formule à la lettre. Le mal de René, c'est bien celui de *son* siècle : c'est le mal du XVIIIᵉ siècle.

Le personnage pousse à sa plus extrême tension la double polarité qui caractérise la psychologie des Lumières (ennui-léthargie/inquiétude-convulsion) et qui, dans une certaine mesure, représente chez Rousseau le stade ultime de la dénaturation, ou de la corruption sociale (on a depuis longtemps rapproché *René* des lettres de *La Nouvelle Héloïse* sur Paris). Le héros de Chateaubriand se rattache lui aussi à une situation historique. Un fragment du *Génie du christianisme* de 1799, repris dans la version définitive (II, III, 2), analyse, à propos de Didon, les formes modernes de l'amour en des termes proches de *René* (voir note 2, p. 174) : c'est pour insister sur son contexte social. Aimer, dit en substance Chateaubriand, est le privilège des classes oisives. C'est une « grande maladie de l'âme chez les riches de la terre », du moins lorsqu'ils sont privés de toute participation réelle à la vie de la société. En effet, « les anciens ont peu connu cette inquiétude secrète, cette aigreur des passions étouffées qui fermentent toutes ensemble : une grande existence politique, les jeux du gymnase et du champ de Mars, les affaires du forum et de la place publique, remplissaient tous leurs moments, et ne laissaient aucune place aux ennuis du cœur. » Une explication politique est donc requise.

Ce « dégoût de tout », qui va conduire René jusqu'au village des Natchez, puis le faire errer dans la profondeur des bois, ce manque à être, comme à jouir, François de Chateaubriand les avait sans doute éprouvés au sein de sa propre famille, cadet sans héritage ni affection. Mais on peut y lire aussi le malheur de toute la noblesse française depuis Louis XIV. C'est par la monarchie absolue qu'a été peu à peu « marginalisée » une aristocratie exclue de son pouvoir naturel de classe dirigeante, interdite de réalité puisque vouée désormais à ne plus désirer qu'à vide, à dépenser ses dernières forces dans le jeu illusoire du paraître. Barrès avait raison de dire, dans *Scènes et doctrines du nationalisme* : « Chateaubriand dépensa dans la littérature les tristesses hautaines accumulées par des féodaux sans emploi sur leur terre. Il enchanta les premières générations démocratiques avec la sensibilité que lui avaient préparée les derniers représentants d'une France féodale opprimée par une France monarchique qui elle-même venait de disparaître. » On a souvent souligné la convergence entre les thèmes de la réaction nobiliaire et un certain rousseauisme. Dans le reste de son œuvre, Chateaubriand ne cesse de souligner la dégénérescence de la société française au XVIIIᵉ siècle : un pouvoir devenu despotique ne règne plus que sur des êtres épuisés. C'est en somme affirmer que la Révolution a donné le coup de grâce à une société déjà moribonde, parvenue au dernier degré de la décomposition. Le personnage de René figure la quête infructueuse de nouvelles racines, de nouvelle sève ; mais il ne réussit à faire entendre que la voix blanche des exilés de Babylone, exclu aussi de ce nouveau monde où le tiers état va désormais investir sa débordante énergie. C'est en quoi ce jeune aristocrate désemparé pourra aussi, un peu plus tard, incarner le « jeune homme pauvre » de la génération romantique (voir sur ce point les analyses de Pierre Barbéris).

## HISTOIRE ET ÉTERNITÉ

C'est en définitive (ordre logique, sinon « réel » : ce serait un autre débat) à un exil métaphysique qu'est voué René. Exilé de son désir, exilé de son histoire, le monde entier se dérobe à lui parce qu'il est déserté par Dieu. Loin de représenter une superstructure ornementale, la dimension religieuse est au cœur de la vision chateaubrianesque du désir. On ne saurait échapper à une lecture augustinienne de *René*, pas plus que des *Natchez*, vers laquelle nous sommes orientés par la multiplication dans le texte de références explicites à Pascal. Dans cette perspective, il faut revenir

à la célèbre phrase des *Confessions* de saint Augustin :
« *Fecisti nos ad te, Domine, et inquietum est cor nos-trum donec requiescat in te* » (« Tu nous as créés pour
toi, Seigneur, et notre cœur ne connaît pas de repos
tant qu'il ne le trouve pas en toi. ») Ce *vide* que rien
ne saurait combler, cette *inquiétude* existentielle que
rien ne saurait apaiser, implique que toute réalité *man-que* au désir. Cette christianisation du platonisme
consiste à déréaliser le monde, à considérer toute exis-tence terrestre comme une simple propédeutique à une
autre vie : Dieu seul est à la mesure du cœur humain.
Chateaubriand écrit par exemple dans les *Études his-toriques* : « Le Christianisme a fait vibrer dans ces
cœurs une corde jusqu'alors muette ; il a créé des
hommes de rêverie, de tristesse, de dégoût, d'inquié-tude, de passion, qui n'ont de refuge que dans l'éter-nité. » C'est ainsi que le personnage de René paraît
directement inspiré par les analyses de Pascal sur la
misère de l'homme sans Dieu, et son caractère incom-préhensible. Chateaubriand conduit René, comme Pas-cal son libertin, jusqu'au seuil de la conversion. Il
éprouve le néant de son existence, comme le besoin
de plénitude infinie. Il lui arrive même de prier
(voir p. 172) ; mais c'est toujours pour implorer la fin
de ses souffrances, ou pour exprimer son désir de
régénération dans une sorte de dérive narcissique. En
réalité, René est incapable de se perdre ; il réussit
parfois à convertir son égoïsme en haine de soi, mais
lui demeure inaccessible le plan de la véritable charité
(solidarité avec autrui, oubli de soi en Dieu). On pour-rait du reste soutenir que cette impossible conversion
découle à la fois de son blocage psychique (refus de
se détacher du passé), et de la dissolution, autour de
lui, de toute société civile.

Chateaubriand a beaucoup pratiqué les orateurs
sacrés comme Massillon, qui soulignent dans une

perspective voisine les ambivalences du désir : il vous arrache à vous-même, sans vous combler ; sa puissance de déstabilisation peut vous ouvrir à Dieu, vous conduire à lui ; elle peut aussi vous en éloigner à jamais pour vous refermer sur vous-même. René est imprégné de christianisme, il « parle chrétien » ; mais il est exclu à jamais de la Rédemption. Amélie sera sauvée, pas lui. C'est en quelque sorte un personnage de réprouvé à qui la Grâce aurait manqué. C'est pourquoi ce héros « janséniste » ne saurait comprendre la solution par les œuvres que lui propose le discours jésuitique du père Souël.

# CHRONOLOGIE

**1768** : *4 septembre* : naissance, à Saint-Malo, de François-René de Chateaubriand, dernier-né des dix enfants (quatre sont décédés au berceau ou en bas âge) de René de Chateaubriand (1718-1786) et d'Apolline de Bedée (1726-1798). Outre son frère aîné Jean-Baptiste (né le 23 juin 1759), il lui reste quatre sœurs : Marie-Anne (4 juillet 1760) ; Bénigne (31 août 1761) ; Julie (2 septembre 1763) ; Lucile (7 août 1764). Il est aussitôt mis en nourrice, pour trois ans, à Plancoët, près de Dinan, où réside sa grand-mère maternelle.

**1771-1777** : enfance « oisive » à Saint-Malo. Au mois de mai 1777, installation de toute la famille au château de Combourg, acheté en 1761. Chateaubriand entre au collège de Dol, où il poursuivra ses études jusqu'en juillet 1781, et où il fera sa première communion le 12 avril de cette même année.

**Octobre 1781-décembre 1782** : collège de Rennes.

**1783** : de janvier à juin, François-René prépare, à Brest, le concours de garde de la marine ; il rentre à Combourg sans avoir pu se présenter. Inscription, en octobre, au collège de Dinan pour terminer ses humanités ; il songe à se faire prêtre.

**1784-1786** : « années de délire » à Combourg, en compagnie de Lucile. On lui cherche une place dans les colonies. *9 août 1786* : départ pour Cambrai ; son frère a obtenu pour lui une place de « cadet-volontaire » au régiment de Navarre. *6 septembre 1786* : mort du comte de Chateaubriand.

**1787-1790** : officier au régiment de Navarre. Nommé sous-lieutenant de remplacement le 12 septembre 1787, mis en demi-solde le 17 mars 1788, puis réintégré comme cadet-gentilhomme le 10 septembre de la même année, Chateaubriand sera définitivement réformé à la suite de la loi du 13 mars 1791. *19 février 1787* : le « chevalier de Chateaubriand » est présenté à la cour de Versailles. *Novembre 1787* : son frère aîné Jean-Baptiste épouse à Paris Aline-Thérèse Le Pelletier de Rosanbo, petite-fille de Malesherbes. *Janvier 1789* : agitation prérévolutionnaire à Rennes. François de Chateaubriand participe à des échauffourées au cours desquelles son ancien camarade de collège Saint-Riveul est tué. Ayant passé la majeure partie de cette période en congé à Fougères ou à Paris, Chateaubriand assiste en spectateur au début de la Révolution ; il commence à fréquenter les gens de lettres parisiens. *11 septembre 1789* : il est reçu chevalier de Malte.

**1791** : voyage en Amérique. *8 avril* : départ de Saint-Malo, escales dans les Açores (du 3 au 6 mai), puis à Saint-Pierre (du 23 mai au 8 juin). *10 juillet* : arrivée à Baltimore. Visite des principales villes de la côte Est, puis remontée vers le Canada. En août, Chateaubriand séjourne près des chutes de Niagara. *Septembre-novembre* : descente jusqu'au Tennessee, puis retour à Philadelphie où il se rembarque début décembre. Il arrive au Havre le 2 janvier 1792, après une effroyable tempête.

**1792** : revenu à Saint-Malo désargenté, Chateaubriand épouse Céleste Buisson de la Vigne. Au mois de mai, le jeune couple, accompagné de Lucile et Julie, gagne Paris où la Révolution précipite son cours. *15 juillet* : Chateaubriand émigre sans enthousiasme, avec son frère, pour rejoindre les corps de volontaires royalistes recrutés par le prince de Condé. *6 septembre* : il est blessé au siège de Thionville, puis démobilisé. Parvenu, non sans mal, jusqu'à Ostende, il arrive à gagner Jersey, dans un état critique.

**1793-1800** : séjour en Angleterre.

**1793** : de janvier à mai, longue convalescence à Saint-Hélier. *21 mai* : arrivée à Londres. Existence précaire dans les mois qui suivent. *Octobre* : Céleste de Chateaubriand et ses belles-sœurs Julie (Mme de Farcy) et Lucile sont arrêtées à Fougères comme « suspectes » ; elles demeureront incarcérées jusqu'au 5 novembre 1794.

**1794** : Chateaubriand trouve un emploi de professeur de français dans le Suffolk où il exercera près de trente mois. *10 février* : sa mère est arrêtée à son domicile malouin. Transférée à Paris au mois de mai, elle ne sortira de prison qu'en octobre. *22 avril* : Jean-Baptiste de Chateaubriand est guillotiné, en même temps que sa jeune femme et une partie de sa belle-famille (Malesherbes).

**1795** : Chateaubriand séjourne toujours à la campagne ; il travaille à ses œuvres futures : *Les Sauvages, Essai historique sur les révolutions*.

**1796** : immobilisé par une fracture du péroné consécutive à une chute de cheval, il séjourne quelque temps chez un pasteur du voisinage. La jeune fille de la maison, Charlotte Ives, ne tarde pas à éprouver pour lui un tendre sentiment que le chevalier ne décourage pas, jusqu'au jour où il est mis en demeure de révéler son mariage et de les quitter brusquement. *Juin* : retour précipité à Londres. De santé encore fragile, Chateaubriand va recevoir désormais des secours du National Fund. Il termine son livre sur les révolutions.

**1797** : *18 mars* : *Essai historique sur les révolutions anciennes et modernes considérées dans leurs rapports avec la révolution française.* Début de notoriété pour Chateaubriand qui se rapproche du milieu « monarchien » de Londres. Sans doute est-ce alors que débute sa première liaison sérieuse : avec la vicomtesse de Belloy, une belle « créole » de Saint-Domingue.

**1798** : *6 janvier* : Chateaubriand propose à un éditeur parisien un roman américain intitulé : *René et Céluta*, qui deviendra *Les Natchez*. *Février-juin* : il renoue avec Fontanes qui a fui Paris après Fructidor. Longues discussions littéraires. *31 mai* : mort de Mme de Chateaubriand, à Saint-Servan. Son fils apprend la nouvelle dans la seconde quinzaine de juin. *Août-septembre* : Chateaubriand travaille à la révision des *Natchez*, sur le conseil de Fontanes.

**1799** : au cours du printemps, il commence à rédiger un opuscule « sur la religion chrétienne », qui va prendre des proportions de plus en plus considérables. *26 juillet* : mort de Julie de Farcy. *25 octobre* : une lettre émouvante à Fontanes témoigne de la sincérité de la conversion de Chateaubriand. Il lit dans les salons des bonnes feuilles du futur *Génie du christianisme*.

**1800** : retour en France (mai). Situation précaire à Paris. *22 décembre* : Chateaubriand publie dans *Le Mercure de France* un article retentissant sur le dernier livre de Mme de Staël : *De la littérature*.

**1801** : *2 avril* : *Atala, ou les Amours de deux sauvages dans le désert*. *21 juillet* : Chateaubriand est radié de la liste des émigrés. *Juin-novembre* : installé à Savigny-sur-Orge, avec Pauline de Beaumont, il termine le *Génie*.

**1802** : *14 avril* : publication du *Génie du christianisme*, dans lequel on retrouve *Atala*, ainsi qu'un épisode inédit *: René*. *Octobre-novembre* : Chateaubriand voyage dans le midi de la France. Retour par Fougères, où il renoue avec sa femme, pas revue depuis 1792.

**1803** : *4 mai* : il est nommé secrétaire de légation à Rome. Seconde édition du *Génie*, dédicacée au Premier Consul et précédée par une « Défense ». *27 juin* : arrivée de Chateaubriand à Rome, *via* Lyon. Au cours des semaines suivantes, il multiplie les initiatives intempestives qui lui valent bientôt la méfiance, puis la franche hostilité de son chef de poste, le cardinal Fesch. *Octobre* : arrivée de Pauline de Beaumont à Florence, puis installation à Rome. Atteinte de tuberculose, elle meurt le 4 novembre dans les bras de son amant. *Décembre* : séjour à Tivoli. Première « idée » des *Mémoires*.

**1804** : *1er-12 janvier* : voyage à Naples ; ascension du Vésuve. Nommé dans le Valais, Chateaubriand quitte Rome le 21 janvier. Lorsqu'il arrive à Paris, règne un climat délétère de complot royaliste ;

arrestations successives de Moreau (le 15 février), de Pichegru (le 28) et de Cadoudal (le 9 mars). *21 mars* : le duc d'Enghien est fusillé ; Chateaubriand donne aussitôt sa démission. Il accepte enfin que sa femme vienne partager sa vie. *Printemps-été* : Chateaubriand commence la rédaction des *Martyrs de Dioclétien.* Visites à Fervacques, chez Mme de Custine (une liaison orageuse qui prendra fin au début de 1806), à Méréville chez Alexandre de Laborde et sa sœur Natalie, comtesse de Noailles, enfin, avec sa femme, à Villeneuve-sur-Yonne, chez les Joubert. C'est là qu'ils apprennent la mort de Lucile, survenue à Paris le 10 novembre.

**1805** : *Mars* : installation des Chateaubriand place de la Concorde (hôtel de Coislin). *Les Martyrs* avancent. *Été-automne* : nouvelles villégiatures autour de Paris, puis, du 5 août au 3 novembre, voyages dans le Sud-Est : Vichy, Lyon, Genève, le mont Blanc, Lausanne, la Grande-Chartreuse. Nouveau séjour à Villeneuve avant de regagner Paris.

**1806** : voyage en Orient. Venise (juillet), Sparte, Athènes (août), Smyrne, Constantinople (septembre), Jérusalem (octobre), Le Caire (début novembre). *23 novembre* : Chateaubriand se rembarque à Alexandrie.

**1807** : *18 janvier* : après une périlleuse traversée, il arrive à Tunis, où il demeure plusieurs semaines. *Avril* : séjour en Espagne, où il retrouve Natalie de Noailles : Cadix, Cordoue, Grenade (12-13 avril), Aranjuez, Madrid, Burgos... Retour à Paris le 5 juin. *4 juillet* : Chateaubriand publie dans *Le Mercure de France* un article où il dénonce le despotisme impérial. On lui signifie une interdiction de séjour à Paris ; mais il obtiendra de nombreuses dérogations à cette mesure au cours des années suivantes. *Octobre-décembre* : installation à Châtenay, dans le domaine de la Vallée-aux-Loups.

**1808** : *Mars* : Chateaubriand termine *Les Martyrs*. *Août* : il passe un mois à Méréville en compagnie de Mme de Noailles.

**1809** : *27 mars* : *Les Martyrs, ou le Triomphe de la religion chrétienne. 31 mars* : son cousin Armand de Chateaubriand est fusillé comme espion. De mai à septembre, Chateaubriand travaille, à la Vallée-aux-Loups, à une « Défense » des *Martyrs*. Nouveau séjour à Méréville en octobre. Le préambule des *Mémoires de ma vie* est intitulé : « Mémoires de ma vie commencés en 1809 ».

**1810** : *Janvier-mars* : Chateaubriand séjourne à Paris. Rédaction des *Aventures du dernier Abencérage*. Publication de la troisième édition des *Martyrs*, avec un « Examen » et des « Remarques ».

**1811** : *26 février* : *Itinéraire de Paris à Jérusalem*. *Février-avril* : Chateaubriand est élu académicien, mais il est contraint de censurer son discours de réception. *Mai* : de retour à la Vallée-aux-Loups, Chateaubriand commence une tragédie en vers, *Moïse*.

**1812** : *Janvier* : rupture définitive avec Natalie de Noailles. *Mai* : achèvement de *Moïse*. *Octobre* : rédaction du 1er livre des *Mémoires de ma vie*.

**1813** : Chateaubriand continue la rédaction des *Mémoires de ma vie* (livre II). Par ailleurs il songe à entreprendre une *Histoire de France*.

**1814-1830** : carrière politique.

**1814** : entrée des Alliés à Paris le 31 mars. *5 avril* : Chateaubriand publie une brochure très anti-bonapartiste en faveur de la restauration des Bourbons : *De Buonaparte, des Bourbons et de la nécessité de se rallier à nos princes légitimes.* *27 novembre* : publication des *Réflexions politiques*.

**1815** : Napoléon débarque à Golfe-Juan le 1$^{er}$ mars. Louis XVIII est obligé de quitter Paris le 18. *Avril-juin* : Chateaubriand séjourne à Gand, auprès du roi. *8 juillet* : retour de Louis XVIII à Paris. Le lendemain, Chateaubriand est nommé ministre d'État, puis, le 17 août, pair de France, avec le titre de vicomte. *Septembre* : élection de la Chambre « introuvable ». Mais Chateaubriand est évincé du premier ministère Richelieu, où Decazes entre comme ministre de la Police.

**1816** : au nom de la majorité royaliste, Chateaubriand manifeste une méfiance croissante envers le ministère. *Septembre* : la Chambre des députés est dissoute le 5 ; le 18, *De la monarchie selon la Charte* est saisi et son auteur destitué de son titre (et de sa pension) de ministre d'État.

**1817** : année de grosses difficultés financières pour Chateaubriand, obligé de vendre sa bibliothèque (28 avril), puis sa maison. *Été* : vacances « nomades » dans les environs de Paris, puis dans le Perche : rédaction du livre III des *Mémoires*. *Décembre* : *Du système politique suivi par le ministère.*

**1818** : au printemps, Chateaubriand travaille à son *Histoire de France*. Il publie, en août, des « Remarques sur les affaires du moment ». C'est alors qu'il noue avec Juliette Récamier une liaison qui connaîtra des vicissitudes, mais ne prendra fin qu'avec leur vie. *Octobre 1818-mars 1820* : Chateaubriand anime *Le Conservateur*, organe périodique des royalistes opposés à Decazes, devenu président du Conseil le 19 novembre 1819 ; il multiplie ses interventions à la Chambre des pairs.

**1820** : assassinat, le *14 février*, du duc de Berry, neveu du roi et dernier espoir de la branche aînée ; il avait épousé en 1816 la princesse Marie-Caroline de Bourbon-Sicile. *29 septembre* : naissance « posthume » de son fils, Henri, duc de Bordeaux. *29 septembre* : *Mémoires, lettres et pièces authentiques touchant la vie et la mort de S.A.R. [le] duc de Berry.* Chateaubriand est nommé ambassadeur auprès du roi de Prusse (30 novembre).

**1821** : *Janvier-juillet* : Chateaubriand ambassadeur à Berlin, où il séjourne du 11 janvier au 19 avril ; le 1er mai, on lui restitue son titre de ministre d'État, mais le 29 juillet, par solidarité avec Villèle, il donne sa démission. *12 décembre* : chute du second ministère Richelieu. Après avoir espéré un portefeuille dans le nouveau cabinet, Chateaubriand est nommé ambassadeur à Londres.

**1822** : *Avril-septembre* : séjour en Angleterre. *Septembre-décembre* : de retour à Paris le 12 septembre, Chateaubriand insiste pour être envoyé au congrès de Vérone, auquel il participe du 14 octobre au 13 décembre. *28 décembre* : il est nommé ministre des Affaires étrangères.

**1823** : Chateaubriand pousse à une intervention française en Espagne : succès militaires et diplomatiques. Son ministère est marqué par une liaison brûlante avec la jeune comtesse de Castellane, tandis qu'au mois de novembre, Mme Récamier quitte Paris pour un long voyage en Italie.

**1824** : *6 juin* : Chateaubriand est brutalement renvoyé du ministère. Sa rancune envers Villèle va le conduire à une opposition de plus en plus déclarée, dont le principal organe sera le *Journal des Débats*. *16 septembre* : mort de Louis XVIII.

**1825** : *29 mai* : sacre de Charles X. Retour à Paris de Mme Récamier, après une absence de 18 mois. Chateaubriand préside le comité de soutien aux Grecs insurgés ; éditions successives de sa *Note sur la Grèce*.

**1826** : Chateaubriand signe, le *30 mars*, un contrat mirifique avec le libraire Ladvocat pour la publication de ses *Œuvres complètes*, certaines encore inédites. Dans la « Préface générale » (juin), il écrit : « J'ai entrepris les *Mémoires* de ma vie [...]. Ils embrassent ma vie entière. » *Mai-juillet* : séjour des Chateaubriand à Lausanne. Au retour, installation, pour douze ans, dans un pavillon jouxtant la maison de retraite que Mme de Chateaubriand a fondée en 1819 (aujourd'hui 92, avenue Denfert-Rochereau).

**1827** : *Février* : premières difficultés financières de Ladvocat ; Chateaubriand accepte de revoir à la baisse les termes de son contrat. La publication des *Œuvres complètes* se poursuivra néanmoins à un rythme soutenu jusqu'en 1828. Chateaubriand accentue, dans les *Débats*, son offensive contre le ministère et pour la défense de la liberté de la presse : Villèle démissionne le 2 décembre.

**1828** : *3 juin* : évincé du nouveau ministère, Chateaubriand est nommé ambassadeur auprès du Saint-

Siège. *16 septembre* : les Chateaubriand quittent Paris pour Rome où ils arrivent le 9 octobre. *Novembre* : 26 tomes (sur 31) des *Œuvres complètes* ont paru ; mais Ladvocat, ruiné, cède ses droits.

**1829** : *10 février* : mort du pape Léon XII. Chateaubriand cherche, sans grand succès, à orienter le vote du conclave qui, le 31 mars, élira son successeur : Pie VIII. *16 mai* : Chateaubriand, qui a demandé un congé, quitte Rome en compagnie de sa femme ; ils arrivent à Paris le 28. *Juillet-août* : villégiature à Cauterets ; c'est là que Chateaubriand apprend la formation du ministère Polignac ; il donne sa démission le 30 août.

**1830** : Chateaubriand travaille à ses *Études historiques*. Il a repris à Paris une liaison commencée à Rome avec une jeune femme de lettres, Hortense Allart. *Juillet* : chute de Charles X. *7 août* : Chateaubriand prononce son dernier discours à la Chambre des pairs : il refuse de reconnaître la légitimité du nouveau régime et renonce à toutes ses charges et pensions ; il ne dispose plus désormais de revenus réguliers.

**1831** : *24 mars* : *De la Restauration et de la monarchie élective. Avril* : publication des *Études historiques*, avec une importante « Préface ». Avec un volume de tables et index, ce sont les dernières livraisons des *Œuvres complètes. Mai-octobre* : séjour des Chateaubriand à Genève. *31 octobre* : *De la nouvelle proposition relative au bannissement de Charles X et de sa famille.*

**1832** : *Mars-avril* : fermentation carliste à Paris et épidémie de choléra. *16-30 juin* : brève incarcération de Chateaubriand à la préfecture de police pour

« complot ». *8 août* : Chateaubriand quitte Paris pour la Suisse, avec un « énorme bagage de papiers », destiné à poursuivre la rédaction de ses *Mémoires*. Il voyage en solitaire de Lucerne à Lugano, retrouve à Constance Mme Récamier avant de rejoindre sa femme, à la mi-septembre, pour une installation durable à Genève. *Septembre-novembre* : reprise et révision de la partie existante des *Mémoires de ma vie*, pour les adapter à un cadre élargi. Ébauche de la « Préface testamentaire ». *12 novembre* : informé de la récente arrestation, à Nantes, de la duchesse de Berry, Chateaubriand se hâte de regagner Paris. *29 décembre* : *Mémoire sur la captivité de Madame la duchesse de Berry.*

**1833** : le procès qu'on lui intente pour cette publication tourne à la confusion du ministère public : il est acquitté. *14 mai-5 juin* : voyage éclair à Prague pour porter à Charles X exilé un message de la duchesse de Berry. *3 septembre-6 octobre* : nouveau voyage à Prague en passant par Venise (10-17 septembre). Chateaubriand date du « 1er décembre 1833 » la « Préface testamentaire » des *Mémoires d'outre-tombe*, dont 18 livres sont achevés.

**1834-1847** : achèvement des *Mémoires d'outre-tombe*. *Février-mars 1834* : première lecture publique, chez Mme Récamier, de la 1re partie des *Mémoires d'outre-tombe* (livres I à XII), et des livres rédigés en 1833 (Prague et Venise). Échos favorables dans la presse. *Septembre 1834* : publication du volume de *Lectures des Mémoires de M. de Chateaubriand ou Recueil d'articles avec des fragments originaux* (Paris, Lefèvre, 1834).

**1835** : séjour à Dieppe au mois de juillet.

**1836** : au printemps, accord pour la publication des *Mémoires* et montage financier qui libère Chateaubriand de ses soucis alimentaires. *25 juin* : Chateaubriand publie une traduction nouvelle du *Paradis perdu* de Milton, introduite par un *Essai sur la littérature anglaise*. Dans ce travail, sous-titré : « Considérations sur le génie des temps, des hommes et des révolutions », il insère quelques « bonnes feuilles » de ses *Mémoires*.

**1837** : rédaction du *Congrès de Vérone* (juillet-octobre). *28 octobre-9 novembre* : séjour à Chantilly.

**1838** : publication du *Congrès de Vérone*, le 28 avril. *Juillet* : voyage dans le midi de la France. *Août* : installation au 112 de la rue du Bac ; ce sera le dernier domicile parisien de Chateaubriand.

**1839** : une nouvelle édition des *Œuvres complètes*, mise en chantier par Pourrat en 1836, touche à sa fin ; elle comporte 36 volumes.

**1840** : « Les *Mémoires* sont finis », déclare Chateaubriand. La conclusion porte néanmoins la date de 1841.

**1843** : au mois de novembre, Chateaubriand se rend à Londres, où il reçoit un accueil cordial de la part du comte de Chambord.

**1844** : *Vie de Rancé* (18 mai). *27 août :* le directeur de *La Presse*, Émile de Girardin, rachète pour 80 000 francs à la Société propriétaire des *Mémoires* le droit de les publier en feuilleton dans son journal avant leur édition en volumes. Informé en décembre seulement, Chateaubriand est consterné.

**1845** : révision générale des *Mémoires*. *Juin* : dernier voyage à Venise.

**1846** : Chateaubriand remplace la « Préface testamentaire » par un nouvel « Avant-Propos » ; il supprime aussi la division de ses *Mémoires* en quatre parties pour lui substituer une division continue en 42 livres. Ultime révision.

**1847** : mort de Mme de Chateaubriand (8 février).

**1848** : mort de Chateaubriand (4 juillet).

**1849** : mort de Mme Récamier (11 mai). *Janvier 1849-octobre 1850* : publication des *Mémoires d'outre-tombe* en librairie (12 volumes) après leur diffusion en feuilleton dans le journal *La Presse* (du 21 octobre 1848 au 5 juillet 1850).

# BIBLIOGRAPHIE

*Éditions de référence (œuvres de Chateaubriand)*

*Les Natchez*, publiés avec une introduction et des notes par Gilbert Chinard, Paris, Librairie E. Droz, 1932.

*René*, édition critique avec une introduction, des notes et des appendices par A. Weil, Paris, Librairie E. Droz, 1935.

*Atala*, édition critique par A. Weil ; introduction, préfaces, texte définitif et variantes avec le texte original en appendice, Paris, José Corti, 1950.

*Atala*, *René*, introduction, notes, appendices et choix de variantes par Fernand Letessier, Paris, Classiques Garnier, 1958 (riche annotation).

*Œuvres romanesques et voyages*, texte établi, présenté et annoté par Maurice Regard, tome I, Paris, Gallimard, Bibliothèque de la Pléiade, 1969. (*Atala*, *René*, *Les Natchez* sont suivis du *Voyage en Amérique*.)

*Essai sur les révolutions. Génie du christianisme*, texte établi, présenté et annoté par Maurice Regard, Paris, Gallimard, Bibliothèque de la Pléiade, 1978.

*Mémoires d'outre-tombe*, nouvelle édition critique présentée et annotée par Jean-Claude Berchet, Paris, Classiques Garnier, 1989.

*Atala*, suivi de *René*, suivi de *Aventures du dernier Abencérage*, édition de Jean-Claude Berchet, Garnier-Flammarion, 1996.

## Études générales sur Chateaubriand

SAINTE-BEUVE, *Chateaubriand et son groupe littéraire*, Paris, Garnier, 1948.

DIEGUEZ, Manuel de, *Chateaubriand ou le poète face à l'histoire*, Paris, Plon, 1963.

MOREAU, Pierre, *Chateaubriand*, Paris, Hatier, coll. « Connaissance des lettres », 1967.

RICHARD, Jean-Pierre, *Paysage de Chateaubriand*, Paris, Le Seuil, 1967.

BARBÉRIS, Pierre, *Chateaubriand : Une réaction au monde moderne*, Paris, Larousse, coll. « Thèmes et textes », 1976.

PAINTER, George D., *Chateaubriand, une biographie*, t. 1, *1768-1793, Les orages désirés*, Paris, Gallimard, 1979.

FUMAROLI, Marc, *Chateaubriand : poésie et terreur*, Gallimard, coll. « Tel », 2006.

## Études particulières sur Atala et René

POMMIER, Jean, « Le Cycle de Chactas », *Revue de littérature comparée*, XVIII, 1938, p. 604-629 (et *Dialogues avec le passé*, Paris, Nizet, 1967, p. 57-58).

WALKER, Thomas C., *Chateaubriand's Natural Sce-*

*nery, A Study of his Descriptive Art*, Baltimore, The Johns Hopkins Press, 1946.

MOUROT, Jean, *Études sur les premières œuvres de Chateaubriand*, Paris, Nizet, 1962.

COURCELLE, Pierre, *Les « Confessions » de saint Augustin dans la tradition littéraire*, Paris, Études augustiniennes, 1963.

BUTOR, Michel, « Chateaubriand et l'ancienne Amérique », *Répertoire II*, Éditions de Minuit, 1964, p. 152-192.

LEHTONEN, Maja, *L'Expression imagée dans l'œuvre de Chateaubriand*, Mémoires de la Société Néophilologique de Helsinki, XXVI, 1964.

CHARLTON, D. G., « The Ambiguity of René », *French Studies*, XXIII, juillet 1969, p. 229-243.

BERCHET, Jean-Claude, « Chateaubriand poète de la nuit », *Chateaubriand. Actes du Congrès de Wisconsin*, Genève, Librairie Droz, 1970, p. 45-62.

STORZER, Gerald H., « Chateaubriand and the fictional confession », *Chateaubriand. Actes du Congrès de Wisconsin*, Genève, Librairie Droz, 1970, p. 123-131.

LOWRIE, Joyce O., « Motifs of Kingdom and Exile in *Atala* », *The French Review*, avril 1970, p. 755-764.

BERCHET, Jean-Claude, « La Nuit et les incarnations de la sylphide », *Bicentenaire de Chateaubriand*, Paris, Minard, 1971, p. 197-209.

BARBÉRIS, Pierre, *« René » de Chateaubriand, un nouveau roman*, Paris, Larousse, coll. « Thèmes et textes », 1973.

BARBÉRIS, Pierre, « Les refoulés successifs dans *René*. Fonction et signification », *La Lecture sociocritique du texte romanesque*, Toronto, Samuel Stevens Hakkert and Co., 1975, p. 79-88.

DELON, Michel, « Du vague des passions à la passion

du vague », *Le Préromantisme : hypothèque ou hypothèse ?* Colloque de Clermont (juin 1972), Klincksieck, 1975, p. 488-498.

AMELINCKX, Frans, « Le volcan et les montagnes dans *René* », *Bulletin de la Société Chateaubriand*, 1975, p. 55-61.

AMELINCKX, Frans, « Image et structure dans *Atala* », *Revue romane*, X, novembre 1975, p. 367-372.

STECCA, Luciano, « *René* : un caso di autocensura », *Rivista di letteratura moderne e comparate*, XXXII, mars 1979, p. 32-44.

SCANLAN, Margaret, « Le vide intérieur : self and consciousness in *René*, *Atala*, and *Adolphe* », *Nineteenth Century French Studies*, VIII, 1979, p. 30-36.

BENREKASSA Georges, « Le Dit du moi : du roman personnel à l'autobiographie, *René/Werther*, *Poésie et vérité/Mémoires d'outre-tombe* », *Les Sujets de l'écriture*, Presses Universitaires de Lille, 1981, p. 85-140.

KADISH, Doris Y., « Symbolism of exile : The Opening Description in *Atala* », *The French Review*, février 1982, p. 358-366.

KNIGHT, Diana, « The Readability of René's secret », *French Studies*, XXXVII, janvier 1983, p. 35-46.

RESPAUT, Michèle, « *René* : confession, répétition, révélation », *The French Review*, octobre 1983, p. 29-31.

DEFOIX, Jean, « Guillotine et littérature » (la figure du père dans *Atala*), *Romanistische Zeitschrift für Literaturgeschichte/Cahiers d'histoire des littératures romanes*, VII, 1983, p. 113-126.

O'NEIL, Mary-Ann, « Typological symbolism in Chateaubriand's *Atala* », *Stanford French Review*, 1987.

BERTHIER, Philippe, « René et ses espaces », *Saggi e ricerche di letteratura francese*, 1989.

GLAUDES, Pierre, *Atala, le désir cannibale*, PUF, 1994.

Pour des informations plus complètes, consulter Pierre H. et Ann DUBÉ, *Bibliographie de la critique sur Chateaubriand*, Paris, Nizet, 1988.

# Table

Composition réalisée par PCA

---

Achevé d'imprimer en mai 2018 en Espagne par
Liberdúplex
Sant Llorenç d'Hortons (Barcelone)
Dépôt légal 1re publication : avril 2007
Édition 13 – mai 2018
LIBRAIRIE GÉNÉRALE FRANÇAISE – 21, rue du Montparnasse – 75298 Paris Cedex 06

31/6091/8